중국몽

나남
nanam

임호열(林虎烈)

연세대에서 경영학 석사, 한양대에서 경제학 박사학위를 취득하고 국제통화기금(IMF)에서 통화금융 이론을 연마한 현직 한국은행 간부이다. 한은 핵심부서인 국제국, 뉴욕사무소, 통화정책국 등에서 일했으며, 국장급이 되어서는 조사국과 기획국에 이어 중국과 인도를 관할하는 베이징사무소장을 지냈다. 기업이나 연구기관 초청으로 70회 이상 중국경제에 대해 강연한 '중국경제통'으로 현재에도 한은 중국경제연구회 회장을 맡아 중국 연구에 힘쓰고 있다. 한국금융연수원(KBI) 교수로 파견된 3년 동안 금융인들이 최우수 교수로 뽑았을 정도로 강의능력도 탁월하다.

《중국의 금융제도》(2012), 《대출금리결정론》(2000) 등의 저서와 "중국경제의 현실과 대응"(2012), "Asset Price Movements and Monetary Policy in South Korea"(2003) 등 많은 논문을 집필하였다. 이 책에는 세계를 움직이는 양대 축인 뉴욕과 베이징에서 근무한 경제전문가로서의 식견이 녹아 있다.

나남신서 1732

중국몽中國夢

2013년 12월 15일 발행
2013년 12월 15일 1쇄

지은이 • 林虎烈
발행자 • 趙相浩
발행처 • (주) 나남
주소 • 413-120 경기도 파주시 회동길 193
전화 • (031) 955-4601 (代)
FAX • (031) 955-4555
등록 • 제 1-71호(1979.5.12)
홈페이지 • http://www.nanam.net
전자우편 • post@nanam.net

ISBN 978-89-300-8732-2
ISBN 978-89-300-8001-9 (세트)

책값은 뒤표지에 있습니다.

나남신서 1732

중국몽

임호열 지음

나남
nanam

The Chinese Dream

by

Lim, Ho Yeol

nanam

세계경제의 헤게모니를 되찾으려는

거대한 중국과

그 속에서 꿈을 키우면서 살아가는

14억 중국인들의 이야기.

중국경제와 중국인들 속에 한국경제의 미래가 있다.

머리말

21세기 세계경제는 미국과 중국이라는 쌍두마차가 이끌어가고 있다.

유럽은 주춤거리고 있다. 노(老)대륙 유럽은 산업혁명으로 생산력이 급증한 이래 약 200여 년간 선진국으로 군림해 왔으나 국가채무가 늘어나면서 점차 빛을 잃어가고 있다. 그리스를 보라. 민주주의 발원지인 그 나라가 파산한 것을 보면 국가시스템이 모든 문제를 해결할 수 없음을 알 수 있다. 유럽에서 최근에 경기회복 조짐이 보이자 유럽이 부활할 것이라는 성급한 기대가 나오고 있으나 늙은 경제가 활력을 되찾기란 쉽지 않으리라.

1980년대 중반부터 미국의 견제를 받아 '잃어버린 20년'을 경험한 일본은 '아베노믹스'로 승부수를 던졌다. 일본은행의 발권력을 동원해서라도 바닥을 기는 경기를 살리려 안간힘을 쓴다. 또 2020년 도쿄올림픽 유치로 국운 상승의 전기를 마련했다고 일본 열도가 달아오르고 있다. 그러나 국가부채가 GDP의 220%에 달하는 일본으로서는 기술혁신을 통한 생산성 향상이 미래를 좌우하는 관건이 될 것이다. 싱가포르의 국부 리콴유(李光耀)도 앞으로 10~15년은 일본이 내리막길을 걸을 것으로 보고 있지 않은가!

지구 반대쪽의 자원 부국인 브라질이 중국의 성장 둔화로 휘청거리고, 인도 경제에도 경고음이 울리는 것을 보면 브릭스(BRICs) 역시 지구촌의 주인공이 되기는 아직 이른 모양이다. 오죽하면 BRICs라는 용어를 창안했던 골드만삭스의 짐 오닐마저 "브릭스로 부를 수 있는 나라는 중국뿐이다"라고 토로했겠는가!

한편 미국은 2008년에 촉발된 글로벌 금융위기를 계기로 상당한 내상을 입었다. GDP대비 재정적자 비율이 5%를 상회하면서 마침내 신용평가회사(S&P)가 미국의 신용등급을 사상 처음으로 강등하는 수모를 안기기도 하였다. 그러나 미국은 막강한 경제력과 군사력 그리고 디지털시대를 선도하는 소프트 파워로 무장한 세계의 리딩 국가로서 여전히 그 위상을 유지하고 있다.

중국은 어떤가. 1978년 덩샤오핑이 개혁개방의 기치를 내건 이래 35년간 숨가쁘게 달려서 2007년과 2010년에 각각 독일과 일본을 제치고 세계 2위의 경제대국으로 급성장하였다. 《삼국지》에서 유비가 조조의 식객 노릇을 하면서 자신의 힘을 기르고 때를 기다렸듯이 도광양회(韜光養晦)의 시기를 넘어서서 마침내 G2로 굴기(屈起)한 것이다.

미국 외교계의 대부(代父)인 헨리 키신저는 2011년 여름 금광재벌 피터 멍크가 후원하는 토론회(Munk debates)에서 "중국은 한 자녀 정책으로 인한 생산가능인구의 급감과 인구 고령화 때문에 조만간 성장동력을 상실할 것"이라 경고한 바 있다. 그러나 불과 2년이 지난 2013년 여름 스코틀랜드에서 열린 TED 컨퍼런스에서 중국의 젊은 벤처캐피털리스트 에릭 리(Eric Li)가 분위기를 완전히 뒤집었다. "지난 64년 동안 공산당 1당이 이끈 중국이 다당제를 채택한 민주국가들보다 경제성장과 빈곤 퇴치에 더 유효한 국가시스템을 가졌다"고 반박하기에 이른 것이다. 게다가 미래학자와 경제예측기관들은 앞다투어 2020년을 전후하여 중국이 세계 최강대국으로 등극할 것이라는 장밋빛 전망을 내놓았다. 서기 2000년 역사 가운데 1800여 년간 세계 GDP의 3할을 생산했던 중국이 투자에서 소비로 성장엔진을 교체하고 세계경제의 헤게모니를 되찾으려는 기세가 자못 뜨겁다.

필자는 2012년 초 중국을 방문한 이명박 대통령과 재계 지도자들 앞에서 중국경제에 대해 발표할 기회가 있었다. 그날 중국의 국빈을 모시는 베이징 댜오위타이(釣魚臺)에서 필자는 "승천하는 용, 중국의 등을 타지 않으면 한국경제의 미래는 없다"라고 피력하였다.

주지하다시피 한국은 세계 2, 3위의 경제대국인 중국과 일본의 틈바구니에서 여전히 샌드위치 신세를 면치 못하고 있다. 한국은 미국(11%), EU(9%), 일본(7%)의 선진 3대 경제권을 합친 것보다 중국에 대한 수출비중(홍콩 포함 31%)

이 더 큰 나라이다. 세계 인구의 31%가 몰려 있는 동아시아는 세계 GDP의 20%와 교역의 22%를 담당하는 세계경제의 가장 확실한 성장동력이다. 그 한가운데 거대한 중국이 버티고 있는 만큼 중국은 이미 한국의 기업인이나 금융인들이 마주쳐야 할 숙명적인 나라가 되었다. 강대국의 길로 들어선 중국은 인접국인 우리에게 도전의 대상인 동시에 기회도 줄 것이다.

그런 중국이 지금 성장통을 앓고 있다. 신중국의 5세대 지도자로서 도량과 지략을 겸비한 시진핑(習近平)과 경제전문가 리커창(李克强)이 새 시대를 열어가고 있지만 적지 않은 숙제를 안고 있다.

중국은 상위 1%의 부유층이 국부의 40% 이상을 거머쥐고 있을 정도로 계층과 지역, 도농 간 소득 불균형이 심화되고 있다. 오랫동안 투자와 수출드라이브로 성장해 온 경제구조 또한 한계상황에 와 있다. 이를테면 경기조절을 위해 유동성을 늘리면 국민소득 증대로 연결되기보다는 부동산 거품이 먼저 야기되니 이를 어쩌랴!

이 책은 그런 인식 속에서 중국경제와 중국사람에 관하여 쓴 것이다.

1부 중국경제 편에서 1장은 중국경제의 당면 현실과 주요 이슈에 대해 간략하게 조망하였다. 2~4장는 시진핑 지도부가 땀을 쏟고 있는 경제, 금융, 사회개혁을 다루었다. 3장에서는 중국 금융 글로벌화의 시험대로 떠오른 상하이 자유무역지대 개설의 의미를 포함시켰다. 5장은 중국이 중진국 함정에 빠질 위험을 분석하였다. 그리고 과거 미국이 일본을 견제했던 경험과 1980~90년대 일본이 기술이전을 통하여 중국경제에 산타클로스 역할을 했던 점을 짚어보았다. 마지막으로 중국과 미국 간의 피할 수 없는 헤게모니 전쟁에 대해 다루었다. 6장에서는 중국경제의 향후 10년간의 진로를 점검하고 한국의 기업과 금융부문이 어떻게 대응할 것인가에 대해 살펴보았다.

2부에서는 현기증이 날 정도로 빠르게 변화하는 중국에서 꿈을 키우면서 살아가는 중국인들에 대해 썼다. 중국의 국부를 키워나가는 금융 거물과 부호들, 그리고 척박한 현실에 발을 딛고 살아가는 기층민으로서 경제성장의 밑거름이 되고 있는 농민공 문제에 도전해 보았다. 마지막으로 중국경제의 뇌관이 될 수 있는 부동산 거품에 대하여 다루었다. 2년 전 후배들과 함께 《중국의 금융제도》를 펴냈다. 그 책은 필자가 한국은행에서 중국과 인도 등을 관할하는 북경사무소장으로 근무하면서 참고할 만한 책이 없어 부득이 집필하였다. 중국의 국가 특성상 문헌연구나 통계추적이 어려워 중국 금융의 실체를 파악하는 것이 쉽지 않았으나 감사하게도 그 책은 인기리에 절판되었다. 중국의 금융을 다루었으니 실물경제를 다루는 2탄이 필요하다는 요구도 있었다. 그래서 '중국을 모르고는 한국경제의 미래가 없다'는 인식하에 이 책을 썼다.

책을 쓴다는 것은 역시 어려운 작업이었다. 또 서구와 중국 지식인들의 대작을 읽고 비교해 보다가 필자의 역량 부족을 느끼기도 했다. 그럼에도 중국경제의 큰 흐름을 짧은 시간에 이해하길 원하는 독자들을 생각하면서 책을 마무리했다.

필자는 중국에 체류하는 동안 중국의 석학 판강(樊綱) 박사, 멍크 디베이트에서 키신저와 맞붙었던 리다오쿠이(李稻葵) 교수, 중국 런민대의 40대 총장 천위루(陳雨露), 중국 공산당 이념의 산실인 중앙당교 자오후지(趙虎吉) 교수 등의 지식인을 초청하여 23차례나 세미나를 개최하였다. 인민은행과 금융계 주요 인사, 그리고 국무원과 중국사회과학원 간부 등으로부터도 많은 가르침을 받았다. 이 자리를 빌려 그 분들에게 깊이 감사드린다. 또 필자에게 거대 중국을 체험할 수 있도록 기회를 주신 김중수 한은 총재님과 박원식 부총재님께 감사드리고 싶다. 인생의 스승이신 심훈 전 금융통화위원님, 이성태 전 총재님께도 머리 숙인다. 필자가 중국을 이해하는 데 많은 도움을 준 이일형 대외경제정책연구원장, 박근태 중국CJ 사장 등 기업인, 최만규 중국우리은행장 등 금융인, 중국삼성 박기순 경제연구원장 등 월례세미나 멤버, 매경 정혁훈 · 한경 김태완 · 머니투데이 홍찬선 등 언론인, 박상견 회장 등 북경 경제인포럼 여러분께도 감사드린다.

봄부터 시작한 책을 마무리하면서 "책을 쓰려면 무엇보다도 얼굴이 두꺼워야 한다"는 말에 위안을 얻는다. 이제 필을 놓지만 단군 이래로 한국 민족과 고락을 같이해 온 중국과 중국인에 대한 연구는 앞으로도 계속해야 할 것 같다.

끝으로 이 책의 출판을 도와준 나남출판사 조상호 사장께 감사드린다. 28년간 인생길을 동행해 준 아내와 두 아들, 상하이에서 MBA 과정을 공부하고 있는 정훈, 거룩한 꿈을 안고 의사 수련과정을 밟고 있는 정민에게 이 기록을 남긴다.

2013년 12월

임호열

나남신서 1732

중국몽

차 례

제1부

중국경제

중국의 성급 행정구역 현황

1

시진핑의 중국

현실과 이슈

시진핑(習近平)이 2013년 3월 개최된 양회(兩會)에서 당·정·군을 장악하고 신중국의 제 5세대 국가리더로 우뚝 선 지 8개월 이상이 흘렀다. 11월에 개최된 공산당 중앙위 3차 회의(3중전회)에서는 300개 기관의 연구를 집대성한 향후 10년간의 기본 정책노선이 제시되었다. 시주석은 토지제도와 비효율의 상징으로 지목된 국영기업 등에 관한 광범위한 경제개혁을 통해 사회주의 시장경제의 창달을 추구할 것이다.

중국은 서기 2000년 역사 가운데 1,800년간 전 세계 GDP(국내총생산)의 3할을 차지하는 지구상의 최강자로 군림했다. 영국 경제학자 매디슨(Angus Madison)에 의하면 중국경제가 서기 1년에 세계 GDP의 25%를 점유하였으며, 1800년에는 28%까지 확대되었다. 19세기까지 중국의 인구는 전 세계의 36%를 유지하고 있었다. 그것은 탁월한 품종, 유기비료, 관개시설 등 3대 농업기술의 보유로 높은 농업 생산성이 뒷받침되었기 때문에 가능한 것이었다. 미국은 경제력이 최고조에 달한 1944년에 세계 GDP의 35%를 차지했으나 당시는 제 2차

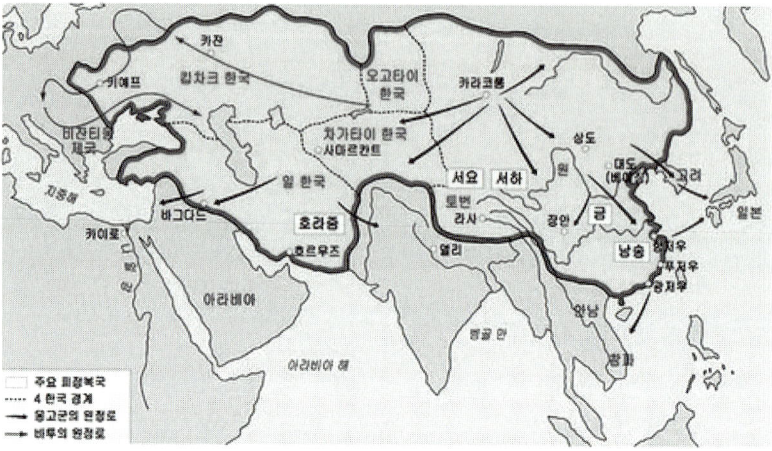

칭기즈칸의 손자 쿠빌라이 칸 시절의 중국은 대국이었다.

세계대전 중이었다. 평시에는 20~25% 내외에 머물렀다. 영국 역시 최강대국으로 군림했던 시절에 그 비중이 겨우 9%(1899)에 불과했다. 한 시대를 풍미한 서구 강대국들과 비교하더라도 중국의 위상은 자못 눈부셨다는 이야기다.

한편 중국은 칭기즈칸이 천하를 정벌한 이후 북으로는 러시아, 서쪽으로는 유럽의 헝가리까지 점령하여 영토가 3,400만 ㎢까지 팽창하였다. 당시 영토는 오늘날(960만 ㎢)의 3.5배에 달할 정도로 세계의 중심국가 곧 중국(中國)이라 할 만했다. 또한 스위스 경제학자 베어록(Paul Bairoch)은 1800년까지만 해도 중국의 1인당 국민소득은 서유럽보다 높은 당대의 선진국으로 평가하였다.

그러나 미국 국무장관을 지낸 키신저에 의하면, 중국은 18세기 말부터 산업혁명에 힘입어 생산력이 폭발적으로 증대된 서구에 밀리기 시작했다. 농업국가인 중국이 신성장동력을 찾지 못하고 있을 때 서구는 기술혁신으로 성장 정체의 벽을 뚫은 것이었다. 그러다가 100년 전에는 세계 GDP에서 중국경제가 차지하는 비중이 2%까지 줄어드는 수모를 겪기도 하였다. 중국과 함께 양강 구도를 형성하고 있던 인도도 20세기에 접어들면서 국세가 급격히 쇠퇴했다. 동양의 시대가 지고 서구가 지배하는 시대가 도래한 것이다.

제 2차 세계대전 직후 중국 지도자들은 5억 6천만 명의 가난한 국민을 부양하기 위해서는 사회주의만이 살 길이라고 믿었다. 그리고 30년간의 이념 논쟁을 벗어던지고 개혁개방을 시작한 1970년대 말에는 자본주의가 중국의 번영을 되찾아 줄 것이라고 생각을 바꾸었다. 이후 20여 년이 지나 중국은 경제대국으로 굴기한 반면 소련은 시장에 맞서다가 붕괴의 길로 들어서면서 중국이 사회주의를 지키는 마지막 보루처럼 보였다.

곧이어 글로벌 금융위기가 몰아치고 자금 동원능력이 제한된 국제기구와 유럽 각국이 중국을 향하여 애타는 구애의 눈길을 보내기에 이른다. 3조 7천억 달러에 달하는 외환대국으로 급성장한 중국만이 자본주의를 구할 수 있는 구세주로 떠오른 것이다.

〈그림 1-1〉 대국의 흥망성쇠 추이

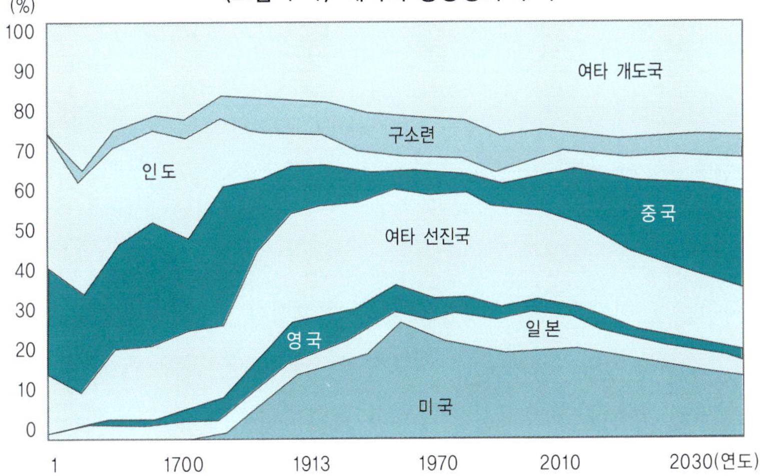

주: 서기 역사의 90%에 해당하는 시기는 중국과 인도가 세계 GDP의 50~60%를 담당했던 동양의 시대였다.
자료: Chen Yulu (2012.9)

글로벌 금융위기는 서기 2000년 역사 중에서 겨우 200여 년간 세계를 지배했던 서구의 시대가 끝나고 바야흐로 중국의 시대로 회귀하는 역사적 사건으로 기록될 것이다.

그런 중국이 2010년 이후 13분기 연속으로 성장세가 둔화되고 있다. 개혁개방 이후 최장기간이다. 또 최근 재정과 통화를 확대해도 국민소득은 키우지 못하고 부동산가격 거품만 유발한다는 비판이 제기되고 있다. 게다가 지방부채와 그림자금융(*shadow banking*)이 중국경제 붕괴의 뇌관이 될 것이라는 경고도 심심찮게 나오고 있다.

뉴욕대 앨트먼(Daniel Altman) 교수는 중국의 인구 및 장기 평균소득 증가율이 조만간 미국을 밑돌면서 대국의 여망이 물거품이 될 것이라는 견해까지 내놓았다. 40~50년 반짝하다가 또다시 2등 국가로 전락하고 만다는 것이다.

중장기적 시각에서 볼 때 중국은 1949년 마오쩌둥(毛澤東)이 신중국을 건설한 이후 문화대혁명 등 격동의 30년을 거치면서 경제적 혼란기를 겪었다. 그리고 1978년 덩샤오핑(鄧小平)이 개혁개방을 부르짖으면서 비로소 공업화의 길에 들어서서 또 다른 30여 년을 숨 가쁘게 달려왔다. 세계최대 투자은행인 골드만삭스는 2030년이 되면 현재의 G7 중에서는 미국만 살아남을 것으로 예측하고 있다. 그리고 그 자리를 세계 최강국으로 올라선 중국을 비롯해 인도・브라질・멕시코・러시아・인도네시아가 대체한다는 것이다. 이처럼 중국경제에 대한 낙관론이 인구에 회자되지만 앞으로 30년은 험난한 시기가 될 것이다.

시진핑은 이제 새로운 30년을 향한 대장정에 들어섰다. 태자당(太子黨)이 장악하여 비능률의 상징으로 인식되어 온 국영기업을 밀어내고 창의와 효율로 무장한 민간기업을 육성하는 민진국퇴(民進國退)를 외치고 있다. 2세기 전까지 누렸던 세계경제의 패권을 되찾기 위하여 중화민족 중흥의 꿈(中國夢)을 펼치기 시작한 것이다.

중국, 세계경제의 우등생인가?

중국경제는 1978년 시장화를 지향하는 개혁과 세계화를 추구하는 개방정책을 추진하기 시작했다. 이후 34년 동안 값싸고 풍부한 노동력과 투자·수출드라이브 정책에 힘입어 연평균 9.8%의 고도성장을 구가해 왔다. 특히 2001년 장장 13년간 각고의 협상 끝에 세계무역기구(WTO)에 가입하면서 중국은 죽(竹)의 장막에서 벗어나 마침내 세계경제의 전면에 데뷔했다. 중국에서는 WTO 가입을 앞두고 국제경쟁력을 갖추지 못한 중국의 유치산업이 와해될 것이라는 우려가 팽배하면서 한때 국론이 분열되기도 했다.

중국의 석학 판강(樊綱)은 서구가 100년에 걸쳐 이룬 산업화를 중국은 불과 30여 년 만에 65% 수준에 접근한 것으로 평가하고 있다. 수출이 효자 노릇을 하면서 결과적으로 중국이 WTO체제의 최대 수혜국으로 떠오른 것이다. 1978년 이후 중국의 GDP 성장률이 7% 미만으로 떨어진 경우는 2차 오일쇼크가 확산된 1981년을 제외하면 텐안먼사태가 발생한 1989~1990년(4.1%, 3.8%) 뿐이었다. 정치적 불안기 이외에는 경제가 흔들림 없이 고속으로 달린 셈이다. 글로벌 금융위기의 발생으로 전 세계가 아수라장이 된 2008년에도 중국은 대대적인 금융완화 정책에 힘입어 8% 내외의 성장을 거뜬히 유지했다.

그러나 2011년을 전후해 중국경제는 성장 모멘텀이 주춤하고 있다. 중국은 오랫동안 투자주도형 경제성장 전략을 추구하다 보니 한계자본계수(ICOR: *Incremental Capital Output Ratio*)가 상승하면서 자본의 생산성이 떨어지고, 투자가 성장에 기여하는 비중이 하락하고 있다. 투자를 늘려도 국민소득 향상으로 쉽게 이어지지 않으니 투자주도형 성장이 한계에 도달한 것이다. 또한 글로벌 금융위기 이후 미국·EU·일본 등 선진 경제권의 저성장기조가 굳어짐에 따라 수출의 성장기여도도 떨어지고 있다. GDP대비 수출입 비율이 50% 내외에 이르는 중국으로서는 수출 둔화가 성장의 상당한 걸림돌로 작용하는 것이다.

한편 국내소비가 뒷받침되지 않는 투자확대는 필연적으로 공급과잉을 초래할 수밖에 없다. 실제로 90% 수준을 오르내리던 중국의 전산업 평균 가동률이 2013년 들어 60% 미만까지 뚝 떨어졌다. 특히 철강·시멘트·조선업 등의 생산과잉이 심각한 상황이다. 과다투자로

〈그림 1-2〉 자본계수와 자본노동비율 추이

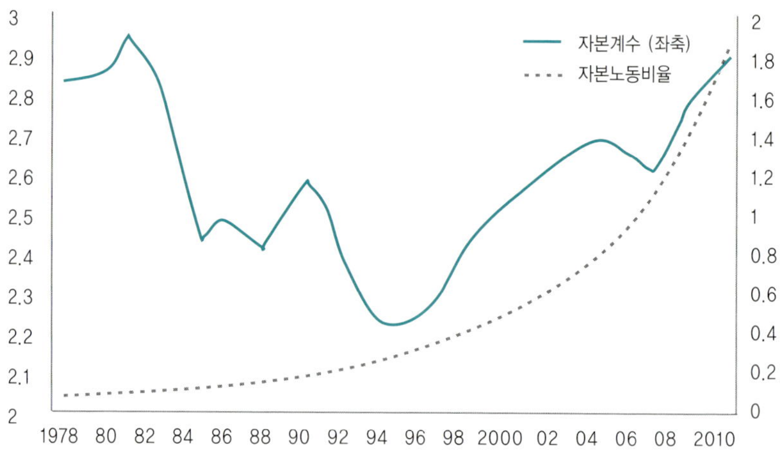

자료: Zun Zhang (2013. 9)

인하여 중국의 10대 태양광 기업이 모두 적자상태이다. 또 풍력이 차세대 대체에너지원으로 부각되면서 풍력설비 생산을 크게 늘린 결과 최근 3년간 발전설비 가격이 연평균 25%씩 폭락하고 있다.

이러한 과잉투자는 기업의 파산이나 금융부실로 연결될 수 있다. 또 무역수지 흑자의 누증으로 통상마찰을 유발하는 직접적인 원인이 되고 있다. 아울러 제조업 위주의 투자주도형 성장패턴이 장기간 지속됨에 따라 서비스업의 발달이 낙후되면서 일자리 창출능력도 현저히 떨어진 실정이다. 연평균 10% 수준의 경제성장에도 불구하고 고용증가율은 1% 내외에 머물러 있다.

또 에너지를 과소비하는 산업구조로 인해 2012년 말 현재 원유의 수입의존도가 56%까지 치솟았다. 2020년에는 66%에 이를 것으로 전망돼 밑 빠진 독에 물을 붓는 격이다. 철광석 수입도 전 세계의 60%를 상회할 정도다. 중국이 세계 에너지와 자원을 쓸어 담는 블랙홀이 되고 있다는 이야기다.

〈그림 1-3〉 GDP대비 투자비중과 자본스톡

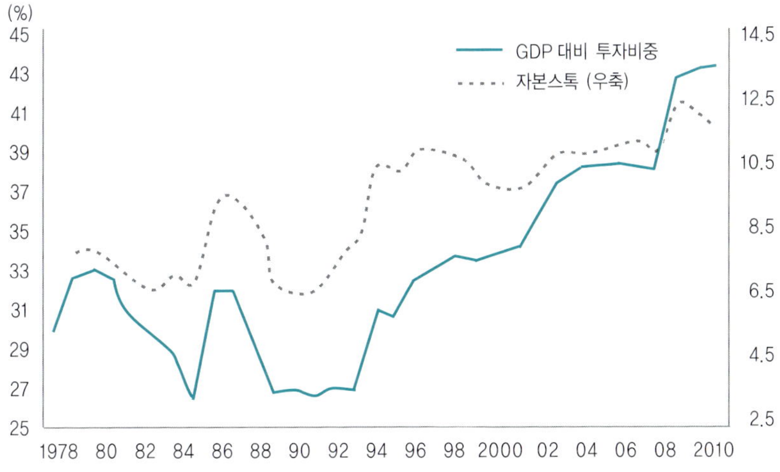

자료: Zun Zhang (2013. 9)

환경오염도 날이 갈수록 심각해지고 있다. 중국 환경보호총국에 따르면 도시인구의 30% 이상이 오염된 공기를 마시고 있으며, 세계 오염도시 10개 중 5개가 중국에 속해 있다. 베이징의 초미세먼지 농도가 1,000$\mu g/m^3$에 육박해 세계보건기구(WHO) 기준치(25$\mu g/m^3$)의 40배에 달하는 실정이다. 환경오염은 출퇴근 시간에 지하철에서 방독면을 착용한 시민이 등장하는 지경에 이르렀다. MIT대의 그린스톤(Michael Greenstone)은 유독성 스모그로 인해 황허 강 북부지역에 거주하는 주민의 기대수명이 남부지역 주민들보다 5.5년이나 짧다는 충격적인 보고서를 내놓았다. 또 먹다가 남긴 음식물이 중국 인구 2억 명이 1년을 먹을 수 있는 정도라고 한다. 환경오염이 매년 중국 GDP의 8~15%를 잠식한다는 분석도 나오고 있다.

국무원 관료에서 환경학자로 변신한 리샤오시(李曉西)는 필자와의 대담에서 환경문제가 더 이상 사치스러운 주제가 아니라 실제로 중국

〈그림 1-4〉 주요국의 경제성장과 고용증가율 비교

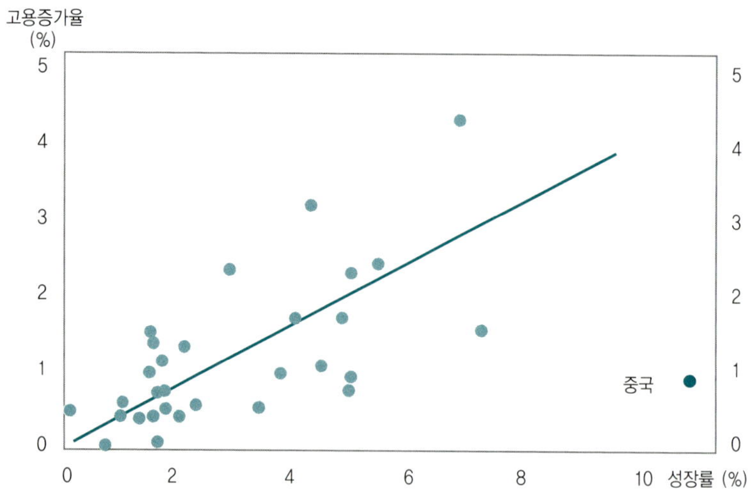

주: 중국은 연평균 10% 수준의 경제성장에도 불구하고 고용증가율은 1% 내외에 머물러 있다. 성장에 비례하여 고용이 증가하는 여타국과 크게 대비되는 점이다.

자료: 국가통계국, CEIC(중국경제데이터베이스)

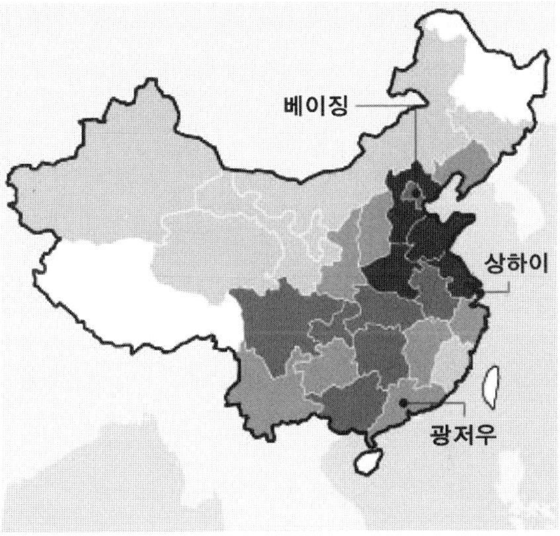

중국의 심각한 대기오염으로 황허강 북부에 거주하는 주민의 기대수명이 남부 주민들보다 5.5년이나 짧을 정도이다. 대기오염도가 높을수록 색을 진하게 표시한 지도이다.
자료: NASA

경제의 발목을 잡기에 이른 것으로 평가하였다.

이러한 인식에 따라 중국정부는 12차 5개년(2011~2015) 계획에 내수주도형 경제발전을 국가전략으로 명시하고 지난 3년간 경제구조의 전환을 서둘러왔다. 그러나 중국의 민간소비율은 1990년대 말에 45%를 상회하였으나 2012년에는 오히려 34%까지 하락하였다. 선진국(OECD, 63%)은 물론 한국(53%)의 수준을 크게 하회하고 있다.

다시 말해 중국은 최근 20여 년 동안 경제가 급성장을 거듭해 왔으나 노동자에 대한 소득분배율이 낮아서 민간소비율이 10%p 이상 떨어져 버린 것이다. 더욱이 정부가 내수확대에 박차를 가하고 있으나 소비증가율이 완만한 모습을 벗어나지 못하고 있다. 경제성장의 과실을 국가와 국영기업이 주로 향유하기 때문에 개인의 삶의 질 향상이 경제성장 속도를 따라가지 못하고 있는 것이다. '부자 중국, 가난한 중국인'이라는 말이 헛소리가 아니라는 이야기다.

그뿐만 아니라 최대 수출시장인 유로지역에서 2011년 이래 채무위기가 장기간 지속됨에 따라 최근 수년간 수출의 성장기여도가 마이너스를 기록하여 왔다. WTO체제 아래서 오랫동안 수출증가율이 20~30% 수준을 유지하다가 2012년 갑자기 8%로 급락한 것이다. 그 결과 2012년 중국의 GDP성장률이 7.7%로 추세선 이하로 떨어져버렸다. 시진핑 지도부의 반(反)부패 캠페인과 경제구조 개혁의 영향으로 2013년 성장률 역시 7% 중반에 머물러 있다.

이러한 대내외 도전에도 불구하고 세계경제 성장의 기관차가 중국이라는 데에는 대다수 경제학자들이 동의하고 있다. 1970년대 이후 서구 선진국들은 GDP 성장률이 연평균 2~3%로 추락하였다. 반면 중국은 개혁개방 이래 고도성장을 지속하면서 2007년과 2010년에 각각 독일과 일본을 차례로 제치고 G2로 등극하였다. 2013년을 예로 들더라도 세계경제가 3.1% 확대된 만큼 중국이 세계 GDP의 29%를 견인하여 그 기여율이 미국(12%)의 2.5배에 달하고 있다. 중국이 실제로 세계경제 성장의 기관차 역할을 하고 있는 것이다.

세계교역에서 중국이 차지하는 비중도 가파르게 확대되어 왔다. 중

〈그림 1-5〉 4대 강국의 장기성장 추이

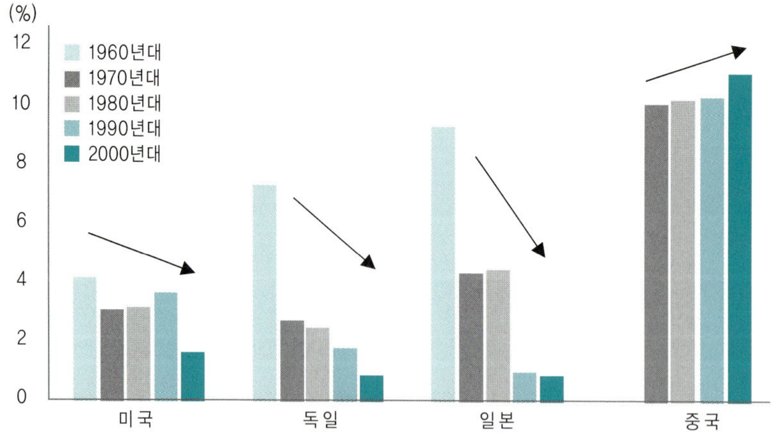

자료: IMF, 중국 국가통계국

〈표 1-1〉 세계경제 성장 기여율

항목	중국	미국
GDP규모 (2012, 억 달러)	83,583	156,848
GDP성장률 (2013[e], %)	7.6	1.6
세계 GDP 기여도	0.91	0.36
세계성장기여율 (%)	29.4	11.6

주: 2012년 세계GDP 70조 달러를 전제하고 있다.
자료: World Development Indicators (2013.9)

국은 이미 세계 수출의 11%를 점유하면서 미국(8%)을 제치고 세계 1위를 기록했다. 제조업 생산에서도 일본과 미국을 차례로 밀어내고 세계 넘버원이 되면서 세계의 공장으로 주목받아왔다. 뿐만 아니라 외환보유액(3.7조 달러)에서도 일본(1.3조 달러)과 스위스(0.5조 달러)를 압도하고 있다. 이와 함께 중국은 미국국채 보유 규모도 세계 1위를 차지하여 금융부문에서의 영향력도 급속히 확대되고 있다.

실물경제든 금융이든 이제 중국이 세계경제의 중심축에 선 것은 아무도 부인할 수 없게 된 것이다.

금융자본시장은 여전히 낙후되어 있다

중국의 실물경제는 WTO 가입 이후 개방이 빠르게 진전되었으며, 금융자본시장도 1990년대 중반 개방의 청사진을 수립하였다. 그러나 아시아 외환위기(1997)와 글로벌 금융위기(2008)를 겪으면서 중국 지도부 내에서 금융개방에 부정적인 기류가 형성되었다. 그 결과, 위기를 겪을 때마다 금융자본시장 개방이 10여 년씩 늦추어져 왔다.

중국에서는 자국민과 외국인에게 적용하는 환율이 서로 달랐다. 그러나 1994년 이중환율제를 폐지한 이래 위안화가 꾸준히 절하됨에 따라 무역수지 흑자가 누적되면서 외환보유액이 급증했다. 이에 따라 보유통화를 다변화하면서 유로화 표시 자산 비중이 외환보유액의 1/4에 달하게 됐다. 그런데 채무위기로 유로화 절하와 변동성 확대로 인한 보유채권의 가치하락을 겪으면서 외화자산 운용에 애를 먹고 있다.

또한 2010년 하반기 이래 미국의 2, 3차 양적완화정책(QE2, QE3) 실시, 일본의 아베노믹스 등을 통한 선진국의 유동성공급 확대로 단기 부동자금 유입이 우려되어 왔다. 미국과 일본이 초저금리 상태에서 자국의 경기부양을 위해 중앙은행이 국채나 여타 금융자산을 매입하고 돈을 풀어댄 것이다.

넘치는 유동성은 결국 중국과 같은 신흥경제권으로 흘러들어와 부동산 거품을 야기하고 물가를 자극하는 부정적인 효과(*negative spillover effect*)를 촉발하였다. 이에 따라 중국에서도 구미 선진국에 대한 불신

〈그림 1-6〉 주요국 자본거래 개방지수 비교

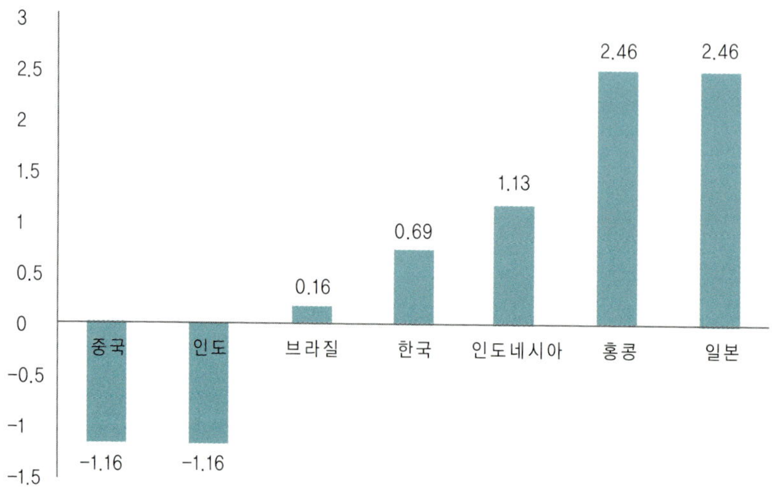

주: 중국의 자본시장 개방도는 경제발전 수준이 비슷한 브라질이나 인도네시아보다 훨씬 낮으며, 후발 개발도상국인 인도와 비슷한 실정이다(2010년 기준).
자료: Hiro (2012)

이 증폭되고 금융자유화와 자본시장 개방에 대한 부정적인 인식이 상존하고 있다. 그 결과 환율 유연화와 위안화 국제화의 추진에도 불구하고 중국의 자본시장 개방은 경제발전 수준이 비슷한 BRICs와 비교하더라도 상당히 지연되어 있는 실정이다.

시진핑 시대 개막을 앞둔 제 18차 전국인민대표대회(전인대, 2012. 11)에서 중국 지도층은 미국의 재정절벽 논란과 유로위기에 주목하고 무조건적인 시장 개방과 서구화를 우려하는 분위기가 역력하였다. 그러다 보니 중국의 제도와 이념 그리고 앞으로 나아갈 길에 대한 자주노선이 강조되었다. 일방적 서구화보다는 중국식 사회주의 시장경제의 강점을 부각시킨다는 것이다. 실제로 금융자본시장을 포함한 체제개혁에서 새로운 시도보다는 개혁의 연속성을 강화하고 제도와 절차를 구체화하는 데 주력했다.

현재 중국의 금융부문은 4대 은행이 세계 10대 은행에 포함되고, 순이익 기준으로 세계 1~4위를 중국 은행이 휩쓸고 있다. 금융기관

〈표 1-2〉 세계 10대 은행 현황

순위	기본자본(Banker, 2013)	순이익(Banker, 2013)
1	중국공상은행	중국공상은행
2	JP Morgan Chase(미국)	중국건설은행
3	BOA(미국)	중국농업은행
4	HSBC(영국)	중국은행
5	중국건설은행	JP Morgan Chase(미국)
6	Citi(미국)	Wells Fargo(미국)
7	Mitsubishi(일본)	HSBC(영국)
8	Wells Fargo(미국)	Mitsubishi(일본)
9	중국은행	BNP Paribas(프랑스)
10	중국농업은행	Sumitomo Mitsui(일본)

자료: The Bankers(2013)

의 외형과 수익규모는 급성장하여 글로벌 금융파워를 미국과 양분하게 된 것이다. 금융후진국인 중국으로서는 실로 놀라운 일이다.

그러나 금융의 선진화는 지연되고 있다. 은행대출이 비금융부문의 연간 신규자금 조달의 75% 이상을 차지할 정도로 은행중심(*bank-based*) 금융제도를 형성하고 있다. 그리고 은행산업의 자금조달과 운용이 예금과 대출에 주로 의존한다. 또한 은행권 순이익이 이자부문에 편중(66%)되어 있고 중국공상은행(ICBC) 등 5대 대형 금융기관으로의 쏠림현상도 심각한 상태이다.

출렁거리는 대내외 여건에도 불구하고 시진핑 지도부는 금리·환율을 자유화하고 국경 간 위안화 사용을 확대하여 자본계정 태환성(*convertibility*)을 실현하는 삼화(三化)개혁 노선을 견지하고 있다. 중국 전문가들은 금융위기와 같은 돌발상황이 발생하지 않는다면 향후 10년 내에 삼화개혁이 마무리될 것으로 내다본다. 또 정부는 중국경제의 과도한 은행의존을 줄이고 국영기업 개혁을 촉진하기 위해 주식시장 선진화도 추진하고 있다. 홍콩상하이은행(HSBC)은 2015년까지 중국무역의 30%가 위안화로 결제되고 향후 5년 이내에 자본자유화가 마무리될 것으로 예상하고 있다.

여하튼 중국은 금융개혁과 자본시장 개방이 지지부진하다는 외부인식에 대해서는 무조건적인 서구의 아바타가 되기를 거부한다. 그 대신 대륙 특유의 걸음으로 세계화의 파도에 용의 날갯짓으로 대응하고 있다.

중국경제의 7대 이슈

경제 불균형 해소

중국경제가 지난 30여 년간 단기에 압축성장하는 과정에서 계층·도농·빈부·지역 간 불균형이 심화되었다. 또 규제의 폐해가 누증되면서 경제발전을 제약하는 부작용도 적지 않게 나타나고 있다.

먼저 소득불균형 현황을 보면 소득분배의 불평등도를 나타내는 지니계수가 개혁개방이 시작된 1978년 0.18에서 2012년에는 0.47(한국 0.31)까지 확대되었다. 일각에서는 이미 0.6을 넘어섰다는 분석도 나왔다. 사회학자들은 통상 지니계수가 0.4를 넘어서면 소득불균형으로 인해 폭동이 일어날 위험이 고조되는 것으로 본다. 현재 중국의 저소득층은 전 인구의 70%로 추산된다. 35%가 농민공과 도시 노동자들이며, 나머지 35%는 가난한 농민계층이다. 소득 상위 10% 계층과 하위 10% 계층을 비교한 십분위율도 1988년 7배에서 현재 23배까지 확대되어 부유층이 최하층보다 23배나 더 풍요롭게 살고 있다. 한국(10.5배)보다도 빈부격차가 두 배 이상으로 벌어진 것이다.

현재 중국의 소득불균형 정도는 아편전쟁 직후인 1850년 홍수전(洪

秀全)이 광둥에서 '태평천국의 난'을 일으킨 시기와 비슷할 정도로 상당히 심각한 상태이다.

지역 간 발전격차도 크게 확대되어 4대 지역의 지역내총생산(GRDP) 비중을 보면 동부 연안 52%, 중부 20%, 서부 19%, 동북지역이 9%로 현저한 차이를 보이고 있다. 임금 수준에서도 동부 연안지역이 서부의 2배 이상이다.

소득격차 확대와 함께 사회갈등도 점차 첨예화되고 있다. 노사분규의 경우 2003년 연간 23만 건에서 2010년 60만 건으로 불과 수년 사이에 3배 가까이 확대되었다. 특히 외국기업에서 발생한 노사분규 건수는 2003년 전체의 10% 미만에서 노동자들이 자동화와 저임금에 저항하면서 2010년에는 14%까지 급증했다. 최근 애플의 하청기업인 폭스콘(Foxconn)에서는 저임금을 견디다 못한 직원들이 연쇄자살 소동을 벌여 큰 사회적 파장을 일으키기도 했다. 또 일본의 혼다자동차, 샤프전자, 니콘카메라 등의 중국 현지공장에서도 파업이 빈발하고 있다.

한편 규제가 창의적인 경제활동을 제약하는 폐해도 상당한 것으로 파악되고 있다. IMF 중국소장을 역임한 이일형은 중국정부의 금리규제로 인해 GDP의 4%에 해당하는 자원이 가계에서 기업부문으로 이전되어 자원배분의 왜곡이 심각한 것으로 분석하고 있다.

이처럼 경제 불균형으로 인한 성장잠재력 저하, 규제에 따른 자원배분의 비효율 누적 등으로 부작용이 가중됨에 따라 구조개혁이 긴요한 상황이다.

이에 따라 시진핑 지도부는 빈부 및 도농 간, 동부 연안과 중서부 지역 간 불균형 해소로 중산층을 두텁게 하고 있다. 아울러 규제의 보호 아래 비효율의 표적이 되어온 국영기업 개혁에도 박차를 가했다. 중국정부는 국영기업 개혁방안을 마련해 시장원리를 확산시키고 기준에 미달된 부실기업은 퇴출시킨다는 방침을 과감히 추진중이다.

새로운 성장엔진, 도시화와 서부 대개발

중국정부는 2020년까지 40조 위안을 투자하여 이농민(離農民)의 도시정착 지원과 농민공의 권익보호로 도시화율을 매년 1%p 이상 높여 나가고 있다. 또 도시 이주민의 소득을 높여 소비 활성화를 추구하는 정책을 펴고 있다. 중국의 도시화율은 2001년 이후 연평균 1.4%p 상승하여 2012년 말 52.6%에 달하였다.

중국에서는 최근 수년 동안 매년 2천만 명 이상의 농촌 인구가 도시로 이주하고 있다. 이는 한국의 전주(全州, 인구 65만 명) 정도의 도시가 매년 30개 이상씩 새로 생기는 엄청난 규모이다. 그 결과 2020년에는 인구 2천만 명 이상 슈퍼도시 8개, 1천만~2천만 명의 특대도시 13개, 500만~1천만 명 대도시가 20개, 150만~500만 명의 중도시는

〈그림 1-7〉 중국의 도시화율 추이

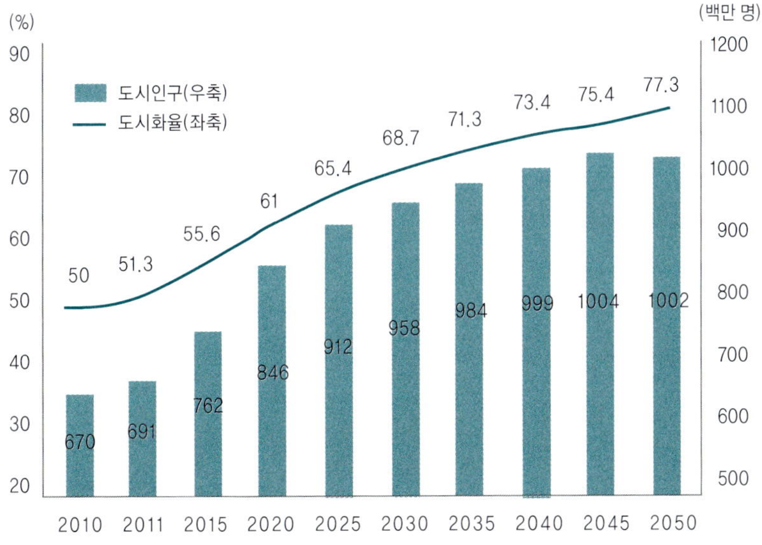

자료: UN (2012)

〈표 1-3〉 2020년 규모별 도시 수 예측

슈퍼도시 (2,000~3,500만)	특대도시 (1,000~2,000만)	대도시 (500~1,000만)	중도시 (150~500만)
8	13	20	108

자료: 社會科學文獻出版社 (2012) 등을 종합

108개로 확대될 것으로 예상된다.

도시화는 생산성이 낮은 1차 산업 부문이 축소되고 공업화의 진전과 서비스산업이 확대되는 것을 의미한다. 중국은 현재 수확체감의 법칙이 지배하는 농업 등 1차 산업에 종사하는 인구비중이 36%에 달하나 GDP 성장에는 10% 정도 기여할 뿐이다. 따라서 생산요소 배치의 최적화를 위해서는 주된 소득을 1차 산업으로 하는 인구의 비중을 10%선까지 줄여야 한다. 그리고 지적자본의 투입으로 수확체증의 법칙이 작용하는 제조업과 서비스산업 종사자가 이를 대체해야 된다는 이야기다. 유엔은 2030년에 이르러야 중국의 도시화율이 선진국 수준인 70%에 접근할 것으로 평가하고 있다. 그때가 되면 외부수요를 대체하는 성장 모멘텀을 중국 내부에서 창출할 수 있을 것이다.

대외경제정책연구원(KIEP, 2012)의 연구에 따르면 도시화율이 높고 소비시장 규모가 큰 베이징 · 상하이 · 광둥 등(A면)은 이미 소비시장이 잘 형성되어 있다. 도시화가 상당히 진행되었으나 소비시장 규모가 크지 않은 톈진 · 충칭 · 푸젠 등(B면)은 소비시장이 발달되지 않은 상태이다. 도시화가 지연되고 소비시장 규모도 작은 산시 · 샨시 · 윈난 등(C면)은 시장이 낙후되어 있으며, 도시화 수준은 낮으나 인구가 밀집되어 있는 허난 · 쓰촨 · 허베이 등(D면)은 비교적 큰 소비시장이 형성되어 있다. 또한 도시화율과 1인당 소득수준을 비교해 보더라도 대체로 정의 상관관계를 형성하고 있다.

〈그림 1-8〉 중국의 산업별 취업비중 추이

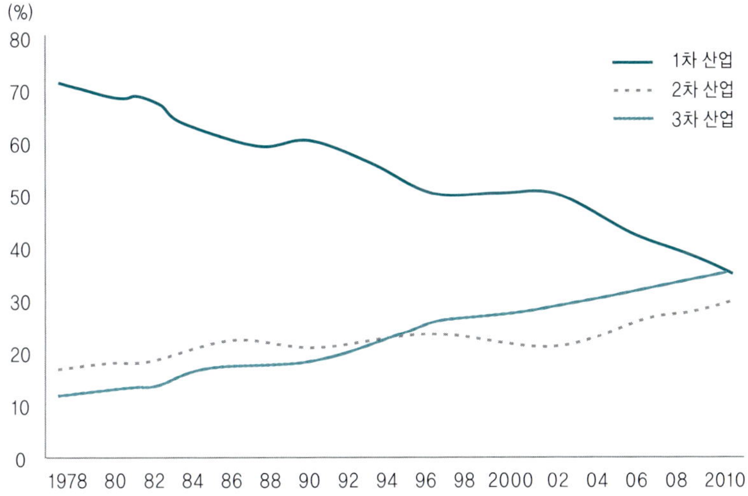

자료: Zun Zhang (2013. 9)

〈그림 1-9〉 중국의 산업별 생산비중 추이

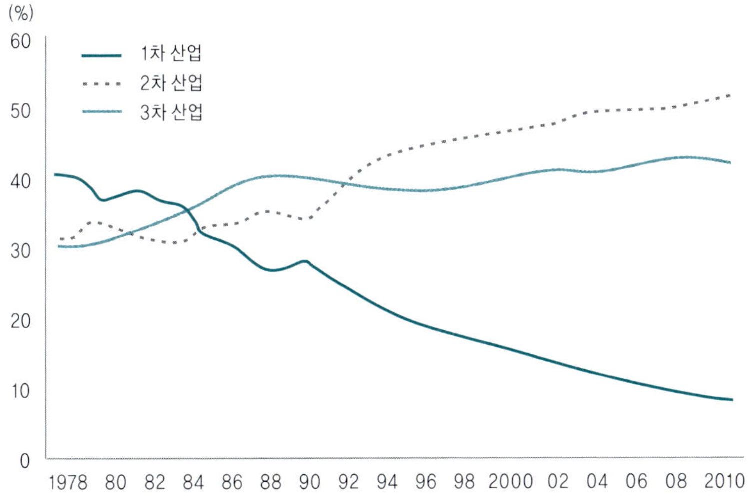

자료: Zun Zhang (2013. 9)

〈그림 1-10〉 지역별 도시화율과 소비시장 규모

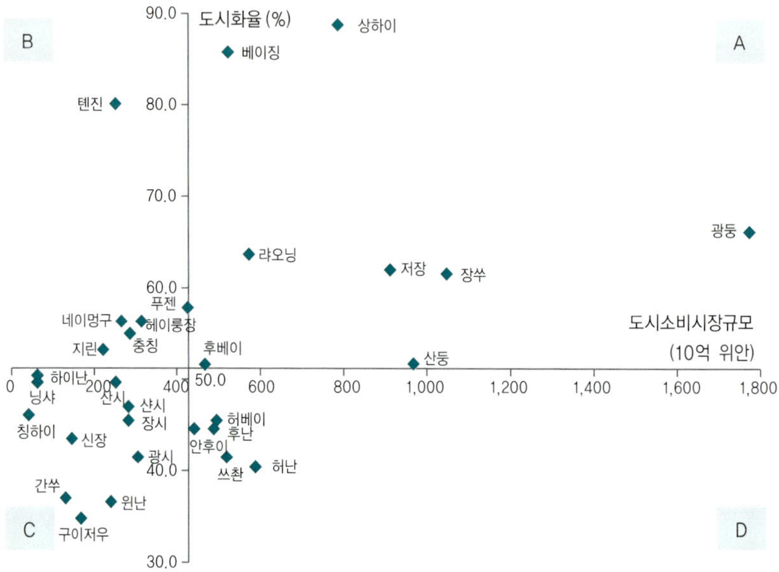

자료: KIEP(2012.12)

결국 중국은 도시화가 진전되고 소득수준이 높아지면서 소비시장이 확대되기 때문에 C국면에서 A국면으로 이동하는 궤적을 그릴 것이다.

한편 최근 들어서는 우한·칭다오·시안 등에서 IT인프라 구축을 바탕으로 도시기능을 첨단화하는 이른바 스마트시티 건설 붐도 조성되고 있다. 우한의 경우 교통·쇼핑 등 모든 도시 편의시설에 이용할 수 있는 만능시민카드 발급, 전자 건강진료부 보급, 전자순찰 등 멀티보안시스템 구축 등을 추진하고 있다. 칭다오·시안 등에서도 커뮤니티 정보화, 관광지역 디지털서비스 제공시스템 구축 등을 추진함으로써 첨단도시를 건설하려는 의지를 불태우고 있다. 12차 5개년 계획이 끝나는 2015년까지 600~800개 도시가 스마트시티로 변신할 것으로 예상된다. 중국 건축업협회는 2013년 들어 스마트시티가 실질적 보급

단계로 접어든 것으로 보고 있다. 지금 베이징·상하이·광저우 등 대다수 1급 도시는 물론 우한·닝보 등 절반 이상의 2급 도시가 스마트시티 건설을 추진하고 있다. 2013년 상반기 말 전국 154개 도시에서 스마트시티 건설계획을 세우고 1조 1천억 위안을 투자했다. 향후 이와 연관된 엄청난 산업기회가 도래할 것은 불을 보듯 뻔하다.

중국 국가개발은행에서도 향후 3년 동안 주택도시농촌건설부와 합작으로 스마트시티 건설에 800억 위안을 투자하는 등 금융지원도 점차 확대될 것이다.

골드만삭스(2013)는 대체로 도시화 비율이 1%p 상승하면 중국의 GDP가 1%p 정도 높아질 것으로 추정하였다. 이는 도시기반시설 확충, 주택투자 등으로 상당한 투자촉진 효과가 있는데다 가구·가전제품 등을 중심으로 소비도 2%p 가량 높아지기 때문이다. 중국의 GDP 성장요인을 분해해 보면 도시화가 노동생산성 향상 다음으로 경제성장을 견인하는 요소로 부각되고 있다.

또 도시화 비율이 1%p 상승할 경우 서비스업을 중심으로 취업자가 4백만~5백만 명 증가할 정도로 일자리 창출에도 지대한 영향을 미치고 있다.

한편 서부 대개발이 도시화와 연계 추진되어 해당지역에 산업을 유치하고 소비시장을 확대해 나감으로써 경제성장의 견인차 역할을 하고 있다. 중국의 경우 과거 상하이(푸동, 1990), 톈진(빈하이, 2000), 저장(저우산, 2011)에 10년 단위로 국가 신구를 개설하였다. 그러나 2010년부터 내륙지방에 위치한 충칭(양장, 2010)과 간쑤(난저우, 2012)를 국가 신구로 잇달아 지정하였다. 청두와 충칭에서 샨시 및 간쑤성 등으로 서부개발을 광역화함으로써 경제성장의 새로운 엔진으로 삼으려는 것이다.

서부의 상징이자 촉나라의 수도였던 청두에 세계최대 건물(新世紀

〈그림 1-11〉 주요국 도시화율과 1인당 GDP 비교

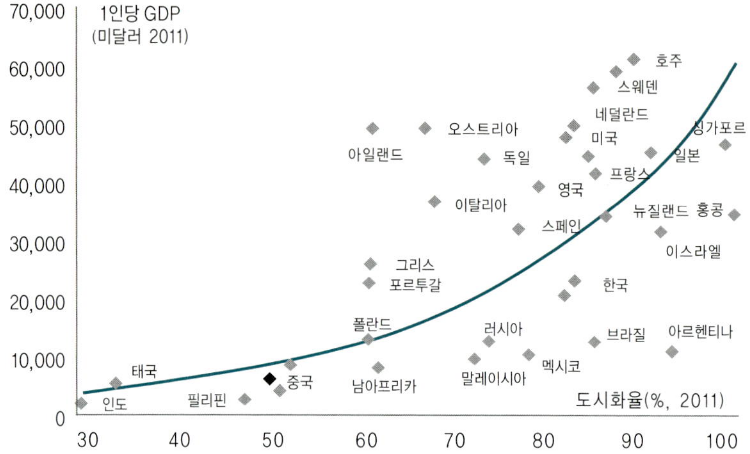

주: 주요국의 도시화율과 1인당 GDP는 상당한 정의 상관관계를 보여주고 있다.
도시화율이 올라갈수록 소득수준도 높아진다는 이야기다.
자료: Goldman Sachs (2013)

環球中心)이 세워져 건설 붐도 일고 있다. 뉴욕이나 베이징이 아니라 서부의 청두에 미국 국방부 청사 펜타곤의 3배 규모(약 51만 평)나 되는 초대형 건물이 세워진 것이다. 한국기업들도 이러한 추세에 발맞추고 있다. 삼성전자는 샨시성 시안에 낸드플래시 공장을 건설하였으며, 충칭의 양장 신구에는 POSCO와 SK 등이, 청두에는 현대자동차가 생산기지를 각각 건설하고 있다. 도시화와 임금 상승에 따른 소득향상, 서부개발에 따른 소비계층 확대 등으로 소비패턴도 바뀌고 있다. 도시화와 서부개발의 결과 2005~2020년 중 약 3억 명이 농촌에서 도시로 이주하면서 서부지역을 중심으로 치약·샴푸·린스·우유 등 생필품소비가 폭발적으로 늘어나고 있다. 지금까지 양치를 하지 않거나 머리를 감지 않던 부류가 양치를 하고 머리를 자주 감게 되는 새로운 소비계층에 합류한 결과 관련 품목의 소비가 가파르게 증가하고 있는 것이다. 또 이미 1인당 소득이 1만~2만 달러에 이른 동부 연

안지역의 대도시 고소득층을 중심으로 포도주·여행 등 고급소비도 확대되는 추세이다.

기본적인 의식주를 해결하는 생필품 소비사회(溫飽型)에서 풍요롭게 삶을 즐기는 이른바 샤오캉(小康) 사회로 진화되고 있는 것이다. 샤오캉 사회는 의식주 해결 차원을 넘어 생활의 여유를 누릴 수 있는 사회로서 공자는 이를 이상사회로 보았다. 중국 지도부는 2020년까지 샤오캉 사회의 건설을 목표로 발걸음을 재촉하고 있다.

그러나 도시화에는 주택·교육·의료체계 구축 등을 위한 막대한 기반시설 투자와 이농자의 정착지원 비용이 소요된다. 예를 들면 베이징에서 농민공 1명에게 도시 호적을 부여할 경우 약 50만 위안이 소요된다. 전체 농민공 2억 6천만 명을 도시민화 한다면 약 40조 위안이 필요하다는 이야기다. 40조 위안은 2012년 중국 GDP의 80%에 달하는 거액이다. 이에 따라 현재와 같이 지방재정이 취약한 상태에서 도시화를 단기간에 과도하게 추진할 경우 지방재정이 악화될 소지가 있다. 따라서 시진핑 지도부는 국가 차원의 지역개발 조정을 강화하고 호적·사회보험·교육개혁을 통하여 농민공의 도시정착 지원을 함께 도모해야 할 것이다.

늙어가는 중국, 인구고령화 대응은?

중국은 1979년부터 넘쳐나는 인구를 줄이기 위해 한 가정 한 자녀 갖기 정책을 추진해 왔다. 이와 함께 소득수준 향상과 양육비 부담으로 인해 출생률이 2012년 1.2%까지 급락함에 따라 1990년대 1%를 상회하던 인구증가율이 2000년 이후 반 토막이 났다. 2011년 실시된 6차 인구센서스에 의하면 합계 출산율이 1.5명으로 떨어져 인구가 2026년(13.96억 명)을 정점으로 감소하면서 노동력 부족현상이 심화될 것으로 전망된다. 특히 2025년을 전후하여 세계 최대의 인구대국 자리를 인도에 넘겨줄 것으로 보인다. 반면 소득수준과 의료의 질 향상에 따라 기대수명은 1990년 69세에서 2010년 73세로 늘어났으며, 2050년에는 79세까지 연장될 것으로 기대된다.

2001년에 이미 65세 이상 인구비율이 전체 인구의 7%를 넘는 고령화사회에 진입하면서 고령화가 가파르게 진행되고 있다. 노동력 감소와 빠른 고령화로 그동안 경제성장을 뒷받침해 온 인구보너스가 점차 소멸될 것이다. 부양해야 할 노인들이 많아지면서 성장과 소비의 제약요인으로 작용한다는 이야기다. 결국 중국정부는 2013년 11월 3중전회에서 1979년 이후 인구를 4억 명 이상 억제해 온 한 자녀 갖기 정책을 전면 완화하기로 결정하였다. 부모 중 한쪽이 외동인 경우 둘째 자녀의 출산을 허용한 것이다

유엔은 중국에서 생산을 담당하는 노동력의 경우 2015년 정점에 도달한 후 감소세로 돌아설 것으로 예측하였다. 이렇게 되면 중국경제의 성장기반인 풍부한 저임 노동력의 이점이 사라짐으로써 잠재성장률이 추세적으로 떨어질 수밖에 없을 것이다.

또 세계은행은 중국에서 취업증가율의 잠재성장 기여도가 1978~1994년 3.4%p, 1995~2009년 1.0%p, 2010~2015년 0.2%p를 보이다가 2016~2020년에는 마이너스 0.5%p로 전환되는 것으로 분석하였다. 인구문제가 오히려 중국경제의 발목을 잡는다는 이야기다. 한편 미국 연방준비제도이사회(FRB)도 중국은 고령화로 인해 2030년에는 잠재성장률이 6.5%까지 떨어질 것으로 추정하였다.

실제로 최근 10여 년 동안 중국의 노동공급이 줄어들면서 임금이 연평균 15% 정도씩 올랐다. 최저임금도 꾸준히 올라 2013년 중 베이징, 상하이 등 13개 주요 성급 행정구역의 평균인상률이 17%에 달하였다. 특히 상대적으로 임금상승이 낮았던 장시성의 경우 2013년 중

〈그림 1-12〉 주요국의 인구 추이 비교

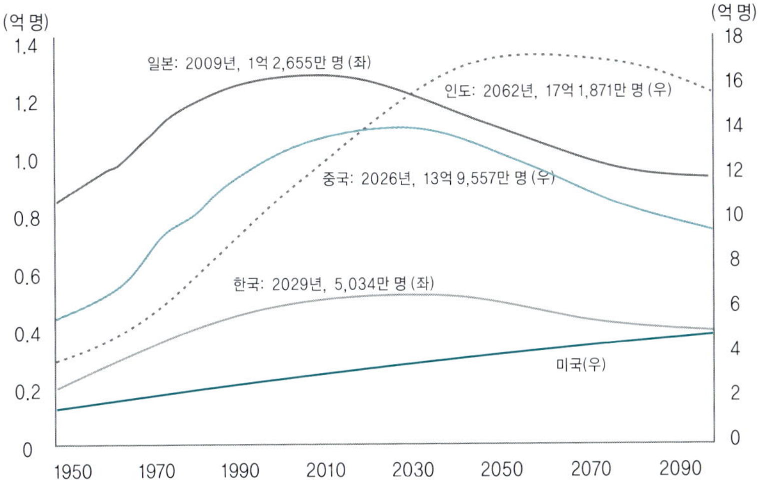

자료: UN, CEIC

〈그림 1-13〉 중국의 연령별 인구비중 추이

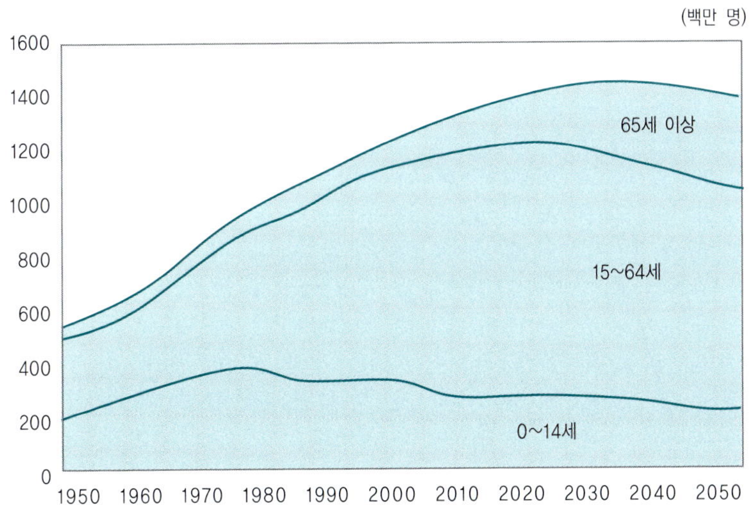

자료: UN

〈그림 1-14〉 중국 임금 및 생산성 추이

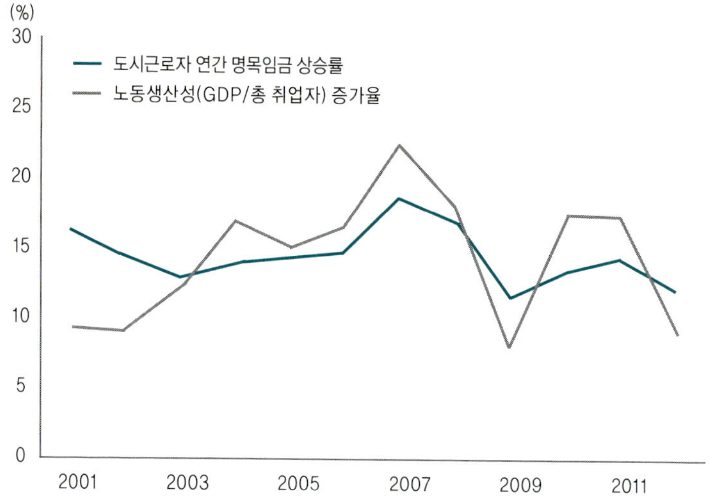

자료: 국가통계국

〈그림 1-15〉 중국 제조기업 총이익 추이

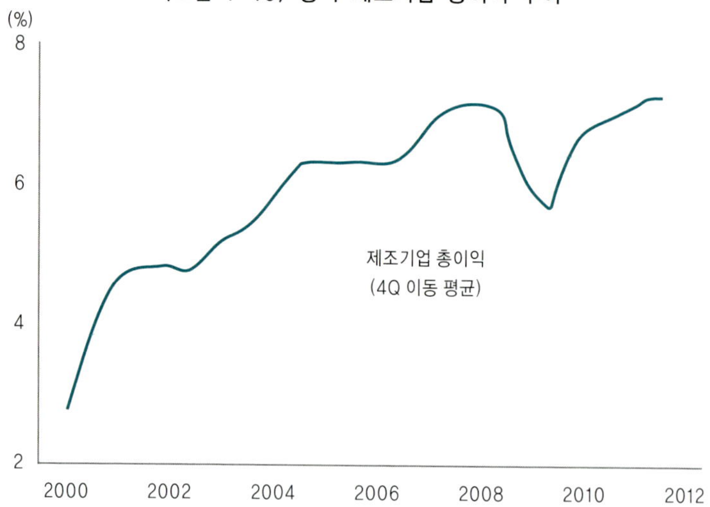

자료 : IMF (2012.7)

불과 1년 사이에 최저임금이 45%나 폭등하는 등 기업의 생산비용이 크게 상승하고 있다. 이에 따라 2004년 이후 제조기업의 총이익률이 연평균 6%대에서 횡보하는 양상을 보이고 있다.

한편 선진국이 고령화사회에서 고령사회(65세 이상 인구비중 14~19%)로 바뀌는 데 프랑스가 115년, 미국이 73년 소요된 데 비해 중국은 25년 만인 2026년에 고령사회가 다가올 것이다. 또한 65세 이상 인구비중이 전체 인구의 20%를 상회하는 초고령사회로 진입하는 데 프랑스와 미국은 각각 39년과 21년이 소요되었으나 중국은 10년밖에 걸리지 않는 등 향후 고령화가 더욱 빨라질 것으로 예상된다.

다만 중국은 국토가 넓다 보니 도시화의 진전으로 농촌 인구의 도시 이동을 통한 인적 자원의 재배치가 가능하다. 고령화 충격에 대처하는 데 한국이나 일본보다 유리한 측면도 있다는 이야기다. IMF는 중국의 생산가능인구 감소에도 불구하고 임금상승과 이주노동자의 증가로 농촌에 묻혀 있던 노동력의 초과 공급이 2020년까지는 유지될 것으로 평가했다. 개도국에서는 통상 산업화 초기단계에 농촌의 값싼 노동력이 공업화에 동원되면서 급속한 경제성장을 이루다가 일정 시점에 이르면 저임 근로자의 고갈로 성장이 둔화되는 루이스 전환점을 맞게 된다. 그런데 중국의 경우 일반의 예상보다 훨씬 늦은 2020~2025년경이 되어서야 그 지점에 도달한다는 이야기다.

부동산가격, 지난 25년간 13배 올라

중국은 불과 20~30년 전까지만 해도 개인의 부동산 거래가 엄격하게 제한되어 있었다. 그러다가 1987년 광저우에서 최초로 상품주택이 거래되기 시작하였다. '돈은 곧 신이다'(有錢能使鬼推磨)라고 할 정도로 금권을 숭배하는 광저우 월상(粵商)의 후예들이 개혁개방과 더불어 부동산가격이 크게 오를 것이라는 선견지명을 가지고 부동산 투자의 새로운 장을 연 것이다.

이후 25년 동안 중국의 부동산 가격은 연평균 55%씩 올라 13배 상승하였다. 대체로 2년마다 갑절로 오른 셈이다. 특히 2011년 말 이후 경기조절을 위해 돈을 많이 푼 여파로 2012년 하반기부터 부동산가격의 재상승 탄력이 강해지면서 계속 오르고 있다.

대도시의 부동산은 부유층이나 국영기업 경영진 등 사회지도층이 다수를 소유하고 있어 가격이 내릴 가능성은 별로 없다. 베이징 시내의 300㎡ 정도 되는 고급아파트는 1,500만 위안(약 27억 원)을 호가한다. 2013년 8월 현재 베이징의 신규주택 분양가격은 평방미터(㎡)당 29,395위안(평당 1,750만 원)이고, 100대 도시의 경우 10,442위안(평당 620만 원)으로 한국과 별 차이가 없다. 중국의 소득수준이 한국의 1/4 정도에 불과한 점을 감안하면 집값이 굉장히 비싼 편이다.

시진핑 지도부는 부동산가격이 중국의 경제발전 수준에 비추어 너무 높은 것으로 판단하고 있다. 그래서 부동산시장 안정이 소득불균형 완화와 사회안정의 요체라고 보고 거품을 허용하지 않겠다는 강력한 의지를 가지고 있다. 한국이나 중국이나 대학을 졸업하고 사회에 진출한 젊은이들이 아무리 열심히 일하고 저축해도 내 집을 마련할 수 없다면 살아가는 희망을 꺾어버리는 심각한 사회문제가 될 수 있다.

이러한 인식에 따라 2013년 신정부 출범과 함께 베이징과 상하이 등 대도시 부동산에 대한 양도차익의 20%를 양도소득세로 부과하는 등 강도 높은 부동산 안정대책을 실시하고 있다.

한편 일부에서 중국의 소득수준에 비해 주택가격이 지나치게 높아 주택가격이 폭락할 것이라는 우려도 제기하고 있다. 아시아 최고 갑부인 리카싱(李嘉誠) 창장(長江)그룹 회장이 2013년 여름에 중국 부동산을 잇달아 매각하면서 부동산가격 거품 붕괴의 서곡이 아니냐는

〈그림 1-16〉 주요국의 주택가격/소득비율 추이

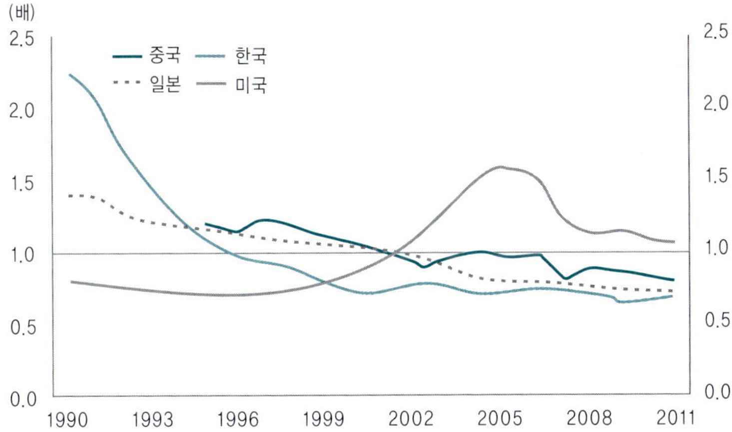

주: 이 그래프는 1990~2012년 평균대비 해당연도 PIR을 나타낸 값으로 글로벌 금융위기 이후 주요국의 PIR이 하향 안정되는 모습을 보여준다.
자료: 중국지수연구원, Wind

루머가 돌기도 하였다. 그러나 중국은 GDP대비 부동산담보대출 비율이 18% 내외에 불과하여 40~60% 수준인 서구 선진국보다 현저히 낮다. 또한 소득 대비 주택가격 비율(PIR)이 대도시의 경우 7을 상회하고 있으나 전국 PIR은 4.3배로 국제적인 수준(3~6) 내에 있다. 주택가격 거품 논란은 국지적인 현상에 해당할 뿐이다. 한마디로 전국적 견지에서 보면 주택가격 폭락과 금융부실 가능성은 높지 않은 것으로 평가된다.

향후 중국의 주택수요는 신혼부부의 증가, 도시화 진전, 지방도시의 주택구매 제한명령 조정 등으로 꾸준히 증가할 것이다. 1가구 1주택 실수요자에 대한 주택담보대출 금리우대에 따른 대기수요의 유입도 수요 증가요인으로 작용할 것이다. 또 수도 베이징에 호적을 둔 가구의 약 1/4이 저금리 대출을 이용하여 두 채 이상의 주택을 보유하고 있다. 아울러 한국과 마찬가지로 지방 거주민들이 베이징, 상하이 등

1급 도시에 주택을 보유하려는 수요도 상존하고 있다.

반면 택지공급 제약과 부동산개발대출 억제로 2~3급 도시를 중심으로 주택공급이 부족하여 주택재고 물량은 빠르게 소진되고 있다. 또한 사회융자총액과 주택가격이 뚜렷한 정(正)의 상관관계를 보이고 있어 2011년 말 이래의 경기둔화에 대응한 통화 완화가 내수촉진보다는 부동산가격 상승으로 곧바로 파급되는 현상도 나타나고 있다. 이에 따라 대도시를 중심으로 주택가격은 상당기간 동안 상승압력이 이어질 것으로 보인다.

따라서 중국정부는 서민들을 위한 임대주택 건설 확대와 부동산세제 개혁, 그리고 소득 향상에 따른 주택의 고급화와 주거형태 다양화 등으로 부동산시장의 장기 안정을 도모하는 것이 절실한 실정이다.

지방부채, 성장들의 실적경쟁으로 계속 늘고 있다

중국의 지방정부 부채는 글로벌 금융위기 수습과정에서 지방정부들이 앞다투어 경기부양에 나서면서 급격히 늘어나 2013년 9월 말 현재 18조~20조 위안에 달하는 것으로 추정된다. 블룸버그는 2012년 말 현재 13조 위안에 이르는 것으로 추정하였다. 그러나 중국 심계서(감사원) 둥다성(董大勝) 차관은 15조~18조 위안, 재정부 장관을 지낸 샹화이청(項懷誠)은 20조 위안으로 각각 추정하고 있다. 지방부채 규모가 제각각인 것을 보면 지역별로 자금조달수단이 다양화되면서 갈수록 규모 파악이 어려워지고 있다는 이야기다.

다행스럽게도 최근 수년간 중앙정부의 강력한 통제로 부채규모가 많이 증가하지는 않고 있다. 또한 2011년 말부터 대출규제가 강화되면서 부채 조달방식도 변화하고 있다. 지방정부가 세운 페이퍼 컴퍼니가 회사채나 기업어음 발행을 통한 자금조달을 늘리면서 대출 중심에서 채권발행 비중이 확대되는 방향으로 바뀌고 있는 것이다.

지방부채 부실규모는 대체로 GDP의 7% 수준(3조 위안)으로 추정된다. 일부에서는 지방부채의 부실이 심화되고 그림자금융, 건설부문 부실 등과 연계되면서 중국경제의 주요 리스크로 평가하고 있다. 중국의 경제관찰보(經濟觀察報)가 중국 국내외 주요 경제학자와 기업인을 대상으로 설문조사한 결과 1/4이 중국경제의 양대 리스크로 빈부격차와 지방부채 부실을 지적하고 있는 실정이다.

그러나 시진핑 지도부는 지방부채의 부실화 정도가 높지 않는 것으로 판단한다. 아울러 중국의 국가부채가 GDP대비 44%에 그치고 재정적자도 GDP의 1% 이내로 양호한 만큼 재정건전성이나 경제규모 등에 비추어 감내할 수 있는 수준으로 평가하고 있다. 왕이밍(王一鳴) 국가발전개혁위원회(NDRC) 거시경제연구원 부원장은 중앙정부가 지방부채를 주목하고 있는데다 GDP 대비 국가부채 규모도 미국(2012년, 102%)이나 일본(2012년, 220%)에 비해 현저히 낮아 큰 문제가 없을 것으로 판단하였다.

〈그림 1-17〉 주요 인사의 중국리스크 평가

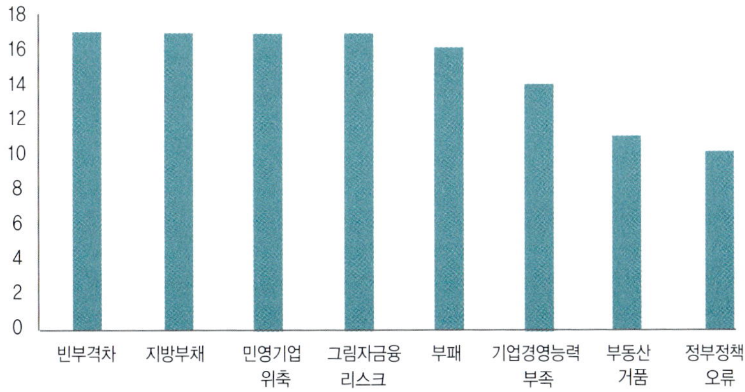

주: 도표는 응답자 수를 토대로 작성되었다.
자료: 經濟觀察報 (2013.3)

또한 지방재정의 30%를 차지하는 토지분양 수입이 아직은 여전하다. 그리고 중국의 재정구조 특성상 중앙정부와 지방정부 재정이 사실상 통합되어 있는 만큼 중앙정부가 충분한 여유자금을 보유하고 있기 때문에 지방부채 문제가 심각한 수준은 아닌 것으로 평가된다.

요컨대 중국은 1994년 분세제(分稅制) 개혁으로 지방세를 상당부분 국세로 전환하였다. 이에 따라 세입은 중앙정부와 지방정부가 48:52로 양분하고 있는 반면 세출의 경우 지방정부가 전체의 85%를 집행하고 있다. 세입과 세출 간 격차가 30%p 이상 벌어지면서 중앙정부가 교부금으로 지방정부 세출의 상당부분을 보전해 주고 있다는 이야기다. 또한 중국정부는 중국인민은행에 4조 위안을 상회하는 정부예금을 보유하고 있는 등 충분한 재정여력도 갖추고 있다. 다만 2011년 이래 경기둔화 추세가 이어지면서 최근 경기진작을 위해 지방정부의 페이퍼 컴퍼니인 융자플랫폼회사들의 대출규제 완화 요구가 계속

〈그림 1-18〉 지방정부의 세입 및 세출비중 추이

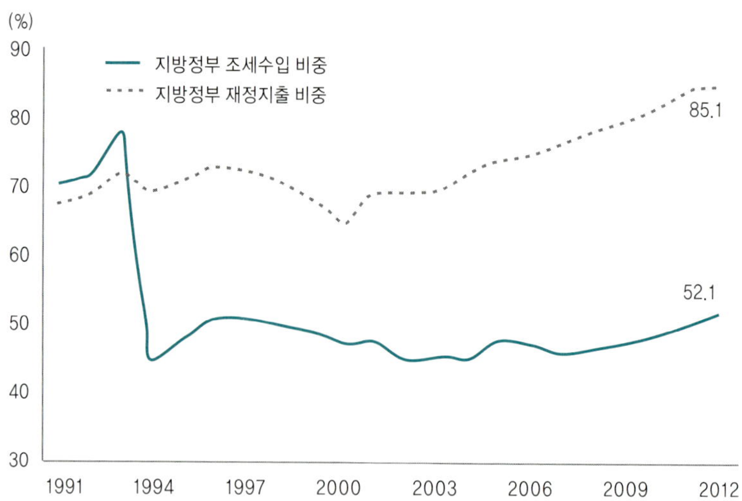

자료: 중국 국가통계국

되고 있다. 지방정부 재정이 다시 악화될 가능성을 배제할 수 없는 셈이다.

그림자금융, 중국경제의 뇌관이 될 것인가?

지방정부 채무와 연계되어 있는 그림자금융(*shadow banking*) 규모를 줄여나가는 것도 금융안정 도모에 긴요한 과제로 지적되고 있다. 중국은 2010년 이후 기업의 차입수요가 급증하는데도 정부의 금리규제로 실질금리가 마이너스 상태를 장기간 지속하였다. 이에 따라 고수익을 겨냥한 규제회피 거래가 증가하기 시작하였다. 정부도 은행대출에서 소외된 중소기업의 자금수요를 반영하여 비은행 금융회사의 대출 확대를 유도하면서 비은행권의 기업대출을 중심으로 그림자금융이 크게 늘어났다.

그림자금융을 자금조달 측면에서 보면 은행이 직간접적으로 연계된 자산관리상품이 상당부분을 차지하고 있다. 이 또한 금리규제로 고금리 혜택을 누릴 수 있는 자산관리상품과 3%대에 묶여있는 정기예금 간의 갭이 확대되는 것과 직결되어 있다.

그림자금융 규모는 추정기관에 따라 상당한 편차를 보이고 있으나 2012년 말 현재 대체로 24조 위안 내외로 중국 GDP의 45%에 이를 것으로 평가된다. 그림자금융은 은행이나 중개기관이 배서한 보증회사채, 신탁회사나 자산운용회사들이 조성한 사금융으로 일으킨 위탁대출과 신탁대출, 미할인 은행 인수어음 등이 대종을 이룬다. 그리고 정상적인 은행대출을 받기 어려운 저신용기업의 전당포 차입이나 사채 같은 지하대출도 포함된다. 2012년 말 현재 총여신대비 그림자금융의 비율이 27% 수준까지 높아져 있다.

중국의 그림자금융을 선진국과 비교해 보면 증가 배경이나 특징, 리

〈그림 1-19〉 중국 그림자금융 규모 추정

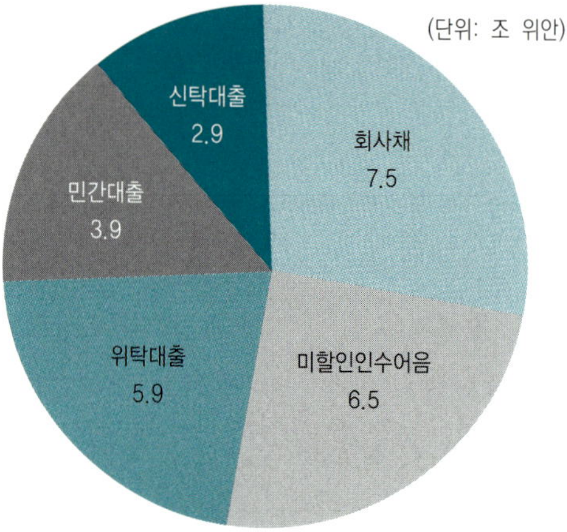

주: 이 그래프는 2012년 말 자료를 기준으로 작성되었다.
자료: 한국은행 북경사무소 (2013.5)

〈표 1-4〉 중국 그림자금융 현황과 국제비교

	그림자금융 현황	미국 등과의 비교
규모	• 2012년 말 현재 13~27조 위안 (GDP의 25~48% 수준)	• 미국: GDP의 161% 수준 • 유럽: GDP의 175% 수준
증가배경	• 금리규제로 고수익상품 수요 증가 • 예대율 규제(75%) 회피와 비은행 대출시장 확대 유도	• 장기간에 걸쳐 누증 • 다양한 수요공급 결과 발생
특징	• 대출형태 단순 • 창구거래로 은행의 암묵적 보증	• 금융 중층화로 형태 복잡화 • 대체로 은행과 별도시장으로 존재
리스크	• 비은행 및 금융시스템 레버리지 상승 • 암묵적 보증에 의한 자산 배분 왜곡, 투자자 해이	• 보증회사 등과 연계되어 금융위기 시 카운터파티 리스크 확대

자료: 郭田勇 (2013.5.9) ; Goldman Sachs (2013) ; Deutsche Bank (2013)

스크 측면에서 상당한 차이가 있다. 선진국의 그림자금융은 금융 중층화의 결과 그 형태가 복잡하고 대체로 은행과 별도시장으로 존재한다. 그러나 중국의 경우 비전통적인 자금조달을 그림자금융으로 통칭하며, 주로 은행과 연계되어 있다. 최근 들어 국제 신용평가회사들이 그림자금융의 리스크가 증대되고 있다고 앞다퉈 지적한다.

그림자금융은 중소 지방기업을 중심으로 한 민간레버리지 확대, 만기불일치에 따른 유동성리스크, 신용리스크, 통화금융정책에 미치는 부정적인 영향 등을 초래할 수 있다. 중국의 경우 정부레버리지는 안정적인 반면 GDP 대비 민간레버리지 비율은 170%를 상회하여 선진국(157%)이나 중소득국(75%) 수준을 훨씬 웃돈다. 기업부문의 레버리지 상승은 장기적으로 투자를 위축시키고 은행의 자산건전성과 수지에도 부정적 영향을 줄 가능성이 높다.

중국의 대표 신용평가회사 다궁(大公)과 대다수 국제투자은행은 중국경제의 성장 추세, 양호한 정부신용 등에 비추어 중국정부가 그

〈그림 1-20〉 민간부채의 GDP대비 비중

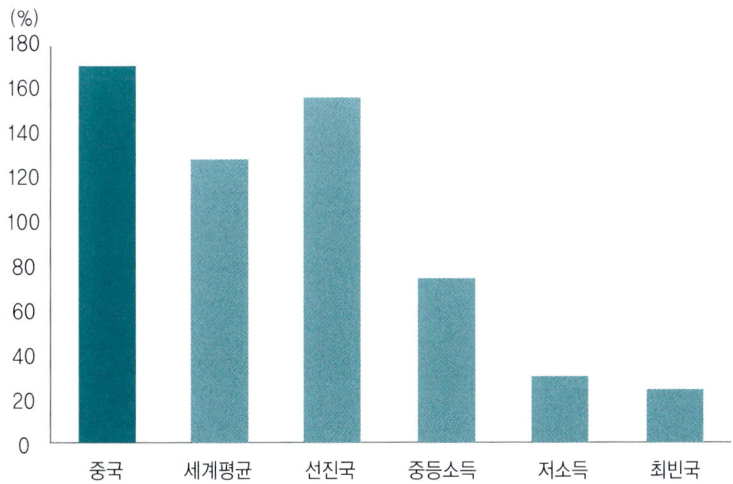

자료: Wind, Goldman Sachs

〈그림 1-21〉 그림자금융의 총여신대비 비율

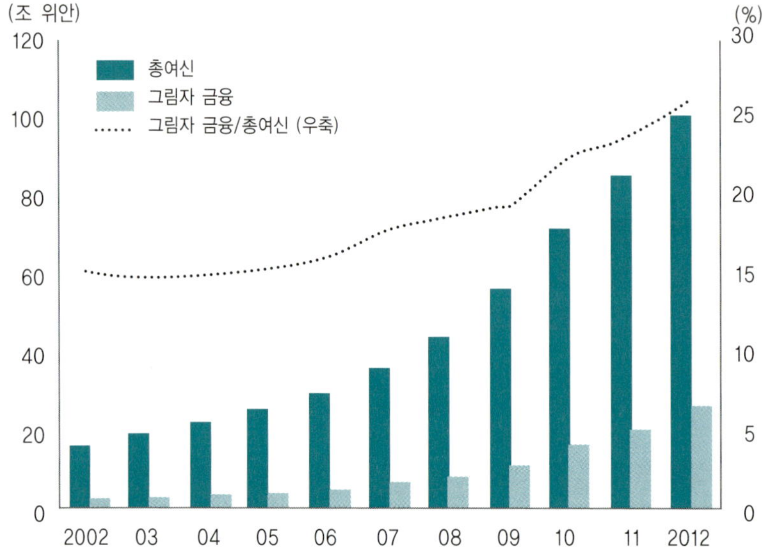

자료: 중국인민은행

리스크를 충분히 관리할 수 있을 것으로 평가한다.

부패, 척결할 수 있는가?

시진핑 지도부는 출범과 동시에 부패와의 전쟁을 선포하였다. 기득권층의 반발을 무릅쓰고 강도 높은 정풍운동을 벌이는 것은 부패로 얼룩진 공산당을 깨끗하게 재탄생시키지 않고는 이반된 민심을 사로잡기 어렵다고 판단했기 때문이다.

과거 중국은 거대한 국토를 다스리기 위해 황제가 제후나 지방의 군벌들에게 상당한 자치권을 인정하였다. 어부가 고기를 잡을 때 그물코를 넓게 하여 큰 고기만 잡는다고 한다. 그물코를 너무 작게 만들어 송사리까지 잡을 경우 그물이 찢어질 수 있고 고기의 씨가 마를 수

계약과 승진 편의를 봐주고 거액의 뇌물을 수수하여 국민의 공분을 산 철도부 류즈쥔 장관. 신정부는 출범과 함께 부패와의 전쟁을 선포하고 류 장관에게 사형을 선고했다.
자료: 百度

있기 때문이다. 부패를 다스림에서도 도저히 묵과할 수 없는 중범죄자만을 가혹하게 다스림으로써 백 사람을 경계하도록 하는 일벌백계의 정신이 이어져 왔다. 황제가 지방에서 발생하는 소소한 부패는 눈감아 주었다는 이야기다.

그러나 시진핑 시대에 와서는 부패가 더 이상 방치할 수 없는 지경에 이르렀다고 보고 대대적인 공직자 정풍운동을 벌이고 있다. 신정부는 그 첫 케이스로 2백만 명에 달하는 철도공무원의 수장인 철도부 장관에게 사형을 선고하였다. 철도부 개혁은 시진핑식 반부패 개혁의 시금석으로 대중의 주시를 받으면서 마침내 정부부처의 하나인 철도부 자체가 폐지되는 극약처방이 내려졌다.

철도부 류즈쥔(劉志軍) 장관은 천문학적인 예산이 투입되는 고속철 프로젝트를 추진하면서 고속철 바퀴나 방음벽 계약을 둘러싸고 거액의 뇌물을 챙겼다. 그는 주택 374채를 소유하고 있었으며, 그의 자택에서 인민폐 8억 위안(약 1,500억 원), 미화 23만 달러, 223만 유로와 수백 개의 다이아몬드가 쏟아져 나왔다. 호텔을 소유하고 자동차를 16대나 굴렸으며, 유명 여배우들로부터 성상납을 받는 등 그야말로

'비리 종합백화점'이란 평가를 받았다. 류 장관은 법정에서 공공재산과 국민의 이익에 막대한 손실을 끼쳤다는 범죄사실을 자백한 후 눈물을 흘리면서 "중국의 꿈에 기여하지 못해 송구스럽다"는 말을 남겼다.

다음 타자는 충칭시 서기에서 비리 혐의로 낙마한 보시라이(薄熙來)와 지난 5년 동안 사법부·검찰·공안·무장경찰 등을 통할한 정법위 서기 저우융캉(周永康)에 초점이 맞추어지고 있다. 보시라이는 중국의 8대 혁명원로로 추앙받는 보이보(薄李波) 부총리의 아들로서 한때 시진핑의 오른팔로 불렸다. 그는 다롄(大連) 전 시장과 상무부 장관으로 재직하면서 수뢰와 횡령, 그리고 직권을 남용한 혐의로 종신형을 선고받았다. 또 저우융캉은 일가의 부동산거래와 유전 개발을 둘러싸고 거액의 이권을 챙긴 혐의를 받고 있다. 저우융캉은 1976년 문화대혁명이 종결된 이후 공산당의 최정점에 있는 상무위원이 비리 혐의로 조사를 받게 된 최초의 케이스가 될 정도로 시진핑의 반부패 의지는 자못 매섭다.

군부에도 사정의 칼날이 겨누어지고 있다. 중국군의 돈줄인 군수와 보급을 쥐고 있어 부패에 취약한 총후근부의 2인자 구쥔산(谷俊山) 장군도 기소되었다. 300채의 부동산, 수십 명의 애첩, 최고급 명주인 마오타이 1만 병을 챙기고 부정축재 규모가 200억 위안(3조 6천억 원)에 달했다. 인민해방군 창군 이래 최악의 비리사건으로 기록된 것이다.

부패척결의 제도화도 빠르게 진행되고 있다. 시진핑은 정부 출범과 함께 공공부문의 부패 척결을 위해 차량비, 접대비, 해외출장비 등 이른바 삼공 경비를 대폭 삭감했다. 눈먼 돈에 익숙하던 공직자들이 금단현상을 느낄 정도로 죽을 맛이 드는 만큼 관가는 조금씩 깨끗해지고 있다. 또 중국 공산당 정치국은 2013년 8월 '반부패 5개년 계획안'을 통과시켰다. 이제 중국에도 조만간에 공직자 재산등록시스템이 도입된다.

중앙정부의 기강이 어느 정도 잡히면서 칼끝이 지방정부와 국영기업으로 향하고 있다. 시진핑이 "부패에는 범털과 파리를 가리지 않고 때려잡겠다"라고 공언했듯이 공직자 비리의 57%를 차지하는 지방정부의 부패가 도마에 오르게 된 것이다.

이러한 강경대응에도 불구하고 부정부패는 여전히 근절되지 않고 있다. 예를 들면 중국정부는 탈세와 부정행위를 방지하기 위해 공인 영수증인 파피아오(發票) 사용을 의무화하고 있다. 그러나 중국 최대 온라인 쇼핑몰인 타오바오(淘寶)에 가짜 영수증을 할인 판매한다는 광고가 버젓이 나와 공안이 수사를 하는 지경이다. 중국의 감사원인 심계서는 중앙부처 공무원들이 가짜 영수증으로 착복한 금액만 1억 3천만 위안(약 250억 원, 2010년)에 달하는 것으로 분석하였다. 또 휴대폰에 가짜 영수증을 싸게 판다는 메시지가 날마다 뜰 정도로 부패가 일상화되어 있다.

부정부패는 사생활 문란과도 직결되어 있다. 2013년 1월 런민대가 조사한 바에 따르면 부정부패로 처벌받은 인사의 95%가 부인 이외의 얼나이(애첩)를 두고 애정행각을 벌인 것으로 나타날 정도이다. 중국이 투명한 사회로 거듭나기에는 아직도 머나먼 여정이 남아 있는 것으로 보인다.

2

경제개혁, 그 머나먼 장정

중국경제가 개혁개방 이후 35년 동안 값싼 노동력과 토지, 그리고 자본 투입에 의존하는 솔로우(Solow) 모형에만 의존하여 성장해 온 것은 아니다. 홍콩 증권선물위원장을 역임한 앤드류 성(Andrew Sheng)은 중국이 수차례 경제개혁을 통하여 총요소 생산성(TFP)을 5~7년 간씩 획기적으로 높인 것으로 분석하고 있다.

첫 번째는 1980년대 초반 수년간 총요소 생산성이 3~4%씩 향상되었다. 그 이유는 농가의 생산책임제도 도입으로 식량이 대폭 증산되었기 때문이다. 당시 덩샤오핑은 집단농장에서 일하고 집체 보상을 받는 대신 농민이 스스로 경작방식을 결정하고 필요한 노동력을 고용하며, 생산한 농산물의 일부를 자유시장에 내다 팔 수 있도록 허용하였다. 대규모 이농으로 비숙련 노동력이 생산성이 높았던 도시의 공업부문에 대거 투입된 것도 총요소 생산성이 비약적으로 향상된 요인으로 작용하였다.

두 번째로 1992년 개혁개방의 동력을 재장전하기 위한 덩샤오핑의 남순강화(南巡講話) 이후 외국인직접투자와 기술도입으로 선진기술을 내부화한 시기에도 총요소 생산성이 매년 5~6%씩 높아졌다. 특히 이 시기는 경제특구 설립으로 시장경제시스템을 중국경제에 접목시켜 수출드라이브 정책을 추진한 것이 생산성 향상에 주효하였다. 세 번째는 1990년대 후반 국영기업과 조세제도를 개혁하고 중국이 WTO 가입으로 글로벌 공급체인에 합류하면서 2007년까지 총요소 생산성이 매년 4%씩 향상되었다.

이처럼 중국은 경제개혁을 통하여 한 단계씩 도약해 왔다. 지금도 국영기업과 지방정부의 방만한 고정자본투자의 성장기여율이 40~50%에 달하고 인적자원의 기여율이 바닥을 친 상황이다. 제도개혁 없이는 지속가능한 성장을 달성할 수 없다는 이야기다. 중국은 이제 투자 주도와 수출 지향적인 양적 성장을 탈피해야 한다.

중국은 12차 5개년 계획에서 내수주도형 경제발전을 국가전략으로 명시하고 경제구조의 전환을 서두르고 있다. 그러나 과도한 기업보조금과 부동산투자로 성장의 과실이 정부와 기업에 집중되고 있다. 또 소득불균형이 확대되면서 민간의 소비성향은 오히려 하락하고 있다. 사회보장제도가 미흡한 데다 처우가 열악한 농민공이나 저임금산업에 종사하는 가계는 실제로 소비다운 소비를 할 여력이 없다. 다시 말해 선진국의 경우 63% 수준인 민간소비율이 중국은 34%에 불과하여 소비주도형 경제발전이 쉽지 않은 것이 현실이다.

개혁개방이란 결국 자원의 가격과 배분 권한을 정부에서 시장으로 이양하는 것이다. 한국이 창조경제를 부르짖듯이 중국도 가격기능을 매개로 하는 시장의 힘이 자원을 효율적으로 배분하고, 혁신과 경쟁을 촉진하도록 경제의 기본틀을 바꾸어 할 시점에 도달했다는 이야기다.

후진타오의 경제개혁, 10년의 성과

중국은 세계 제 2의 경제대국으로 올라선 것을 계기로 세계 최강대국인 미국을 따라잡기 위해 신발끈을 동여매고 있다. 과거 중국은 사회주의 노선에서 벗어나려는 최초의 경제개혁이 인민들에게 뿌리 깊은 상흔을 남긴 적이 있다. 이른바 수정주의를 혁파하기 위해서 마오쩌둥이 주도한 문화대혁명을 겪었기 때문이다. 당시 개혁에 앞장섰던 류사오치(劉少奇) 전 국가주석이 자본가의 대변자로 매도당하고 경제 기반이 크게 붕괴되었다. 버지니아대의 하딩(Harry Harding) 교수는 문화대혁명 때문에 중국의 현대화가 10년 이상 늦어진 것으로 평가한다.

또 1974년 말 덩샤오핑이 와병 중이던 저우언라이(周恩來)를 대신하여 총리로 있던 시절에도 마오쩌둥은 상품을 거래하는 것까지 못마땅해 하였다. 당시는 "마오가 곧 중국이요, 중국이 곧 마오"라 할 정도로 마오쩌둥은 절대 권력자였다. 그런 마오가 노동 종류별 임금의 격차와 분배의 차별에 대해서도 평등을 기본이념으로 삼고 있는 신중국을 좀먹는다고 한탄했다. 그러나 1978년 덩샤오핑이 "검은 고양이든 흰 고양이든 쥐만 잘 잡으면 된다"는 흑묘백묘(黑猫白猫) 론과 "아랫목이 따뜻해지면 윗목에도 자연스럽게 온기가 퍼질 것이다”라는 선부(先富)론을 설파하면서 다시 개혁개방에 시동을 걸어 시장경제의 초석을 다졌다.

제4세대 지도자 후진타오(胡錦濤)는 2002년 공산당 제16기 전인대에서 중국식 사회주의 시장경제체제의 건설을 선언하고 2020년을 시장경제체제 전환의 완료시점으로 설정하였다. 후 주석은 집권 10년간 경제개혁으로 성장동력을 강화하면서도 체제보장과 사회안정을 유지해온 것으로 평가되고 있다.

국영기업과 금융·가격 개혁

후 주석은 첫째로 국영기업, 금융과 가격결정 구조 등에 대한 제도개혁을 통하여 국유부문 축소와 국영기업 개혁을 가속화함으로써 자원배분 기능을 개선하였다. 이에 따라 중앙정부가 관리하는 중앙국영기업 수가 2003년 196개에서 2011년에는 117개로 크게 줄어들었다. 그러나 자산총액은 같은 기간 중 7조 위안에서 28조 위안으로, 납세규모는 2,926억 위안에서 1.7조 위안으로 각각 팽창하는 성과를 거두었다. 그 결과 2013년에는 세계 500대 기업에 중국의 국영기업 89개가 포함될 정도로 국영기업이 커졌다.

아울러 국영기업을 주식회사 체제로 바꾼 결과 2012년 말 현재 주식회사로 전환된 국영기업이 전체의 90%를 넘는다. 그중에서도 발전, 민간항공, 전신 등이 경쟁구조를 형성하였으며, 우정사업의 경우 정부에서 분리하여 독자적으로 운영하는 나름의 성과를 거두고 있다.

금융부문에서는 중국공상은행과 중국은행(BOC) 등 대형 상업은행과 대형 국유보험회사(中國人保, 中國人壽 등) 등을 주식회사로 바꾸는 작업을 마무리하였다. 이를 계기로 경영 효율을 개선하고 성장동력도 대폭 강화하였다. 주식시장의 경우 벤처기업 전용시장인 중소기업판 및 창업판시장, 주가지수선물, 증권신용거래를 잇달아 도입하였다. 또 신주 발행제도를 개혁하는 등 자본시장 체계를 한층 선진화하여 낡아빠진 계획경제의 틀에서 벗어나 사회주의 시장경제체제를 빠르게 형성하였다.

한편 2006~2008년 중 석탄 및 완성유 가격, 연료세 결정체계를 개혁하였다. 에너지 절약과 배출가스 축소에 유리한 석탄·전기 연동형 전기요금제도를 새로 도입한 것이다. 아울러 전기 및 가스요금, 생활용수 및 농업용수요금 등 에너지가격 결정체계를 개혁하였다.

조세 및 민생 개혁

조세분야에서도 큰 진전을 보였다. 동아시아 연구의 권위자인 하버드대 맥파커(Roderick MacFarquhar) 교수에 의하면 신중국의 국부 마오쩌둥은 '가난하더라도 순수하고, 모두가 평등하여 특권이 없으며, 관료적이기보다는 집체적인 중국을 추구'하였다. 그러나 덩샤오핑과 장쩌민(江澤民), 후진타오를 거치면서 중국은 더 이상 평등한 국가라 할 수 없게 되었다. 어쩌면 세계적인 불평등 국가로 변형되어 버린 현실을 인식하고 후 주석은 소득에 상응하여 조세를 부담시킨다는 원칙에 따라 조세제도를 개혁한 것이다.

중국은 간접세 비중이 70%를 상회할 정도로 높아 물가상승 요인으로 작용하고, 지방정부 세수는 전체의 52% 수준인 데 비해 세출은 85%에 이를 정도로 이상 비대해 있다. 이에 지방세인 영업세를 국세인 부가세(增値稅)로 전환하면서 세율을 하향조정함으로써 지방정부가 세수 감소를 감수하는 대신 지방소재 기업의 경쟁력 강화를 도모하였다. 또 농업세와 농업 특산세를 폐지하여 빈곤에 시달리는 농민들의 부

〈그림 2-1〉 일반이전 지급규모 추이

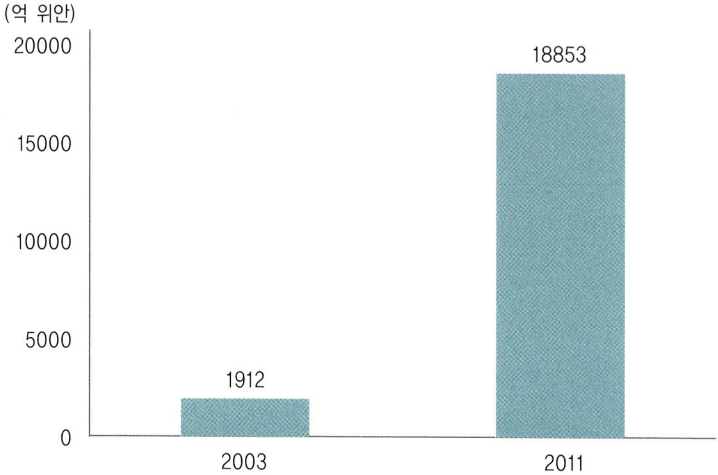

〈그림 2-2〉 교육관련 예산의 GDP대비 비중

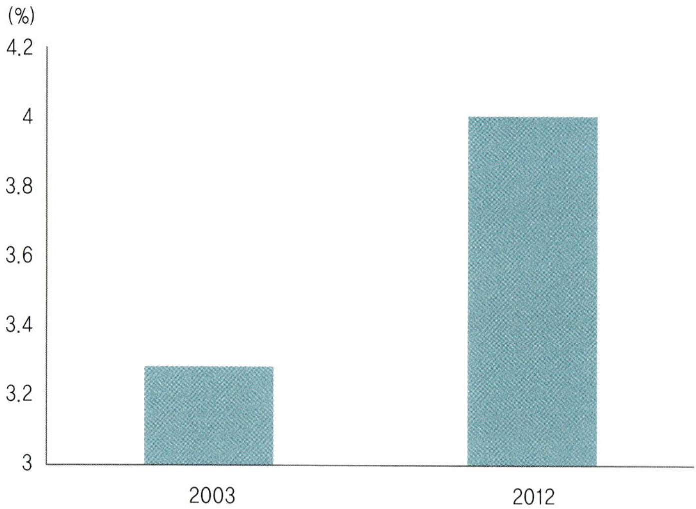

자료: 중국 국가발전개혁위원회 (2012)

담을 대폭 경감하였다. 한편 2011년 9월에는 개인소득세의 면세기준을 월 2,000위안에서 3,500위안으로 상향조정하였다. 이와 함께 과세구간을 9단계에서 7단계로 조정하여 중산층과 저소득층의 가처분소득은 높이는 대신 고소득층의 조세부담을 확대하였다.

빈곤층에 대한 이전지급제도 개선에도 노력했다. 그 결과 일반 이전지급규모가 2003년의 1,912억 위안에서 2011년에는 1조 8,853억 위안으로 10년 동안 10배나 증가했다. 아울러 농촌의 의무교육과 말단 행정기구인 향진(鄕鎭)의 재정개혁을 주 내용으로 하는 농촌개혁을 전국으로 확대해 2011년 말 현재 전국 98%의 향진에서 실시한다.

민생부문에서는 교육·의료위생 분야의 체제개혁을 통해 2012년 현재 교육관련 재정지출규모를 GDP의 4%까지로 대폭 증액하였다.

행정개혁

신중국 초기에 곡물세를 새로 징수하다가 행정 처리에 불만을 품은 주민들이 공산당과 지방정부 간부를 3천 명 이상 살해한 적이 있었다. 후 주석 역시 전임 지도자들과 마찬가지로 이러한 민심 이반을 경계하고 행정개혁을 지속하여 정부가 시장과 주민들에게 좀더 가까이 다가가고자 노력하였다. 국무원은 2003년과 2008년 두 차례에 걸쳐 국가 행정기구를 개혁하여 부문별로 직무와 책임 관계를 합리화하고, 정부 조직구조를 유기적인 직능체제로 전환하였다.

또한 국무원이 2004년 이후 투자결정 방식을 꾸준히 보완한 결과 정부의 투자범위가 축소되고 기업 투자의 자율권이 지속적으로 확대됐다. 민간기업과 외국기업 등으로 투자주체가 다원화되고 투자방식의 다양화도 크게 진전됐다. 개혁개방이 시작된 이후 20년 이상이 지나고 서구식 기업제도와 투자방식이 실질적으로 정착되고 있는 것이다.

아울러 국무원은 다섯 차례에 걸쳐 전체 행정심사의 60%를 뜯어고쳤다. 또 공산당과 권력자가 자기 입맛에 맞게 모든 행정을 좌우한다는 비판에 대응하여 법치행정과 법치정부 건설을 목표로 각종 제도의 절차화를 진행하였다. 그 일환으로 2005년 공무원법을 시행하여 국민들과 직접 대면하는 공무원의 몸가짐을 단속할 수 있도록 법제화하였다.

시진핑의 경제개혁 과제

경제개혁의 최우선 과제는 국영기업 개혁과 산업 구조조정일 것이다. 시진핑 지도부가 중국경제를 내수주도형으로 전환하기 위해서는 영향력이 지대한 기득권 세력인 국영기업의 저항을 극복하는 것과 국무원이 지방정부의 투자충동을 어떻게 억제할 것인가가 양대 관건이 될 것이다.

민진국퇴의 정책노선을 실천하는 과정에서 국영기업의 저항은 만만치 않은 모습이다. 1978년 개혁개방을 시작할 때 GDP에서 민간부문이 차지하는 비중은 0.9%에 불과하였으나 2011년을 분기점으로 이미 50%를 넘어섰다. 민간부문의 연평균 성장률은 25%로 GDP성장률(10%)을 훨씬 상회한다. 일자리 창출 면에서도 약 2억 명이 민간부문에 종사한다. 특히 2~3차 산업에서는 민간부문 근로자 비중이 84%에 이른다. 성장속도가 민간기업의 절반 이하로 떨어진 국영기업에 칼을 대지 않고는 구조조정은 공염불에 불과하다는 이야기다.

한편 시진핑 지도부는 이미 차세대 주자로 떠오른 후춘화(胡春華)와 쑨정차이(孫政才)를 각각 광둥성 서기와 충칭시 서기로 전진 배치하였다. 공청단의 황태자 후춘화는 1963년생으로 시진핑 주석과 정확하게

10년 차이이다. 2012년 시진핑이 59세에 등극하여 2013년 60세가 되면서 주석에 취임했듯이 2022년에 후춘화도 59세가 된다. 전임 원자바오 총리가 발굴한 쑨정차이도 인구 3,500만 명으로 중국 최대의 도농복합도시인 충칭에서 차세대 지도자로서의 능력을 시험받고 있다. 시진핑이 공산당의 지방 서기와 성장들을 빠르게 장악하면서 중앙정부와 지방정부의 힘겨루기는 주춤해졌다는 이야기다.

다음으로 내수의 원동력이라 할 수 있는 서비스업을 진흥시키는 것도 경제구조를 성공적으로 전환하는 열쇠가 될 것이다. 통상 선진국에서는 노동집약적인 서비스산업의 고용이 전체의 60%를 넘고 있으나 중국은 35%도 되지 않는다. 경제가 발달할수록 대체로 서비스화가 진전되므로 중국도 서비스업을 차세대 성장동력으로 육성해야 할 것이다. 서비스업을 옥죄는 불필요한 규제를 줄기차게 줄여 일자리를 창출하고 성장을 촉진하는 것이 긴요한 시점이다.

한편 시진핑 지도부는 경제개혁을 뒷받침하기 위해 행정·교통운수·과학기술체제 등의 수많은 개혁과제도 함께 해결해야 한다. 행정개혁으로는 국민과 법인, 그리고 기타 조직의 자주적인 의사결정메커니즘을 확립해 나가는 것이 필요하다. 아울러 업종별 단체나 중개기구의 자율적인 관리를 보장할 수 있도록 정부의 역할을 축소 또는 폐지해 나가야겠다. 또 정부는 다양한 부문에서 사전 심사를 폐지하고 규정이나 문서에 의해 각종 인허가를 실시하는 행정심사 규범화 정책을 적극적으로 추진해 나가는 것을 목표로 하고 있다. 그 대신 사후 감독과 간접관리방식을 강화해 나가야 할 것이다.

시진핑은 2013년 3월 신 정부 출범과 함께 27개 부처를 25개로 축소하는 정부조직 개편을 단행한 바 있다. 고속철도 건설과정에서 관리 부실로 천문학적 규모의 부채를 떠안은 데다 장관 류즈쥔이 부패혐의로 파면 당한 철도부를 교통운수부에 통합해 버렸다. 또 생산가

중국의 실리콘밸리로 불리는 중관춘 과학기술단지. 현재 1만 개 이상의 기업이 입주하여 혁신의 꿈을 불태우고 있다.
자료: 百度

능인구의 감소세 전환으로 한 가정 한 자녀 정책의 근간이 흔들리면서 국가인구 가족계획위원회와 위생부를 통합하였다.

낙후된 도시 대중교통을 선진국형으로 바꾸는 교통운수 개혁도 강화되고 있다. 우선 도시 종합교통체계를 수립하고 대중교통에 대해 도로 우선권을 보장하는 방향으로 대중교통체계를 재조정해 나가고 있다. 또 대중교통 운영비용과 서비스의 질에 대한 정보공개를 확대하여 부패 척결과 투명행정을 구현해 나갈 것이다.

과학기술 부문에서는 과학기술과 금융의 결합을 촉진하기 위해 16개 지역을 시범지구로 지정하였다. 베이징의 중관춘(中關村) 과학기술단지를 비롯하여 톈진・상하이・우한・창사・충칭・청두 등이 이에 해당한다.

국영기업 개혁,
고양이 목에 방울을 달아라!

중국 국무원의 국유자산 감독관리위원회(國資委)는 국영기업 개혁을 추진하고 있다. 부패와 비능률의 온상으로 지목되어 온 국영기업에 시장원리를 도입하고 기준에 미달되는 부실기업은 가차 없이 퇴출시킨다는 것이다. 이제 국영기업이 정부의 보호 아래 땅 짚고 헤엄치던 독과점시대는 서서히 막을 내리고 있다.

국영기업의 경영 실태

중국의 간판 기업은 대부분 국영기업이다. 미국의 경제전문지 〈포춘〉이 발표한 2013년 글로벌 500대 기업 중에 중국 기업은 89개로 미국(132개사)에 이어 세계 2위를 기록하였다. 그 가운데 절반인 44개사가 중앙정부가 관리하는 이른바 중앙국영기업이다.

특히 중국석유화공그룹(SINOPEC), 중국석유천연가스그룹(CNPC), 국가전력공사(State Grid) 등 3대 에너지 관련기업이 각각 세계 4, 5, 7위를 기록하는 기염을 토했다. 금융부문에서는 중국공상은행(ICBC, 29위), 중국건설은행(CCB, 50위), 중국농업은행(ABC, 64위), 중국은행(BOC, 70위) 등 4대 국영은행이 모두 70위권 이내에 진입하였다.

중국 국무원에 따르면 중국의 국영기업은 안정적인 성장세를 유지하고 있어 언뜻 보면 별 문제가 없어 보인다. 국자위가 감독하는 전체 국영기업의 2013년 상반기 매출과 순이익은 각각 20조 위안과 9,394억 위안으로 전년 동기에 비해 11%와 7% 증가하였다. 국영기업의 연간 매출액이 중국 GDP의 80% 수준에 이를 정도이다. 국영기업은 2013년 상반기에 세금도 1조 5,500만 위안이나 납부하였으며, 매년 전체 세수의 25~30%를 담당하고 있다.

중앙국영기업만 보더라도 2013년 상반기에 매출액과 순이익이 각각 11조 4천억 위안과 6,315억 위안으로 전년 동기대비 9% 및 18%나 급증하는 탁월한 경영성과를 거두었다. 국자위의 장제민(蔣潔敏) 전 주임은 국영기업이 글로벌 경기가 부진한 가운데서도 성장과 개혁을 병행한 결과 안정적 경영을 한 것으로 평가하였다.

국자위는 2012년 중 경영실적이 우수한 국영기업으로 중국이동통신(China Mobile), 국가전력공사, SINOPEC, CNPC, 중국해양석유총공사(CNOOC) 등을 선정하였다. 에너지, 통신 등의 업종이 양호한 경영실적을 거두고 있는 것이다. 반면 실적이 부실했던 중국선박(中船集團)에 대해 경영진의 보수를 30% 깎는 등 상당수 부실기업의 임금 삭감과 인력 감축을 단행하고 있다.

그러나 외부의 시각은 사뭇 다르다. 〈포춘〉은 글로벌 500대 기업에 포함된 중국기업을 분석해 보면 심각한 문제점을 내포한 것으로 평가하고 있다. 우선 주요 업종을 보면 철강, 자동차, 화학 등으로 제조업 비중이 월등하고 3차 산업에 속한 기업은 극소수이다.

이것은 중국경제가 아직도 소비가 아닌 대규모 투자에 의존하여 성장하고 있는 단면을 보여준다. 기술력과 혁신능력이 부족한 상황에서 규모를 중시하는 경영문화로 인해 양적경쟁에 치중하다 보니 부채비율도 갈수록 높아지고 있다. 글로벌 금융위기 이후 전 세계적인 부채감소

추세에 발맞추어 민간기업의 부채비율은 빠르게 하락하고 있다. 그러나 국영기업 부채비율은 50%대에서 2012년 말에는 61%까지 크게 높아졌다. 이에 따라 기업과 가계부채를 합할 경우 부채규모가 2008년 GDP의 120%에서 2013년 170%까지 치솟았다. 부채의 절대규모보다도 증가 속도를 우려하는 목소리가 높아지고 있다.

또 상당수 기업이 완전경쟁이 제한된 업종에서 나왔다. 예를 들면 500대 기업 89개사 중 9개를 차지하는 상업은행이 전체 순이익의 55%를 차지하는 것이 그 단적인 증거라는 것이다. 결국 국영기업은 정부의 규제와 보호 아래 땅 짚고 헤엄을 치고 있다. 따라서 지금은 대규모 매출과 순이익을 자랑하고 있지만, 규제의 보호막이 걷힐 때 경쟁력을 유지할 수 있느냐는 별개의 문제라는 것이다.

잉여인력과 비능률도 심각한 문제로 지적되고 있다. 국영기업 개혁이 본격화된 1994년 국영기업 총취업자가 1억 명에 달할 때 1,500만~2천만 명이 잉여인력으로 분류되었다. 지난 20여 년 동안 경영합리화

〈그림 2-3〉 국영기업과 민간기업의 부채비율 추이 비교

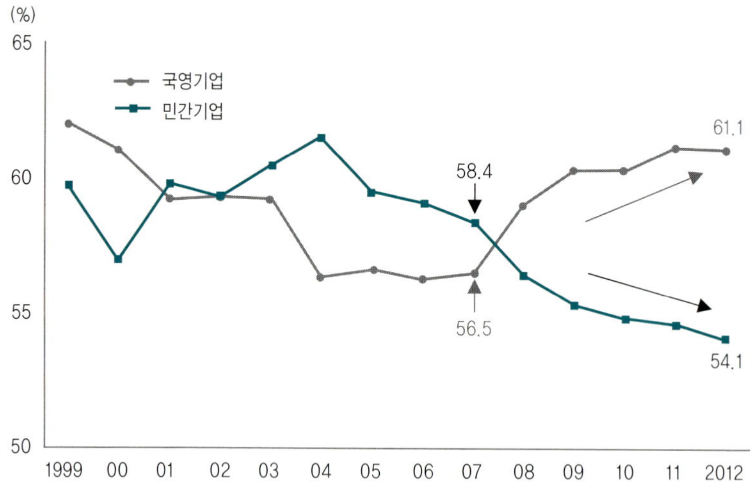

자료: 중국국가통계국

국영기업 개혁을 촉구하는 카툰. 비대해진 국영기업을 상대로 민영기업이 규제의 장벽을 뚫기 위해 땀을 흘리는 모습을 풍자하고 있다.
자료: 百度

노력을 전개해 왔으나 자리만 채우고 급여를 받는 철밥통들이 아직도 상당한 것으로 평가되고 있다.

국영기업 옹호론

중국에서는 국영기업을 대놓고 옹호하는 세력이 있다. 현재 전인대 상무위원장으로 중국 정치서열 3위인 장더장(張德江)은 중국이 사회주의의 기본틀을 유지하면서 경제를 운영하기 위해서는 상당한 정도의 국유부문을 유지해야 한다고 주장하고 있다.

장더장의 논리는 간단하다. 현재 중국의 대표적 국영기업은 에너지, 전력, 통신, 철도, 항만, 금융 등 공공재의 성격이 짙은 기간산업이 주류이다. 기간산업에 이윤 추구를 지상목표로 하는 민간기업, 특히 외국자본이 침투할 경우 국익을 크게 해칠 수 있다는 점은 중국 내에서 설득력을 얻는다. 또 어차피 주요 산업의 핵심기업이 국영기업인 현실에서 국영기업이 활력을 찾고 효율성을 높이는 길만이 서구에 비해 기술력과 경영능력이 뒤떨어지는 중국을 부강하게 하는 지름길이란 것이다.

국영기업 개혁 당위론

중국은 1997년부터 국방산업, 우편, 철도, 항만 등 공공사업을 제외하고 상업적인 경쟁이 가능한 사업은 주식회사 형태로 전환하여 왔다. 또 경쟁력이 떨어진 기업은 M&A나 파산 절차를 통하여 정리하였다. 아울러 중복 과잉 투자된 산업부문은 노후설비를 폐기하여 생산능력의 총량을 통제함으로써 기업의 수익성을 높이는 방향으로 국영기업을 개혁해 왔다.

또 정부와 국영기업이 행정관계에서 벗어나 재산권을 기초로 한 계약관계로 전환하여 왔다. 그래서 건실한 대형기업과 주식회사 형태의 기업집단에 대해 국유자산의 경영권을 부여함으로써 정치와 기업을 분리(政企分開)해 온 것이다. 아울러 경영 측면에서는 주주와 전문경영인의 겸직을 제한하고, 감사회 구성원의 50% 이상을 외부인사로 구성하는 등 이사회와 감사회의 감독 검사기능을 강화해 왔다.

시진핑 지도부는 2013년 집권 이후 이미 민진국퇴(民進國退)를 국정기조로 내세웠다. 과거 계획경제체제의 잔재인 국영기업이 중국경제의 근간을 장악하는 한 민간의 창의가 꽃필 공간은 없다는 것이다. 특히 시장경쟁 영역에 속해 있는 국영기업은 빠른 시일 내에 민영화시키고 민간기업이 경쟁을 통하여 효율을 극대화하는 것이 바람직하다는 데에는 이론이 없는 듯하다. '능력만큼 일하고 필요한 만큼 분배를 받는' 사회주의는 애시 당초 인간의 이기심을 도외시하는 허구일 뿐이다. 소련의 붕괴를 예견한 오스트리아 출신의 석학 미제스와 그의 제자 하이에크가 시장경쟁을 통하는 것이 소비자가 무엇을 원하는지, 어떤 생산방식이 최상인지를 가장 잘 알 수 있는 길이라고 토로하지 않았던가! 소련이 허물어지면서 시장에 저항한 계획경제가 시장경제에 완패하는 역사를 보고서야 확실한 교훈을 얻게 된 것이다.

또한 규제의 보호 아래 황금알을 낳고 있는 국영기업 지분의 상당 부분을 쥐고 있는 태자당이 막대한 부를 챙기는 현실도 국영기업 개혁을 시급하게 만들고 있다. 이것은 계층 간 소득불균형이 심화되면서 폭발 직전에 있는 기층세력의 불만을 더 이상 방치할 수 없기 때문이다.

산업 구조조정, 과잉설비를 해소하라!

2013년 7월 말 시진핑 국가주석은 공산당 중앙정치국의 하반기 경제 운영협의회에서 과잉 생산설비를 줄이고 산업 구조조정에 박차를 가하라고 주문하였다. 통상 리커창(李克强) 총리가 전담하던 산업정책에 대해 이례적으로 강도 높은 구조조정을 지시한 것만 보아도 중국의 설비과잉이 얼마나 심각한지를 짐작할 수 있을 것이다.

중국경제가 개혁개방 이후 투자주도형 성장전략을 추구해 온 데다 지방정부 지도자들이 경쟁적으로 투자를 계속해 온 것이 설비과잉의 주요인이라 할 수 있다. 국영기업의 비효율적인 의사결정 구조와 생산요소 및 에너지 가격을 낮은 수준으로 유지해 온 것도 설비과잉을 부추겨 왔다.

중국사회과학원 허판(何帆) 부소장은 철강, 자동차, 조선 등의 설비과잉이 심각한 것으로 진단하였다. 그는 글로벌 금융위기 이후 중국의 고정자산투자 증가율이 장기 균형선을 크게 웃도는 점을 근거로 제시하고 있다. IMF의 주민(朱民) 부총재도 중국의 설비가동률이 58% 수준에서 맴도는 현상만 보더라도 경제전반의 설비과잉이 심각한 것으로 진단한다. 중국의 적정가동률로 평가되는 72~74%보다

15%p나 낮은 상태에 있다는 것이다.

전 세계가 생산설비와 부채를 줄이는 디레버리징 시대이다. 이제 중국은 풍부한 자금력을 바탕으로 설비투자에 뛰어드는 정부와 국영기업의 투자충동을 억제해야 한다. 그리고 내수 확대를 통하여 공급과잉을 해소하는 양면전략을 구사해야 할 때다.

철강, 생산과잉에도 새 제철소를 또 짓고 있다

중국은 세계 철강의 절반을 생산하여 절반을 소비하는 철강대국이다. 중국 철강업계의 생산능력은 연 10억 톤에 이르나 철강수요 둔화로 약 3억 톤이 잉여설비로 간주되고 있다. 세계 철강생산(2012년 말 15.5억 톤)의 20%에 육박하는 과잉설비를 보유하고 있다는 이야기이다. 그런데 2012년 중에 입지조건이 우수하다는 이유로 광둥과 광시 지역에 각각 900만 톤 규모의 신규 제철소 건립을 추가로 허가하여 논란이 생겼다. 1인당 철강생산이 한국의 30% 수준이다 보니 제조업의 쌀이라 불리는 철강의 생산능력을 지속적으로 늘리겠다는 것인지, 지방정부의 투자충동을 억제하지 못하는 결과인지 알 수 없다.

여하튼 철강업의 가동률은 글로벌 금융위기 이전 82%에서 2012년에는 72%로 10%p 이상 떨어졌다. 공급과잉으로 철강 재고가 누적되면서 철강가격도 2012~2013년 중 20~30%씩 떨어졌다. 중국 철강협회에 소속된 232개사 중에서 23개사가 적자의 늪에 빠지고 업계 순이익이 전년대비 98% 줄어들었다. 증시에 상장된 44개 철강기업의 부채비율이 2012년 말 60%대에서 2013년 상반기에 불과 몇 달 만에 80%까지 치솟았다. 설비과잉으로 인한 철강업계의 손실이 1조 위안으로 추산되면서 말 그대로 업계 전체가 초토화된 것이 요즈음의 현실이다.

2013년 초 중국 공업정보화부(工信部)는 뒤늦게 12개 정부부처와 연합하여 기업구조조정 방안을 발표하였다. 효율이 떨어지는 기존 제철소를 과감하게 폐지하고 신공법을 채택한 새로운 제철소를 추가 건설하여 철강산업을 한 단계 도약시키겠다는 논리다. 구조조정을 가로막는 규정을 철폐하고 M&A펀드를 설립하여 소요자금을 조달한다는 계획을 제시하면서 구조조정이 급물살을 타기 시작하였다.

지역 이기주의를 뛰어넘어 국제경쟁력을 갖춘 3~5개 철강그룹을 집중 육성하여 2012년 49% 내외인 10대 철강회사의 산업집중도를 2015년까지 60% 이상으로 끌어올린다는 계획도 나왔다. 중국 최대의 철강기업인 상하이 바오강(寶鋼)이 중견기업인 바이(八一) 강철을 인수하고 닝보 철강의 주식을 매입하였다. 업계 2, 3위인 서우강(首鋼)과 안산(鞍山) 철강도 구조조정에 박차를 가하고 있다.

2013년 여름 들어 중국 공업정보화부는 9개 기업의 450㎥ 미만 고로 13기와 24개 기업의 60톤 미만의 전로 및 전기로의 생산을 중단하고 연내에 설비를 완전히 정리하도록 지시하였다. 이로써 철강업계 구조조정으로 연간 955만 톤의 과잉설비가 도태되었다. 강한 기업은 살아남고 취약한 기업은 사라지는 약육강식이라는 정글의 법칙이 시장을 지배하고 있는 것이다.

중국의 금융당국도 구조조정의 고삐를 바짝 죄고 있다. 생산과잉 업종에 대한 은행대출을 중단했다. 중국 은행업감독관리위원회(은감위)와 증권감독관리위원회(증감위)는 2013년 8월 철강, 시멘트산업 등에 대한 신규대출과 회사채 및 어음발행을 중지하라는 지시를 금융기관에 내렸다.

향후 중국 정부가 철강의 공급과잉을 해소하기 위한 구조조정의 고삐를 더욱 조일 것으로 예상된다. 그러나 효율이 낮다는 평가를 받은 제철소들이 과연 공장을 쉽게 폐쇄하겠는가? 그 지역의 공산당 서기나 성장이 강력하게 반발할 것이 불을 보듯 뻔한데 공산당과 국무원이 얼마나 조정 능력을 발휘할 수 있을지 두고 볼 일이다.

자동차, 1,300개 회사를 4강 4소로 재편하라!

중국의 자동차 생산기업은 2012년 말 현재 1,300여 개에 달한다. 완성차 메이커 171개, 삼륜차나 저속화물차 생산기업 135개, 전용 특수차 900여 개 등으로 극심한 난립현상을 보이고 있다. 현재 중국에서 판매되는 자동차 메이커는 외국 브랜드 30개, 국내기업 20개 등 50여 개 회사가 피 말리는 경쟁을 벌이고 있다.

세계 최대의 자동차 생산 및 판매대국은 미국이나 일본이 아니라 중국이다. 자동차 등록대수도 2억 대를 넘어 물론 세계 최대이다. 중국의 승용차 생산대수는 2012년 1,927만 대로 미국(1,033만 대)과 일본(994만 대)을 여유 있게 따돌렸다. 그리고 2015년에는 2,600만 대로 40% 가량 증가할 것으로 예상된다. 반면 자동차 판매는 성숙기에 접어들면서 2013년 중국메이커의 가동률은 55%까지 폭락한 것으로 추산되고 있다.

중국정부는 자동차산업에 '진출은 있으나 퇴출은 없는' 기현상을 해소하고 4대 글로벌 기업을 육성하는 이른바 4강 4소 구도를 형성할 계획이다. 마오쩌둥이 전용차로 애용했던 최고급 세단 홍치(紅旗)를 생산하는 이치(一汽)와 그동안 합작브랜드 판매에 집중하다가 자체 브랜드의 육성이 늦어진 둥펑(東風)이 선두그룹을 형성하고 있다. 상용차에 집중한 상치(上汽)와 중국 병기장비 그룹이 대주주로 미국의 포드자동차와 합작하고 있는 창안(長安)도 4강 대열에 속한다.

특정지역 대표기업으로 육성하려는 4소 기업에는 스웨덴의 사브(SAAB)와 제휴한 베이치(北汽), 창펑 자동차와 지아오 자동차를 차례로 인수하여 도약하고 있는 광치(廣汽) 자동차가 있다. 또 전기 하

〈그림 2-4〉 중국 자동차 판매대수

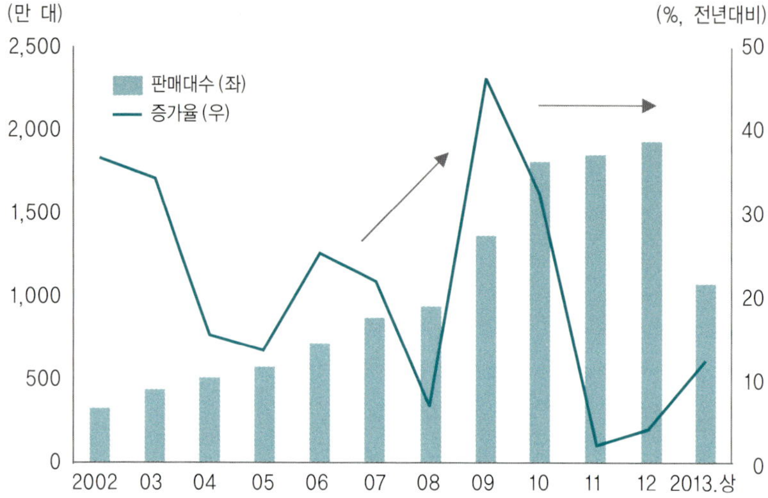

자료: 공대희 (2013.7)

〈그림 2-5〉 중국 승용차업계 가동률 추이

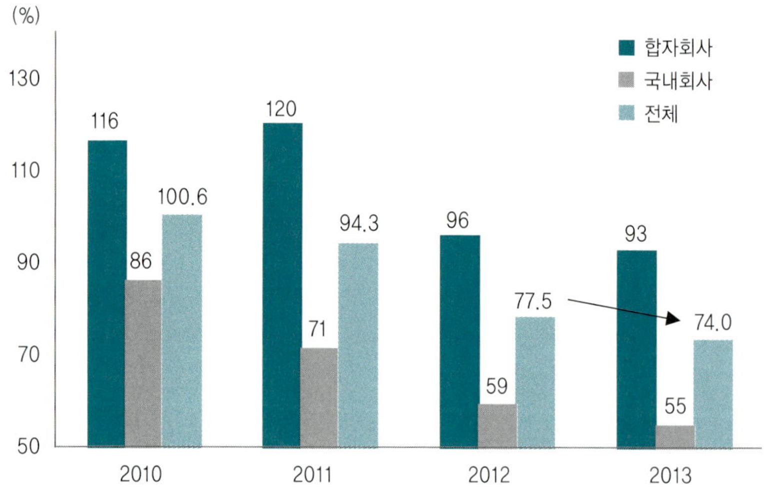

자료: 中國 銀河證券

이브리드카를 개발하여 중국 토종기업의 자존심으로 불렸으나 한국 '마티즈'의 짝퉁 논란에 휩싸였던 치루이(奇瑞)와 상용차부문의 강자 중치(重汽)도 4소 기업에 합류하였다.

그러나 전문가들은 중국의 산업정책 중에서 가장 실패한 분야가 바로 자동차라고 지적한다. 일부에서는 엔진, 조향장치 등 자동차의 4대 핵심파트의 국제경쟁력이 거의 제로에 가깝다고 혹평하는 전문가들도 있다. 중국이 국책사업으로 추진해 온 전기자동차 사업도 뚜렷한 성과를 거두지 못하고 표류하고 있다.

자동차산업은 부품의 제조와 완성차 조립, 판매, 정비, 할부금융, 보험을 포함하는 광범위한 전후방 연관산업을 가진 산업이다. 기계공업의 총아라고 할 수 있는 자동차산업에서 중국이 구조조정을 거쳐 세계의 강자로 우뚝 서려면 넘어야 할 산이 많은 것으로 보인다.

조선, 1/3 퇴출로 구조조정의 진통이 심각하다

2013년 7월 장쑤성 루가오시에 있는 중국 최대 민간조선소인 룽청(熔盛) 중공업 정문 앞에는 수천 명의 근로자들이 체불임금 해소를 요구하는 시위를 벌였다. 이들은 춘절 이후 무려 5개월여 동안 임금을 받지 못해 전국 각지의 사업장에서 모인 것이다. 룽청중공업은 결국 강도 높은 구조조정을 선택하여 직원의 40%에 해당하는 8천 명을 해고하였다. 불과 2년 전에 2만 8천 명이던 직원 수가 1만 2천 명으로 급감한 것이다. 룽청중공업과 강 하나를 사이에 두고 마주하고 있는 세계 최대 태양광업체인 선택(尙德)이 몇 달 전 부도가 나서 정상적인 조업을 못한 채 을씨년스럽게 방치되어 있다.

이처럼 조선업도 설비과잉이 자못 심각하다. 중국 조선업협회는 2012년 선박 건조량이 6,021만 톤으로 전년보다 21% 줄고 주문량은

2,041만 톤으로 무려 44%가 폭락했다고 밝혔다. 한국과 일본의 조선장비 국산화율이 95%를 웃도는 데 비해 중국은 50% 수준에 머물러 수익성도 빠르게 악화되고 있다. 이에 따라 2012년 300개 이상의 조선사가 적자를 기록하였다. 그러다 보니 향후 2~3년 내에 30~50%의 조선사가 파산할 것이라는 흉흉한 소문이 꼬리를 잇고 있다.

중국정부는 롱칭, 진하이(金海), 다롄조선 등 5대 기업을 세계 10대 조선사로 육성한다는 복안을 가지고 구조조정에 박차를 가하고 있다. 현재 집계가 어려울 정도로 난립한 조선사 중에서 상위 10개사의 선박 건조량이 전체의 70% 이상을 차지하도록 재편할 계획이다.

중국은 조선사가 지방의 대표적인 고액 납세기업이다 보니 지방정부의 세수문제가 합병을 가로막는 걸림돌이 되고 있다. 그런데도 10대 조선사에 속하는 와이가오차오(外高橋)는 2013년 들어 상하이 창싱중공업 지분 36%를 인수하는 대신 보유하고 있던 장난창싱 주식 51%를 후둥중화(滬東中華)에 매각하였다. 이로서 창싱이 보유한 벌크선 유휴설비를 정리하고 대형 컨테이너선과 고부가가치 선박에 집중할 수 있는 여력을 비축하였다. 또 경영부실로 임금이 30%나 삭감된 중국선박공업(中船)은 산하기업을 통폐합하였으며, 중지(中集)그룹은 주가가 폭락한 징루조선(京魯船業)의 주식 51%를 인수하면서 경영권을 손쉽게 장악하였다.

수만 개의 조선사가 물고 물리는 구조조정의 전쟁에 빠져 들면서 그야말로 춘추전국시대의 합종연횡을 보는 듯하다.

IT, 구조조정으로 한국의 삼성을 넘본다

중국의 IT 업계는 기술진보가 가장 빠른 산업으로 한국의 삼성을 꿈꾸는 기업이 많다. 그러나 서구에서는 기업 규모가 작고 경쟁력이 낮아 국제적인 공급사슬의 밑바닥을 벗어나지 못하는 것으로 평가해 왔다. 중국 100대 IT기업의 순이익을 모두 합하더라도 애플보다 작고, 500여 개의 집적회로 설계회사의 매출총액이 퀄컴에 미치지 못한다는 이야기다.

그러나 구조조정이 본격화되면서 중국의 IT산업이 달라지고 있다. 중국은 이미 2011년에 컬러 TV, 휴대전화, 컴퓨터 생산량이 세계 1위로 세계 출고량의 49%, 71%, 91%를 차지하는 가공할 모습을 보였다.

중국 공업정보화부가 발표한 구조조정 방안에 따르면 2015년까지 연매출 1천억 위안(18조 원)에 달하는 IT기업이 5~8개가 되도록 유도할 방침이다. 특히 선두기업 중의 하나를 연매출 5천억 위안(약 100조 원)의 스타기업으로 육성하여 한국의 삼성에 필적하도록 키운다는 야심찬 계획을 추진하고 있다. 이를 위해 100대 IT기업은 매출의 5% 이상을 R&D에 투자하고 특허출원 건수가 이미 130만 건에 달할 정도로 기반을 다져가고 있다.

휴대전화의 경우 레노버, 화웨이, 위룽, ZTE 등이 중국 내수시장의 급성장에 힘입어 전 세계 판매량의 20%를 점유하고 있다. 특히 중관촌의 허름한 가옥에서 벤처기업으로 출발한 레노버는 2013년 2분기에 1,130만 대의 스마트폰을 판매해 LG전자를 제치고 삼성과 애플에 이어 세계 3위의 스마트폰 기업으로 급부상하였다.

삼성이나 애플이 대당 4천~5천 위안 이상의 고급제품을 겨냥하는 데 반해 중국 메이커들은 대당 1천~2천 위안(30만 원 내외)의 저가 스마트폰을 목표시장으로 설정하고 시장점유율을 급속하게 확대하고 있다. 최근에는 삼성도 2천 위안 내외의 중저가 시장을 파고들면서 시장점유율 유지에 부심하고 있다.

중국의 100대 IT기업 중에서 화웨이와 레노버, 그리고 세탁기와 냉장고 판매 세계 1위를 기록하고 있는 하이얼만 매출이 1천억 위안을 상회하고 있다. 중국정부는 M&A를 통하여 앞으로 2~5개 대기업을 추가로 육성한다는 방침이다. 또 집적회로, 디스플레이, 핵심소자, 디지털장비, 측정기 등에서 세계적인 기술수준을 확보한다는 전략을 추진하고 있다.

한편 2013년 7월 공업정보화부가 19개 업종 1,400개 기업에 대한 구조조정 방안을 발표하면서 2015년까지 정보소비를 연평균 20%씩 성장시켜 시장규모를 약 3조 위안으로 끌어올린다는 계획을 포함시켰다. 브로드밴드 확대, 기초 통신시설의 업그레이드, 공공정보서비스 플랫폼 구축 등을 통하여 정보소비를 활성화한다는 것이다.

또 국무원이 2013년 8월에 발표한 초고속 인터넷망 구축방안(寬帶中

〈그림 2-6〉 중국 내 휴대폰시장 판도

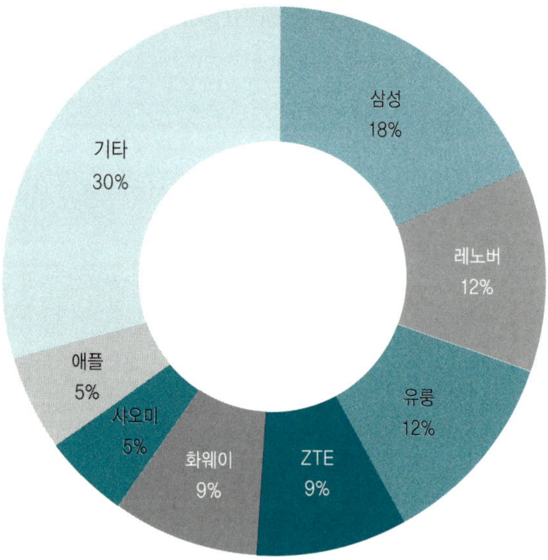

주: 2013년 2분기 기준. 중국에서 총 8,810만 대를 생산한 가운데 삼성(1,550만 대)에 이어 레노보(1,080만 대)가 시장점유율 12%를 기록하며 2위를 차지하였다. 애플(430만 대)은 시장점유율 5% 미만으로 고전을 면치 못하고 있다.
자료: Canals (2013.8)

國)에 따르면, 2020년까지 중국 전역에 초고속 인터넷망을 구축할 계획이다. 중국 정부는 광대역망의 속도가 느리고 비싼 문제점을 개선하기 위해 도시지역의 경우 2015년 및 2020년까지 각각 20 및 50㎧(농촌은 4 및 12㎧)으로 접속속도를 높일 방침이다. 또 이미 6억 명을 넘어선 인터넷 이용자를 2015년과 2020년까지 각각 8.5억 명과 11억 명으로 확대하고 3G와 LTE 보급률도 각각 33%와 85%까지 끌어올릴 계획이다.

태양광과 평판유리, 국가 전략산업도 망할 수 있다

태양광은 차세대 신흥전략산업으로 중국정부가 투자보조금과 세제지원을 강화하면서 생산설비가 단기간에 과잉단계에 이르렀다. 블루오션인 줄 알고 뛰어든 태양광 산업이 순식간에 피 터지는 레드오션으로 바뀌어버린 것이다. 그 주요 원인은 지방정부 간 과당경쟁이다. GDP를 키우는 것이 성(省)의 서기나 성장을 평가하는 제 1의 잣대이다 보니 어떻게 하든 기회를 잡아 다른 성보다 한발 앞서 나가야 한다는 생각에 앞만 보고 달린 것이다.

결과는 참혹했다. 2012년 말 현재 중국의 태양전지 생산량은 전 세계의 63%를 차지할 정도로 폭증하였다. 그러나 수요를 과다하게 예측한 결과 세계 1, 2위 기업인 선텍과 LDK솔라(賽維)가 2013년 봄에 차례로 파산하였다. 업계 10대 기업이 모두 적자의 늪에 빠지면서 양적 성장에 목숨을 걸어 온 경제성장방식이 철퇴를 맞는 또 하나의 본보기가 나온 것이다.

태양광 업계에서 경영난에 봉착한 기업이 1/3에 이르고, 가동률도 50%를 밑돌고 있다. 구조조정이 발등의 불로 떨어진 것이다. 선텍과 LDK솔라가 부채를 상환하지 못하면서 부실채권도 급증하고 있다. 대출심사기능이 발달하지 못한 중국의 상업은행들은 태양광을 신흥전략산업으로 육성한다는 정부의 방침만 믿고 맹목적으로 대출을 해준 것이다. 그 결과 전국 은행권의 신규 부실채권 중에서 조선과 태양광 기업이 밀집한 장쑤성에서 발생한 부실이 전체의 30~40%에 육박할 정도로 금융회사들도 쓰디쓴 맛을 보게 되었다.

이에 국무원은 2013년 7월 태양광 산업에 대한 대대적인 구조조정에 착수하였다. 시장메커니즘에 의한 M&A와 적자생존을 통하여 경쟁력이 떨어지는 기업은 과감하게 도태시키는 고육책이 불가피해진 것이다.

여타 업종에서는 의사결정 구조가 비효율적인 국영기업이 설비과잉을 주로 초래하였으나 평판유리업계는 민영기업들이 시장 선점에 뛰어들면서 생산설비가 과도해졌다. 지방정부는 첨단기술이 필요한 에너지절감형 유리라는 명분을 내세워 낙후설비를 대규모 신규 설비로 대체하도록 적극 지원함으로써 설비과잉을 부추겼다.

이에 따라 2012년 말 생산능력이 4년 전보다 68%나 급증하면서 가동률이 69%까지 급락하는 롤러코스터를 탔다. 재고 누증과 가격 폭락이라는 뼈아픈 현실에 직면한 것이다.

굴뚝산업 대신 지식기반 서비스업을 육성하라!

2013년 5월 리커창 총리는 글로벌서비스포럼 베이징 정상회담에서 "서비스업을 중국의 지속가능한 발전을 위한 새로운 엔진으로 육성하겠다"고 선포했다. 2001년 GDP에서 41%를 차지한 서비스업은 2011년까지 그 비중이 43%에 머물렀다. 그러나 중국정부가 경제구조 개혁과 일자리 창출을 위해 서비스업 성장에 박차를 가하면서 2013년 1분기에 GDP에서 차지하는 비중이 48%로 뛰어오르면서 처음으로 굴

〈그림 2-7〉 주요국별 서비스업의 GDP 비중 비교

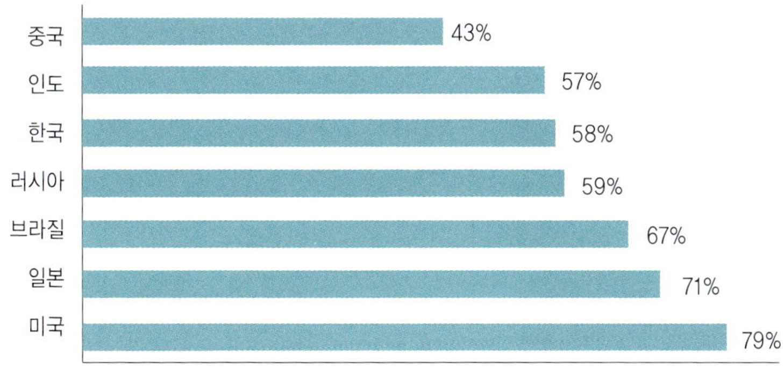

주: 이 도표는 2011년 기준으로 작성되었다.
자료: World Bank

뚝산업인 제조업의 비중을 상회하였다. 그러나 미국의 경우 서비스업 비중이 80%에 접근하고 있으며, 중국의 경쟁상대국인 BRICs 국가들 중에서도 서비스업 비중이 50%를 밑도는 국가는 중국이 유일하다. 고용 면에서도 전체 취업자에서 서비스업 종사자가 차지하는 비중이 35% 내외에 불과하여 미국(83%), 일본(71%), 한국(73%)에 비해 매우 낮다.

중국의 산업구조 고도화가 지연되고 있어 아직도 갈 길이 멀다는 뜻이다.

전통서비스에서 지식기반서비스로

중국의 서비스업은 도소매업, 부동산, 운수보관 등 부가가치가 상대적으로 낮은 전통서비스업이 주류를 이룬다. 규모가 대체로 영세한

〈그림 2-8〉 중국 주요 서비스업의 비중 추이

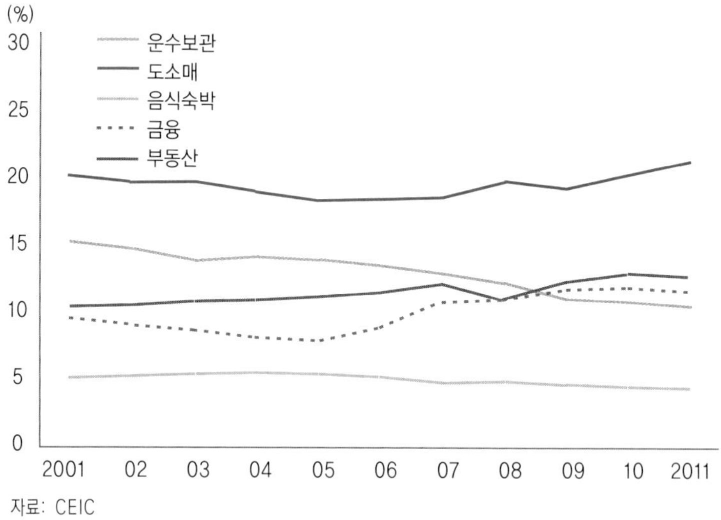

자료: CEIC

도소매업이 20%에 이르고 부동산과 운수보관도 각각 10%를 넘는다. 반면 R&D, 정보 및 인터넷, 물류, 금융보험 등 첨단기술의 투입 비중이 높은 지식기반서비스는 아직도 발달단계에 있다.

1980년대 이후에 출생한 이른바 바링허우(1980년대 출생자)와 지우링허우(1990년대 출생자) 같은 신세대의 등장과 임금 상승에 따른 중산층의 확대로 고급 서비스에 대한 수요는 폭증하고 있다. 또한 전반적 소득 증가로 소비패턴의 다양화와 고급화가 진전되고 문화서비스에 대한 욕구도 높아지고 있다.

따라서 생산성이 높고 외부효과가 큰 지식기반서비스가 발달하기 위해서는 경쟁력을 갖춘 글로벌 서비스기업과의 합작이나 전략적 제휴 등을 촉진하는 대외개방이 중요하다. 아울러 중국의 특성상 민간자본에 대한 진입장벽이 여전하므로 규제완화를 통하여 민간투자를 촉진해야 할 것이다.

시진핑 지도부는 근래 들어 서비스업 발전을 위해 조세개혁과 인허가 절차 간소화에 힘을 기울이고 있다. 먼저 2013년 8월부터 영업세를 부가세(增值税)로 전환하는 시범지역을 전국으로 확대하는 조세개혁을 단행하였다. 또 신정부 출범 두 달 만에 1,700여 개의 행정심사 항목 중에서 133개를 하급기관에 이관하거나 폐지하는 강도 높은 인허가 개혁을 시행하였다.

어떤 업종이 뜰까?

우선 경제구조가 고도화될수록 생산자서비스가 중요해진다. 생산자서비스는 제조업의 혁신과 부가가치 제고를 이끌 수 있는 R&D, 광고홍보, 컨설팅, 에너지절약 및 환경보호서비스 등이다.

둘째는 중국이 중진국에 접근하면서 삶의 질 향상과 직결되는 의료, 건강과 사회복지, 교육 등 이른바 사회서비스의 발달이 긴요해질 것이다. 종합의료서비스기업인 이녠캉성(熙年康盛)은 연수입 1천만 위안 이상의 부유층 남성을 타깃으로 회원제 고품격 의료서비스를 제공하여 돌풍을 일으킨 것이 좋은 본보기이다.

아울러 소득수준 향상과 소비수요가 다양화되면서 관광, 엔터테인먼트, 스포츠, 홈쇼핑이나 전자상거래 등도 호기를 맞고 있다. 중국은 이미 세계 관광업계의 큰손으로 떠오른 지 오래다. 어느 나라를 가나 중국 관광객을 지칭하는 요우커(遊客)가 넘쳐난다. 글로벌 금융위기의 여파가 채 가시지 않은 2012년 중에도 해외관광이 17% 확대되고 지출규모는 40%나 폭증하였다.

영화산업도 급성장하고 있다. 2012년 중국의 국내영화 매출액은 170억 위안 규모로 전년보다 36%나 확대되었다. 스크린 수도 2009년에 비해 불과 3년 만에 4배 이상 늘어났다. 또 그동안 부동산이나 자원개발에 몰려 있던 투자자금이 영화산업에 몰리면서 2013년에 들어서도 엄청난 성장을 계속하고 있다. 중국의 최고 갑부인 완다그룹 왕젠린(王健林) 회장이 2013년 9월 산둥성 칭다오에 500억 위안(9조 원)을 쏟아 부어 중국판 할리우드를 건설하기 위한 첫 삽을 떴다. 돈이 몰리는 업종이 뜨리란 것은 삼척동자도 다 알 것이다.

3

금융개혁

경제대국에서 금융대국으로

시진핑 지도부는 금리 및 환율자유화, 자본시장 개방을 실현하는 이른바 삼화개혁을 꾸준히 추진하여 향후 10년 이내에 금융개혁을 마무리할 방침이다.

중국의 금리는 1990년대 후반부터 시작하여 금융시장별로는 콜·채권·대출·예금시장의 순으로 자유화되었다. 2003년에는 외화, 대출금리, 장기고액을 우선 자유화하고 위안화, 예금금리, 단기소액을 다음 단계로 미루는 단계적 자유화방안(三先三後)을 마련하여 시행하였다. 특히 2005년 이후 한동안 금리자유화가 지지부진하였으나 2012년 6~7월 중 그동안 기준금리 이하로 제한해 왔던 예금금리 상한을 기준금리의 1.1배로 넓힘으로써 금융기관의 금리결정 재량권을 확대하였다. 또 대출금리는 2013년 7월 하한을 철폐하여 금리를 완전 자유화하였다. 다만 5대 대형은행, 12개 주식제 상업은행 등 주요 금융회사를 정부 또는 국영기업이 소유하고 있어 금융회사의 경영자율화는 의미 있는 진전을 보지 못하고 있다.

한편 중국이 미국과의 무역마찰을 겪는 가운데 위안화 환율의 저평가 논란이 꾸준히 제기되어 왔다. 이에 따라 중국정부는 위안화의 대미달러 하루 변동폭을 2012년 4월 종전의 상하 0.5%에서 1%로 확대하는 등 환율 유연성을 확대해 나가고 있다. 특히 제 5세대 지도부 출범 이후 위안화 채권시장과 파생상품 거래활성화를 위해서는 환율 변동폭의 추가 확대가 긴요하다는 금융기관들의 요구가 거세지고 있다. 중국인민은행 당국자들은 기회가 있을 때마다 위안화의 대미달러 하루 변동폭 확대방침을 밝히고 있다.

자본거래의 경우 1996년 경상계정 자유화 이후 수차례 자본계정 자유화 목표를 제시하였으나 아시아 금융위기(1997)와 글로벌 금융위기(2008)을 겪으면서 십여 년씩 연기되었다. 그러나 1990년대 후반부터 자본거래와 관련된 외환규제를 개선하여 직접투자를 자유화하고 증권투자 개방을 점진적으로 확대하는 등 대외개방이 진전된 부문도 적지 않다.

한편 2009년부터 위안화 무역결제를 개시하고, 주요국 중앙은행간 통화스왑 체결, 위안화표시 금융상품 발행 등을 통하여 위안화 국제화를 추진하고 있다. 위안화 국제화는 무역결제에서 위안화의 사용을 확대해 미달러화 의존도를 줄여나감으로써 궁극적으로는 위안화가 다른 나라들에서 외환보유통화로 사용되도록 하는 것이다. 또한 중국정부는 위안화가 이른 시일 내에 IMF의 특별인출권(SDR) 구성통화에 포함되는 것도 기대하고 있다.

금융자유화, 금리는 시장에 맡긴다

시장경제와 금리자유화

시장경제가 발전하면 산업정책의 영역은 점차 줄어들고 국민경제는 재정과 금융의 양대 정책수단에 의해 조절된다. 그러나 최근 유로지역 채무위기가 교훈을 주듯이 대다수 선진국에서는 재정적자가 더 늘어나지 않도록 하기 위해 재정정책을 중립적으로 운용하고자 한다. 따라서 경기의 흐름은 금리조절을 통한 중앙은행의 통화정책에 의해 미세조정되기 마련이다.

한편 금융시장이 발달할수록 주택대출이나 자동차 할부금융이 확대되고 신용카드의 사용이 보편화된다. 이에 따라 금리가 오르내리면 금융회사와 기업은 물론 가계까지 주택대출이나 자동차와 신용카드 할부금 이자가 변동함으로써 실생활에 직접적인 영향을 받게 된다. 그래서 서구에서는 금리변동이 이혼율과 직접적인 상관관계를 나타낼 정도로 경제주체가 금리변동에 민감하다. 금리가 올라 대출원리금 상환부담이 무거워지면 한정된 소득 탓에 휴가도 못 가고 외식도 못 해 집안에서 부부싸움을 하다가 마침내 이혼하는 사례가 늘어난다는 것이다.

중국의 경우 오랜 기간 금융시장의 미성숙과 예대금리 규제 때문에 금리의 시장기능이 발휘되지 못하였다. 그 결과 서구처럼 경제주체들이 금리변동에 민감하지 않아 저축과 투자결정이 왜곡되어 있었다. 이에 중국정부는 1990년대 중반부터 사회주의 시장경제 발전을 위해 특유의 발걸음으로 금리자유화를 추진하여 왔다. 먼저 단기금융시장 금리와 채권가격 결정을 자유화하였다. 1996년 콜시장에 해당하는 은행 간 대출시장을 개장하고 금리(Chibor) 상한을 철폐하였다. 1997년 은행 간 채권시장의 환매조건부채권매매(RP) 금리와 채권유통시장 금리를 자유화하고 정책금융채와 국채 발행에 경쟁입찰방식을 도입함으로써 금리를 잇달아 자유화하였다. 아울러 단기금융시장 기준금리로서 7일 만기 RP금리를 공표함으로써 시장금리의 가격기능을 제고하였다.

여수신의 경우 외화에서 위안화로, 장기에서 단기, 거액에서 소액, 대출에서 예금의 순서에 따라 자유화가 추진되어 왔다. 또 2007년에는 금리의 시장기능을 높이기 위해 런던금융시장 기준금리인 LIBOR를 벤치마킹하여 시장기준금리로 Shibor를 도입하였다. 기존의 Chibor가 실거래금리의 가중평균인 데 비해 Shibor는 대형은행 등의 호가를 산술평균한 순수한 지표금리 역할을 수행하게 된 것이다.

외화의 경우 2000년 외화대출금리와 외화 거액예금금리를 자유화한 데 이어 2003년 소액 외화예금금리의 하한을 폐지하였다. 위안화 대출금리는 2004년 위안화 대출금리 상한과 위안화 예금금리 하한을 모두 폐지하였다. 이로써 중국정부는 대출금리 하한과 예금금리 상한 규제를 제외한 모든 금리를 자유화함으로써 1단계 자유화를 마무리하였다.

이후 글로벌 금융위기의 여파로 예대금리 자유화가 제자리걸음을 하다가 2012년 6~7월 위안화 대출금리 하한을 기준금리의 0.7배까지 낮추었다가 마침내 2013년 7월 대출금리 하한을 철폐하였다. 대출금리 하한철폐에도 불구하고 금리규제를 받아온 대출의 비중이 11% 정도에 불과하여 금융시장에 미치는 영향력은 크지 않았다. 한편 위안화 예금금리는 2012년 6월 상한을 기준금리의 1.0배에서 1.1배로 높였다. 그 결과 2013년 9월말 현재 예금 잔액의 40% 이상이 금리상한에 몰려 있어 금리상한이 예금금리를 실질적으로 규제하고 있는 상태이다.

한편 인민은행은 2013년 10월 말 프라임레이트 제도를 도입하였다. 이것은 인민은행이 고시하는 대출기준금리와 달리 은행들이 최우량

〈표 3-1〉 중국의 금리자유화 추진 경과

연도	금융시장 금리	예금금리	대출금리*
1996	콜시장		
1997	은행 간 채권 유통시장		
1998	은행 간 채권 발행시장 어음할인		농촌신용사 0.9~1.5배 위안화 소기업 0.9~1.2배
1999		위안화 보험사 거액예금	위안화 중소기업 0.9~1.2배
2000		외화 거액예금	외화대출
2002			농촌신용사 0.9~2.0배
2003		외화 소액예금 하한	
2004		외화 1년 이상 소액예금 위안화 금리하한 폐지	상업은행 0.9~1.7배 위안화 금리상한 폐지
2005	기업어음(CP)		
2007	일반회사채		
2008	중기어음		
2012		위안화 금리상한 1.1배	금리하한 0.7배로 확대
2013			위안화 금리하한 폐지

주: * 기준금리 대비 변동 허용폭
자료: 중국인민은행(2013)

대출고객에게 적용하는 우대금리를 말하며 LPR(*Loan Prime Rate*)로 불린다. 앞으로 단기금융시장의 효율성이 점차 높아지면 Shibor와 LPR 간 연동성이 강화되면서 금리자유화가 자연스럽게 앞당겨질 것이다.

금리자유화의 함의

중국 국가발전개혁위원회의 내부 자료에 의하면 2011년도 중국내 주요 기업 순이익의 50% 이상을 금융회사들이 창출했다고 한다. 창출했다기보다는 중국정부가 보장해 준 것이다. 이에 따라 2012~2013년 중의 금리자유화 조치로 종전까지 3% 정도가 보장되던 은행 예대마진이 2013년 들어서는 1% 대까지 줄어들었다. 이것은 은행에서 기업부문으로 이익을 이전시키기 위해 국가발전개혁위의 입김이 작용한 결과이다. 국영기업이 지배하는 중국에서는 국가 전체의 재무제표가 하나인 것과 같다 보니 규제의 재조정을 통하여 은행부문 이익을 기업부문으로 간단히 옮겨 버린 것이다.

그러자 정부의 금리규제로 막대한 이익을 챙기던 중국의 은행업계도 2012년 중반부터 비상이 걸렸다. 중국에 진출한 한국계 은행들도 예외가 아니다. 외국은행에 대한 업무제한으로 비이자 부문 영업확대가 벽에 부딪치면서 2011년 5%에 달하던 자기자본이익률(ROE)이 2013년 상반기에 2%대로 반 토막 났으며, 총자산순이익률(ROA)은 같은 기간 1% 내외에서 절반수준으로 뚝 떨어졌다. 규제완화로 상업은행의 영업여건이 빠르게 악화되는 가운데 수수료 등 비이자수익 확보가 긴요해지면서 이자부문에 편중되어 있던 은행권의 수익구조도 서서히 변화되고 있다.

한편 금리규제의 영향으로 상업은행 대출이 신용도가 높은 국영기업 및 대기업 위주로 확대됨에 따라 대다수 민영기업과 중소기업은

투자자금 조달에 애로를 겪어 왔다. 중소기업 대출이 전체 대출에서 차지하는 비중이 59%로 매출이나 총이익에서 차지하는 비중(64%)을 하회하고 있는 점이 이를 반증한다. 실제로 중소기업 중에서 은행대출을 받을 수 있는 기업은 전체의 3% 정도에 불과한 실정이다.

또한 중국 상업은행의 경우 선진국에 비해 여신심사기능이 상대적

〈표 3-2〉 중국 상업은행 예대마진 추이

시행일	2008.11	2010.7	2012.7	2013.7
예금금리 (A)	2.52	3.50	3.00	3.00
상한 (배, B)	1.0	1.0	1.1	1.1
대출금리 (C)	5.58	6.56	6.00	6.00
하한 (배, D)	0.9	0.9	0.7	철폐
최소예대마진 (C×D-A×B)	2.50	2.40	0.90	-

주: 1년 만기 기준으로 작성되었다.
자료: 중국인민은행

〈그림 3-1〉 중국 은행업의 순이익 구성

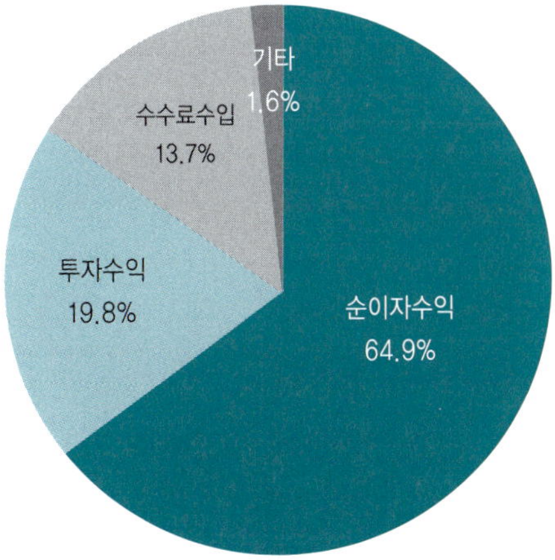

주: 2012년 기준으로 작성되었다.
자료: CBRC

으로 낙후되어 있어 기업평가 및 리스크 관리능력이 미흡한 상태이다. 아울러 금리규제에 따른 자원배분의 왜곡도 심화되고 있다.

이러한 점을 반영하여 중국인민은행은 금융기관의 예금금리 상한을 꾸준히 높여 나감으로써 빠른 시일 내에 금리자유화를 마무리할 방침이다. 그러나 중국 금융산업의 현실을 감안할 때 예금금리를 갑자기 자유화할 경우 예금금리가 급등하면서 은행부문에 상당한 충격이 가해질 수 있다. 국가 전체 신용의 75%를 은행이 공급하는 데다 은행대출 재원의 80%를 예금으로 조달하는 상황에서 예금금리 상한 폐지를 상상해 보자. 은행의 자금 조달코스트가 상승하면 곧바로 대출금리가 급등할 수밖에 없다. 이는 기업의 수익성 악화와 대외경쟁력 약화로 이어져 중국경제 전반에 상당한 타격을 줄 것이다.

이에 따라 국무원은 2013년 8월 3조 위안 규모의 은행대출 유동화 방안을 발표함으로써 금리자유화에 앞서 은행의 시스템리스크를 낮추고 자금회전율을 높여 나가고 있다. 또 예금금리 자유화를 위해서는 예금보험제도의 도입과 지표금리 체계 정비도 전제되어야 할 것이다.

금융회사 경영은 국가가 좌우

중국의 5대 대형은행은 지분의 43~83%를 국가가 소유하고 정부가 사실상 경영을 좌우한다. 특히 5대 대형은행의 은행장은 관례적으로 중국인민은행 부총재 출신이 임명된다. 뿐만 아니라 12개 주식제 상업은행도 지방정부나 국영기업의 지분이 11~90%에 달한다. 대형은행과 마찬가지로 은행 경영에 대한 정부의 영향력이 절대적인 셈이다.

국가가 대형은행을 지배하고 있는 만큼 중국인민은행이 대출을 직접 조정하거나 강력한 창구지도가 가능하여 통화정책의 신용파급경로가 효과적으로 작동하는 긍정적 측면이 있다. 그러나 개별 금융회사의

〈표 3-3〉 대형상업은행 지배구조

(단위: %)

소유기관		공상은행	건설은행	중국은행	농업은행	교통은행
국유	재정부	-	-	-	39.2	26.5
	회금공사*	70.7	57.1	67.6	40.2	-
	국유기업	-	3.0	3.8	3.4	16.3
외자	홍콩계	24.5	19.8	24.4	8.9	10.5
	기타	0.2	-	-	0.4	18.6
기타		4.6	20.1	4.2	7.9	28.1

주: 중앙회금투자유한책임공사
자료: 2012년 말 기준 각 은행 연차보고서

경영 자율성이 보장되지 않을 뿐만 아니라 대출을 둘러싼 국영기업과의 유착관계 형성의 가능성도 높아 다양한 역기능이 노출되고 있다.

중국 금융회사의 경영을 정부가 좌우하는 것은 중국 특유의 사회주의 시장경제체제와 무관하지 않다. 뿐만 아니라 금융의 역할에 대한 인식도 사뭇 다르다. 국가와 지방정부의 사회기반시설 투자자금과 중국경제의 근간을 이루는 국영기업에 대해 성장통화를 공급하는 기관으로 보는 경향이 강하다는 말이다. 따라서 금융을 첨단 지식기반서비스 산업으로 보는 서구와 차이가 있다. 그러나 최근 들어 중국의 주요 금융회사들이 그 규모나 수익성 면에서 세계 최대 수준에 이르고 중국경제의 글로벌화에 발맞춰 해외영업도 갈수록 확대될 수밖에 없는 상황이다.

한편 리커창 총리는 2013년 9월 랴오닝성 다롄에서 열린 세계경제포럼(WEF)에서 "금융시장을 개방하여 금융회사의 소유구조와 지배구조를 다양화해 나가겠다"고 천명하였다. 금융개혁이 더 진전되면 필연적으로 금융회사의 소유구조도 바뀌는 만큼 향후 금융회사의 경영자율화가 중요한 이슈로 부각될 것이다.

환율자유화, 이중환율에서 자유화로

환율을 시장에 맡겨라!

중국은 1994년 이전까지만 해도 이중환율제도를 채택하고 있었다. 그때까지는 정부가 고시하는 공정환율과 외환조절센터에서 외환수급에 의해 결정되는 시장환율이 공존하는 이중구조를 유지했던 것이다. 그래서 수교 이전에는 외국인 주재원들이 월급으로 받은 미 달러화를 암시장에서 10배 이상으로 바꾸어 제왕처럼 살았다는 전설 같은 이야기가 떠돈다.

그러나 1994년 이중환율제도를 폐지하고 외환시장에서의 수급을 반영한 관리변동환율제도를 실시하면서 상하이에 전국화된 외환시장이 형성되었다. 1997년 아시아 외환위기가 발생한 후 위안화환율을 달러당 8.28위안에 고정했다가 외환위기가 진정되자 2005년부터 주요 무역상대국 환율을 반영한 복수통화바스켓제도를 실시하였다. 이어 2007년 5월부터 미 달러화의 하루 변동폭을 기준환율의 상하 0.3%에서 0.5%로 확대하였다. 글로벌 금융위기가 발생하면서 2008년 7월부터 환율을 다시 달러당 6.83위안 수준에 고정하여 사실상 고

〈표 3-4〉 중국의 환율제도 변천 추이

연 도	환율제도	일일 변동폭
1994	관리변동환율제도	-
1997	고정환율제도	-
2005.7	복수통화바스켓제도	±0.3%
2007.5	복수통화바스켓제도	±0.5%
2008.7	고정환율제도 복귀	-
2010.6	복수통화바스켓제도 복귀	±0.5%
2012.4	복수통화바스켓제도	±1.0%

주: 일일(一日)변동폭은 달러화 기준이다.

정환율제도를 운영하였다. 그러다가 2010년 6월 환율의 유연성을 확대하면서 다시 복수통화바스켓 제도로 복귀했다. 이어서 2012년 4월부터 미 달러화의 일일 변동폭을 상하 0.5%에서 1%로 확대했다.

중국정부는 2013년 들어 위안화의 실질실효환율이 지속적으로 절상되면서 환율이 이미 균형수준에 도달했다고 주장하고 있다. 그러나 미국 등 대중국 무역수지 적자국들은 위안화환율이 여전히 저평가되어 있는 것으로 인식하고 있다. 이와 관련하여 국제결제은행(BIS)은 2013년 9월 말 현재 중국의 실질실효환율이 절상되고는 있으나 위안화가 여전히 저평가되어 있는 것으로 분석하고 있다.

한편 미국 의회는 2011년 10월 자국통화 환율을 의도적으로 저평가하는 국가에 대해 징벌적 관세를 부과하는 '2011년 통화환율 감독개혁법'을 도입하였다. 이후에도 2011년 칸 G20 정상회의 등을 통하여 수시로 시장환율시스템으로 더 신속하게 전환하여 환율결정의 유연성을 높일 것을 촉구하여 왔다. 2012년에는 미국 대통령선거에서 중국이 수년 동안 위안화환율을 인위적으로 낮게 유지하고 있어 환율을 조속히 자유화하지 않을 경우 중국산 수입품에 대해 관세를 부과해야 한다는 주장이 강력하게 제기되었다. 또한 2013년 4월 G20 재무장관

·중앙은행 총재회의 코뮈니케에 환율은 기초경제여건을 반영하여 시장에서 결정될 수 있도록 더욱 유연화해야 한다는 내용을 포함시켰다. 환율불균형을 방지해야 한다는 간접화법으로 중국의 환율자유화를 촉구하는 압력을 가한 것이다.

2013년 9월 말 현재 위안화환율은 달러당 6.15위안대까지 떨어져서 1994년 이후 약 40%, 2005년 7월 복수통화바스켓 제도 채택 이후 26%, 2010년 6월 환율유연화 조치 이후 10% 절상되었다. 그동안 주요국이 위안화 절상을 요구해 온 주된 근거는 중국의 경상수지 흑자가 지속된다는 점이었다.

그러나 중국의 GDP대비 경상수지 흑자규모는 2007년 10%를 상회하였으나 이후 2012년 2.3%까지 줄어들어 균형수준에 근접함으로써 절상 요구의 근거가 크게 약화되었다. 반면 2013년 들어 미국과 일본의 양적완화, 중국의 상대적으로 견실한 성장세 등에 따라 금리 및 환

〈그림 3-2〉 위안화환율 추이

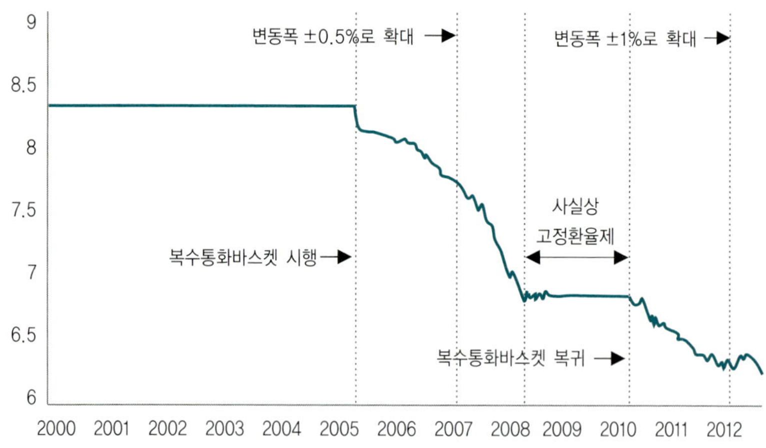

주: 위안화환율은 중국경제의 급성장과 함께 강세기조를 지속해 1994년 이후 20여 년 만에 40% 절상되었다.
자료: Bloomberg

〈그림 3-3〉 중국 GDP대비 경상수지비율 추이

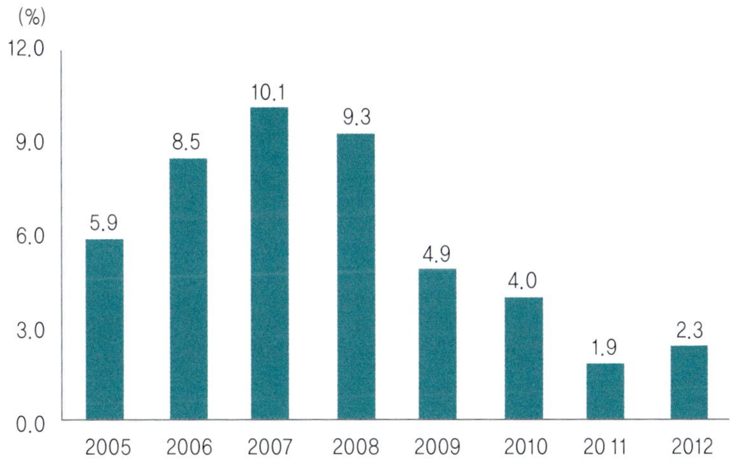

자료: Wind

〈그림 3-4〉 중국의 외환보유액 증감 추이

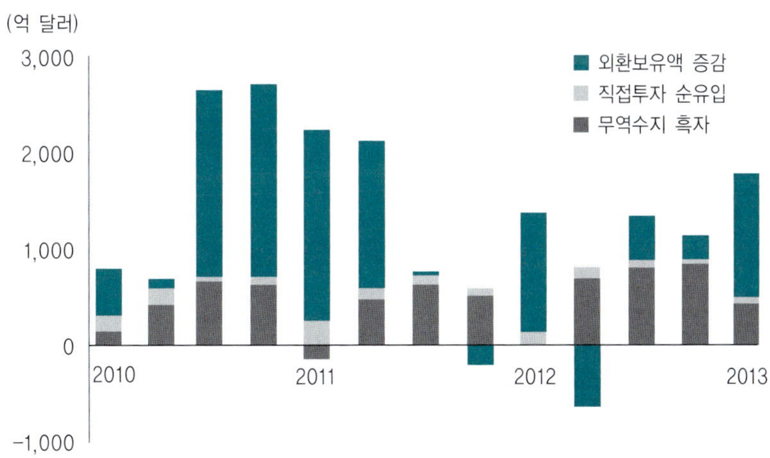

자료: Wind

차익과 부동산 투자수익을 겨냥한 자본유입이 본격화되었다. 2012년 중 1,345억 달러 순유출에서 2013년 1분기 791억 달러 순유입으로 전환되면서 위안화가 가파르게 절상되고 있다.

한편 2010년 6월 환율유연성 확대조치와 2012년 4월 미 달러화의 일일 변동폭 상하 1% 확대조치 등의 영향으로 위안화의 환율변동성도 확대되고 있다.

환율자유화 평가와 중국의 대응

중국의 입장에서 보면 최근의 위안화 절상추세로 수출이 둔화되는 부정적 효과가 있는 것은 분명하다. 그러나 실질소득 증가에 따른 국내소비 증대와 내수 호전 등의 긍정적인 효과를 함께 고려하면 연 3% 내외의 완만한 절상은 충분히 감내할 수 있을 것으로 평가된다. 중국 국가통계국(2012)가 일정규모 이상 수출기업 8만여 개를 분석해 보니 위안화가 매년 3% 절상될 경우 기업의 충격 흡수능력 배양으로 충분히 견딜 수 있다는 결과가 나왔다. 게다가 중국의 기업과 금융회사가 환율흐름을 안정적으로 예측할 수 있게 된다면 그것은 중국인이 좋아하는 덤이 될 것이다.

또한 중국기업들이 위안화 절상을 계기로 상대가격이 하락한 자본재 수입을 확대한다면 현저하게 낮은 중국의 자본장비율이 높아지면서 생산성 향상을 가져올 것이다. 결국 완만한 위안화 평가절상은 장기적으로 중국경제의 성장잠재력 확보에 기여할 것이라는 말이다.

한편 환율수준 논란에도 불구하고 위안화환율은 중국 경제정책 목표에 상당한 영향을 받는다. 앞으로 중국정부는 금융시장의 미성숙, 수출의존도가 높은 경제구조와 수출경쟁력 저하 여부, 여타 통화보다 좁은 변동폭으로 인한 지나친 미 달러화 결제의존도 축소의 필요성 등

〈그림 3-5〉 미 달러화 일중 환율 변동폭

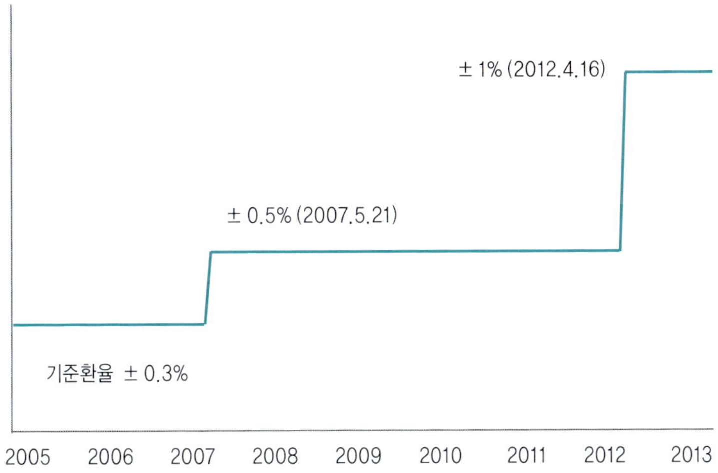

자료: 중국인민은행

〈그림 3-6〉 통화별 일중 환율 변동폭

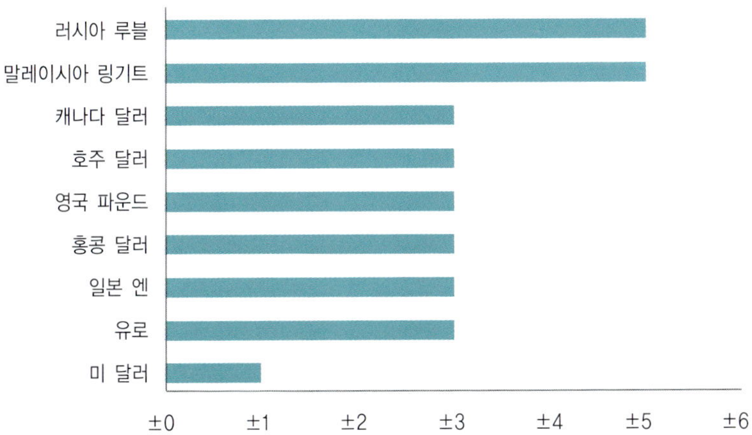

자료: 중국인민은행

을 고려하여 환율자유화를 추진할 것이다. 중국은 2012년 9월 발표한 '금융업 발전 및 개혁계획'에서도 정부가 환율을 통제할 수 있는 범위 내에서 환율제도를 개혁할 것이라고 밝혔다. 현행 복수통화바스켓제도를 시장수급을 반영하는 방향으로 개선하고 환율이 균형수준에서 안정될 수 있도록 양방향 탄력성을 제고할 것이다. 이와 함께 환율변동성을 완화하기 위한 환리스크 관리수단을 개발하는 내용도 포함되었다.

자본이 자유롭게 넘나들도록 제방을 낮추라!

자본시장 육성

중국은 다른 신흥시장국과 마찬가지로 은행을 통하는 이른바 간접금융 의존도가 매우 높은 반면 주식시장, 채권시장 등 직접금융시장의 발달은 상대적으로 낙후되어 있다. 2012년 말 현재 사회융자총액에서 은행대출이 64%(외화 및 신탁대출 포함)를 차지하고 있으며, 주식 및 채권비중은 각각 2% 및 15%에 불과하였다.

중국의 주식시장은 상당히 낙후되어 있다. GDP 대비 주식시가총액 비율은 46%로 세계(66%)는 물론 중국과 비슷한 중소득국 평균(48%)보다도 낮은 수준이다. 100대 상장기업 중 국영기업이 86개(2012년 기준)에 이르는 등 주식시장이 주로 국영기업의 자금조달 경로로 활용되고 있는 실정이다.

채권시장도 선진국은 회사채 위주인 데 반해 중국은 회사채 비중이 30% 미만에 머물고 있다. 반면 정부채(30%)와 금융채(44%)의 비중이 상대적으로 큰 특징이 있다. 회사채시장에서 민간기업의 채권발행 실적은 미미한 반면 2012년 중 채권발행 규모 상위 10개사가 모두 국

〈그림 3-7〉 사회융자총액의 조달수단별 구성

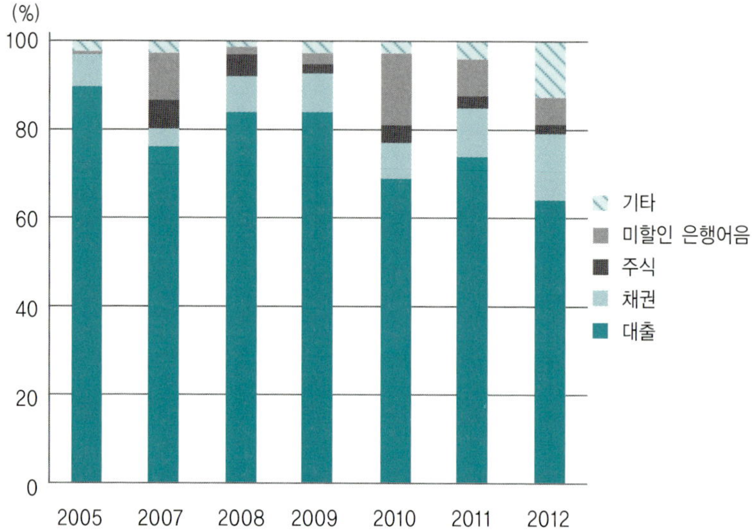

주: 중국은 주식시장이 낙후되어 전체 자금조달 중에서 은행대출이 2/3를 차지한다.
채권 및 주식은 비금융기업 기준이다.
자료: 중국인민은행

〈그림 3-8〉 GDP대비 주식시가총액 비율

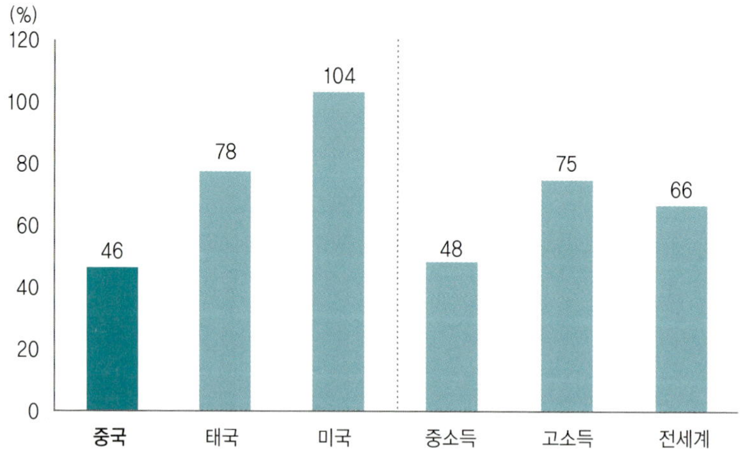

주: 2011년 기준으로 작성되었다.
자료: World Bank

〈표 3-5〉 채권상품별 신규발행 규모 및 구성비중 추이

(억 위안, %)

구분	2000	2005	2010	2012
총 발행 규모	4,415 (100)	42,162 (100)	95,088 (100)	58,640 (100)
정부채	2,720 (62)	5,042 (12)	17,878 (18)	17,562 (30)
통화어음	0 (0)	27,882 (66)	46,608 (48)	0 (0)
금융채	1,645 (37)	7,139 (17)	14,173 (15)	25,755 (44)
회사채	50 (1)	2,078 (5)	17,975 (19)	15,323 (26)
국제기구채	0 (0)	21 (0)	0 (0)	0 (0)

주: 괄호 안은 전체 신규발행채권 대비 비중이다.
자료: 中國債券網

영기업이었다.

다시 말해 자본시장은 대규모 국영기업이 주로 활용하고 있으며, 중소기업의 약 95%를 차지하는 민간기업의 주식 상장 및 채권발행이 부진하여 중소기업의 자금난 해소에 큰 역할을 하지 못하고 있다. 결국 중소기업들은 주로 은행대출이나 사금융에 의존하다 보니 자금조달경로가 제한적이고 시스템리스크(*systemic risk*)에도 취약한 것이 현실이다. 이에 중국은 2012년 9월 발표한 금융개혁 계획에 따라 중소기업에 대한 금융시장 접근성 개선을 도모하고 있다.

중국정부는 2015년까지 GDP에서 금융업이 차지하는 비중을 5%로 늘리고 사회융자총액에서 주식과 채권이 차지하는 비중을 각각 15%로 확대할 방침이다. 특히 주식시장 비중을 높이기 위해 중대형 국영기업과 기간산업 관련기업을 대상으로 하는 메인보드와는 별도로 성장 가능성이 높고 유망기술을 보유한 중견 중소기업을 대상으로 하는 중소기업보드의 시스템을 대폭 내실화할 것이다. 아울러 중국판 나스닥시장으로서 첨단산업과 고성장 벤처형 중소기업을 위한 창업판시장(Chasdaq)을 정비하였다. 중소기업이 자본시장을 통하여 자금조달

을 활성화할 수 있도록 힘쓰고 있다는 이야기다.

한편 회사채 발행요건을 갖추기 어려운 중소기업에 대해 사모채권 발행과 유통을 허용하였다. 또 중소기업이 발행하는 회사채 금리를 은행 기준금리의 3배 이하로 제한하는 등 중소기업의 자금조달 부담을 완화하는 방안도 강구하고 있다.

자본시장 개방 경과

중국은 1996년 IMF 8조국으로 이행하면서 경상 외환거래를 자유화한 반면 자본거래는 여전히 제한적으로 개방하고 있다. 1990년대 후반 자본계정 자유 태환을 검토하였으나 아시아 금융위기(1997)의 발생으로 중단했다. 2005년에 자본자유화 계획을 다시 발표하였으나 글로벌 금융위기(2008) 발생으로 또다시 중단하지 않을 수 없었다. 그렇게 15년 이상을 차일피일하면서 자본시장 개방을 미루어 왔다. 그러다가 글로벌 금융위기가 수습국면에 접어들면서 2012년 9월 발표한 금융개혁 계획에 따라 외국인직접투자를 사실상 자유화하고 해외직접투자도 관련 규제를 대폭 완화하는 등 개방을 점차 가속화하고 있다.

국제 자본이동과 관련하여 IMF는 오랫동안 자본자유화의 당위성만을 주장하여 왔다. 그러나 2013년 초에 자본이동은 리스크를 동반하고 해당국의 금융하부구조의 결함이 있을 경우 리스크가 더욱 증폭될 수 있다는 견해를 제시하기에 이르렀다. 중국과 같은 개발도상국의 견해가 반영된 결과로 볼 수 있겠다.

중국은 자본시장 개방에 있어 경제발전 정도, 금융부문의 경쟁력 수준, 금융하부구조 발달수준 등을 반영하여 4대 자본관리원칙에 따라 자본시장을 개방해 나가고 있다. 4대 원칙은 첫째, 선 유입, 후 유출의 순서로 유입과 유출의 양방향 균형관리원칙을 견지한다. 둘째,

단계적 계획에 따라 충격이 작은 것부터 점진적으로 개방한다. 셋째, 시장수요에 원활하게 부응한다. 넷째, 외국인을 내국인과 동등하게 대우한다는 것이다.

자본시장 개방을 부문별로 보면 외국인 증권투자의 경우 외국기업의 중국내 주식시장 상장과 유통, 위안화채권 발행 등은 규제하고 있다. 내국인 투자전용 A주 주식시장과 채권시장에 대해서는 중국 자본시장에 장기투자를 원하는 기관으로 운용자산 규모, 납입자본금 등의 자격요건을 갖춘 외국인 기관투자자에 한해 제한적으로 개방하고 있다. 그러나 2002년 이래 달러화로 모집한 자금을 A주식과 거래소 상장 채권 등 위안화자산에 투자를 허용한 적격외국인투자자(QFII), 위안화로 모집한 자금을 위안화 자산에 투자하는 위안화 적격외국인기관투자자(RQFII) 등으로 투자경로는 다양화하였다.

아울러 투자한도를 점진적으로 확대하면서 국내시장을 개방해 나가고 있다. 특히 2013년 들어서는 RQFII 대상기관을 종전 홍콩 소재 중국계 증권·자산운용회사의 자회사에서 중국계 은행·보험회사의 자회사와 홍콩에 영업기반을 둔 모든 외국계 금융회사로 확대했다.

투자대상 금융자산도 거래소에 상장된 주식·채권·전환사채·펀드 등은 물론 주가지수선물과 은행 간 채권시장에서 거래되는 채권을 포함하였다. 또 펀드 운용자산에 대한 규제를 폐지하는 등 자산 운용을 대폭 자유화하였다.

내국인 해외증권투자는 자격요건을 갖춘 내국인 기관투자자의 해외금융상품 투자를 허용하는 적격내국인기관투자자(QDII)와 위안화 적격내국인기관투자자(RQDII) 제도를 도입하여 점차 확대하고 있다. 아울러 2013년 5월 적격내국인개인투자자(QDII2) 제도도 도입하였다. 위안화를 이용한 외국인직접투자도 전면 허용되어 이미 상당한 개방 태세를 갖추었다.

〈표 3-6〉 중국 자본시장 개방 추이 및 전망

시기	주요 내용
1996	IMF 8조 의무사항 이행 수락
2001	WTO 가입, 자본시장 개방계획 공식화
2002	QFII 도입, 외국인의 달러화 중국주식 및 채권시장 투자 허용
2004	홍콩 역외 위안화예금 도입
2007	QDII 도입, 내국인(거주자) 해외주식 및 채권투자 허용 역외위안화 회사채 발행 개시(CCB의 홍콩 딤섬본드)
2009	위안화 무역결제 전면 허용
2011	RQFII 도입, 외국인의 위안화를 이용한 중국국내 증권투자 허용 ODI 도입, 위안화 해외직접투자 허용 국내 통화시장의 제한적 개방
2012	증권시장 개방 가속화
2013.5 2013~	QDII2 도입, 내국인 개인의 해외증권투자 허용 RQFII2 도입 예정, 외국인 개인의 위안화 증권투자 개방

자료: SAFE, CASS-IWEP (중국사회과학원 세계정치경제연구소) 등

〈표 3-7〉 증권시장 개방 및 해외증권투자제도 현황

	QFII	RQFII	QDII	RQDII
도입시기	2002.12	2011.12	2006.4	2013
참가자	은행, 증권사 등 외국기관투자자 207개사 (2012 말)	중국 은행·증권·보험·자산운용사의 홍콩 자회사, 홍콩 외국금융사	은행, 증권·자산운용사, 보험사 등 국내 기관투자자	은행, 증권·자산운용사, 보험사 등 국내 기관투자자
투자 대상	내국인투자전용 A주식, 거래소 상장채권 등	주식, 채권, 주가지수선물, 은행 간 거래 채권 등	해외 금융투자 상품	해외 금융투자 상품
한도 확대	2005 100억 달러 2007 300억 달러 2012 800억 달러 2013 1,500억 달러	2011 200억 달러 2012 2,700억 달러	2007 480억 달러	-
향후 계획	투자한도 확대	RQFII2(위안화적격외국인개인투자자)로 확대	QDII2(적격내국인개인투자자) 2013.5월 도입	위안화에 의한 해외증권투자 확대

자료: 중국인민은행, CSRC(증감위), SAFE 등 종합

한편 2011년부터 중국인민은행이 시범기업을 대상으로 위안화 해외직접투자를 허용하여 소규모로 시범 실시해 온 위안화 해외직접투자를 일반화하였다. 이에 따라 2012년 중 위안화 해외직접투자(ODI) 및 위안화 외국인직접투자도 각각 202억 위안 및 907억 위안으로 급증하였다. 또 미국과 유로 경제의 어려움으로 전 세계 ODI 규모가 17% 감소하는 가운데 중국이 해외자원개발과 시장점유율 확대에 주력하면서 ODI 총액이 878억 달러에 달함으로써 미국, 일본에 이어 세계 3위를 기록하였다.

자본시장의 개방 수준은?

중국내 전문가들은 금융자본시장 개방수준에 대해 대체로 75% 정도 개방한 것으로 평가한다. 부문별로 보면 직접투자와 은행 신용대출시장은 개방수준이 가장 높고 주식시장과 채권시장, 기타 부채증권은

〈표 3-8〉 중국 금융자본시장 개방수준 평가

(단위: 항목 수)

부문별 40개 주요조항	태환 불가	허가 필요	기본적 태환	완전태환	합계
자본시장 및 통화시장	2	10	4	-	16
파생금융상품	2	2	-	-	4
은행 신용대출	-	1	5	-	6
직접투자	-	1	1	-	2
직접투자 청산	-	-	1	-	1
부동산거래	-	2	1	-	3
개인의 자본거래	-	6	2	-	8
합계	4	22	14	-	40

자료: SAFE, CASS-IWEP 종합

주로 기관투자자에 대해서만 개방하였다. 그러나 통화시장은 일부만 개방하였으며, 중국정부가 투기적 요소가 강한 것으로 인식하는 파생금융상품시장은 아직 개방하지 않고 있다.

실제 투자실적으로 보면 2013년 7월 말 현재 중국 자본시장 규모에 비해 외국인투자 비중이 크지 않은 실정이다. QFII의 경우 A주의 10%에 한해 투자가 가능한 데다 최소 보유기간(1~3년)을 적용하고 있어 투자비중은 주식 및 채권시장 시가총액 대비 1~2%에 머물고 있다.

중국정부가 QFII 한도를 신중하게 관리하는 것은 중국 자본시장의 기본구조가 취약한 상태에서 해외자본이 금융시장에 대규모로 유입되거나 부동산 투기나 환차익을 노린 핫머니가 단기간에 국경을 넘나드는 것을 통제하기 어렵기 때문이다.

해외증권투자의 경우에도 QDII 도입 이후 자격요건을 엄격히 제한함으로써 2013년 7월 말 현재 누적투자액이 GDP의 2~3% 수준에 불과한 실정이다. 이는 내국인의 투자경험과 리스크 관리능력이 부족하여 중국정부가 QDII를 점진적으로 확대하고 있기 때문이다.

향후 중국은 국내 금융시장 개혁과 병행하여 5~10년 동안 부동산, 주식, 채권거래 순으로 자본거래 개방을 확대해 나갈 것이다. 외국인 증권투자의 경우 QFII 신청자격을 더욱 완화하고 신청절차도 인터넷을 통한 서류 제출을 허용하며, 투자가능 상품도 확대한다는 것이 기본방침이다. 그러나 QFII 기관이 투명성이 낮은 구조화상품에 투자하는 것은 당분간 불허하고 국내 은행 간 채권시장도 중국인민은행의 시행규정이 마련된 이후에나 가능할 것이다. 또한 중국정부는 투기성이 강하고 금융시장 안정성을 위협할 수 있는 것으로 평가하는 헤지펀드의 도입에 대해서도 아직 부정적인 입장이다.

위안화 국제화, 세계의 금융대국을 넘본다

중국은 글로벌 금융위기 이후 미 달러화가 급등락하면서 기축통화로서의 역할에 회의적인 시각이 부각되자 위안화 국제화의 필요성을 절감하였다. 한 나라의 통화가 국제화되기 위해서는 상당한 경제규모를 갖추고 통화가치의 안정성과 선진화된 금융시장이 전제되어야 한다. 또 통화의 국제화는 무역결제통화, 투자통화, 준비자산통화의 순서를 밟아 국제통화로 거듭나게 된다.

중국정부는 위안화의 국제화를 추진하고자 2009년에 위안화 무역결제를 개시한 데 이어 주요국과의 통화스왑계약 체결을 적극 확대하고 있다. 또 위안화 채권과 같은 위안화 금융상품 발행을 활성화하고 위안화를 SDR(특별인출권) 바스켓통화에 포함시키는 과제도 추진하고 있다.

중국의 GDP 규모는 구매력평가기준으로 이미 세계의 15%에 육박하고 수출도 세계 1위를 차지하고 있다. 그럼에도 불구하고 위안화는 2012년 말 현재 세계 지급결제액의 0.7%, 국제채권 발행잔액의 0.3%, 여타국의 외환보유액에서 차지하는 비중이 0.2%에 불과할 정도로 국제화에서 뒤처져 있다. 또 2013년 4월 현재 위안화의 하루

평균 거래량(1,200억 달러)도 전 세계 통화거래의 2.2%를 차지해 세계 9위에 그치고 있다.

이에 중국정부는 단기적으로는 위안화가 아시아 역내 결제통화로서의 지위를 확보하고 장기적으로는 국제교역과 투자에서의 위안화 사용으로 환리스크 제거와 거래비용 절감, 자국 통화발행에 따른 화폐주조차익 획득을 추구하고 있다. 또 2012년 말 현재 외환보유액의 65% 내외가 미 달러화로 구성된 중국으로서는 위안화가 국제화될 경우 달러화 가치 불안정에 따른 환율변동 리스크의 축소도 기대하고 있다.

위안화 무역결제를 확대하라!

2009년 7월 위안화 무역결제가 개시된 이후 수입결제를 중심으로 빠르게 확대되어 왔다. 2013년 상반기에는 2조 500억 위안에 달하여 불과 4년 만에 전체 교역의 17%를 차지하게 됐다. 위안화의 수입결제 비중이 크며 주요 수출국인 미국·EU 등은 자국통화로 주로 결제하는 반면 주요 수입 대상국인 동아시아권은 달러화 결제가 많아 상대적으로 결제통화를 쉽게 변경할 수 있기 때문이다.

위안화 결제를 유형별로 보면 상품거래가 70% 내외를 차지하고 최근에는 서비스 및 기타 무역거래도 점차 증가하고 있다. 국가별로는 2013년 5월 중 홍콩을 포함하여 중국과 교역한 160개 국가 중 47개국이 결제 대금의 10% 이상을 위안화로 결제하였다. 또한 무역결제를 위해 국제금융서비스기구(OBU)에 예치한 위안화예금이 603억 위안으로 사상 최대치를 기록할 정도로 위안화 무역결제가 계속 확대되고 있다.

한편 위안화결제에서 수입거래 비중이 상대적으로 확대됨에 따라

〈그림 3-9〉 위안화 무역결제 추이

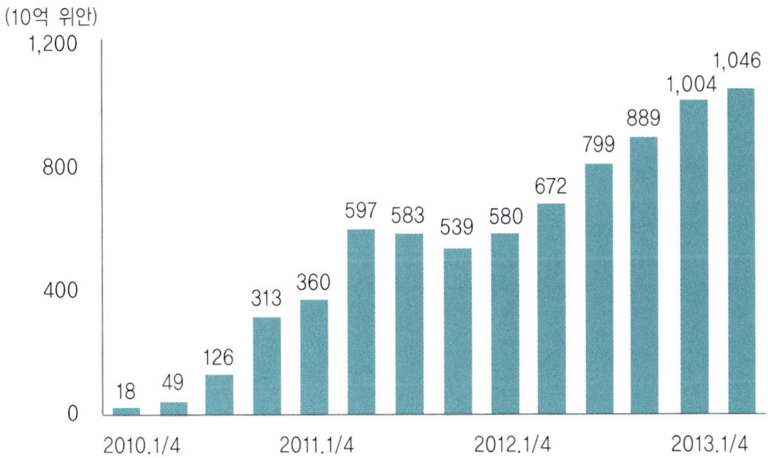

자료: 김명식 (2013.8)

〈그림 3-10〉 유형별 위안화결제 현황

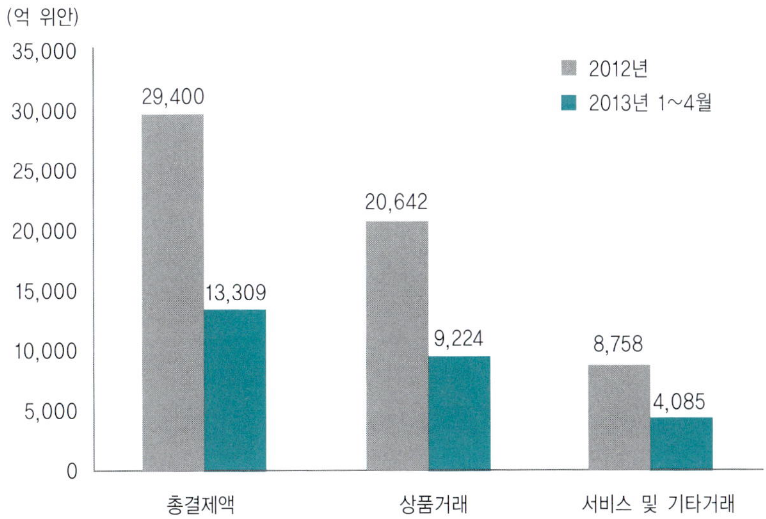

자료: CEIC

위안화 국제화를 통하여 막대한 외환보유액 유지비용을 축소하려던 중국정부의 정책의도와는 달리 수입결제에 달러화 사용이 줄어들고 있다. 이에 따라 외환보유액이 확대되는 부작용이 유발되고 있다. 2012년 이후에는 유로화 등 선진국 통화가치가 불안한 가운데 위안화는 완만한 절상 추세를 유지함에 따라 위안화 결제를 선호하는 중국 수출기업들이 증가하고 있다. 위안화는 단기간에 통화 국제화의 첫 단계인 무역결제통화로 급성장한 것이다.

또 2012년 직접투자의 위안화 결제도 비금융부문 해외직접투자의 6%(304억 위안) 및 외국인직접투자의 42%(2,535억 위안)를 기록함으로써 제 2단계인 투자통화로도 착실히 자리잡아가고 있다.

통화스왑 체결 확대, 황제국의 지위를 노리나?

중국은 글로벌 금융위기가 본격화된 이후 2008년 한국은행과 최초로 통화스왑협정을 체결한 이래 2013년 10월 말 현재까지 총 23개국과 2조 5,762억 위안 규모의 통화스왑을 체결하였다. 중국인민은행은 2013년 들어서도 호주중앙은행, 브라질 중앙은행 및 영란은행과 통화스왑협정을 체결하였다. 영란은행은 런던이 홍콩을 제외한 최대 위안화역외센터기능을 수행하고 있어 위안화 유동성 확보를 위해 유럽중앙은행으로서는 아이슬란드에 이어 두 번째로 인민은행과 스왑협정을 맺었다.

또 인민은행은 2013년 10월 유럽중앙은행(ECB)과 3,500억 위안(450억 유로) 규모의 통화스왑협정을 체결하였다. 이에 대해 금융시장에서는 유로지역에 대한 유동성 지원으로 역외 위안화 사용을 촉진하고 무역 및 투자의 편의성을 크게 제고함으로써 위안화 국제화가 한층 진전되는 계기가 될 것으로 평가하고 있다. 중국은 EU의 두 번

〈표 3-9〉 중국인민은행과 외국 중앙은행 간 통화스왑 체결 현황

(단위: 억 위안)

대상국가	체결일시	규모	대상국가	체결일시	규모
한국	2008.12.12	1,800	카자흐스탄	2011. 6.13	70
	2011.10.26	3,600	태국	2011.12.22	700
홍콩	2011.11.22	4,000	파키스탄	2012.12.23	100
말레이시아	2012. 2. 8	1,800	아프가니스탄	2012. 1.17	350
벨로루시	2009. 3.11	200	터키	2012. 2.21	100
인도네시아	2013.10. 1	1,000	호주	2011. 3.22	2,000
아르헨티나	2009. 4. 2	700	우크라이나	2012. 6.26	150
아이슬란드	2010. 6. 9	35	브라질	2013. 3.26	1,900
싱가포르	2013. 3. 7	3,000	영국	2013. 6.21	2,000
뉴질랜드	2011. 4.18	250	헝가리	2013. 9	100
우즈베키스탄	2011. 4.19	7	알바니아	2013. 9	100
몽골	2012. 3.20	100	ECB	2013.10. 9	3,500
합계 (총 23개국)					25,762

자료: 중국인민은행

째 교역상대국이다. 그럼에도 ECB는 인민은행과의 통화스왑에 미온적이었으나 대중 무역의 10% 이상을 위안화로 결제하고 있는 프랑스가 적극 앞장섬으로써 성사되었다.

한편 2013년 2월부터 타이완 중앙은행이 중국과의 위안화결제업무와 타이완 내 위안화예금 취급을 개시하였다. 아울러 중국인민은행과의 통화스왑협정 체결을 기대하고 있다.

중국은 통화스왑을 통하여 위안화와 교환되는 상대국에 대해 위안화를 무역·투자 결제통화로 이용하도록 유도하고 있다. 또 역외위안화시장 형성을 촉진하고 역외 위안화자금이 부족할 경우 유동성까지 지원할 방침이다. 혹시라도 과거 중국이 천하의 중심이었을 때 황제가 주변국들로부터 조공을 받는 대신 상당한 시혜를 베풀었던 그때를 생각하고 있지는 않은지 예의주시해 볼 일이다.

역외위안화 금융시장의 급성장

위안화 무역결제 확대로 위안화가 역외로 대거 유출되면서 홍콩 내 위안화예금이 2013년 5월 말 6,985억 위안으로 홍콩예금의 10%를 상회할 정도로 늘어났다. 위안화 양도성 정기예금증서(CD)를 포함할 경우 홍콩의 위안화 유동성이 8천억 위안에 달하여 역외위안화 금융시장 형성의 기반이 마련되었다. 또한 중국정부가 역내외 시장 간 자본거래를 통제하는 가운데 중국 위안화(CNY: *Chinese Yuan*) 시장과 별도로 홍콩 역외위안화(CNH: *Chinese Yuan in Hong Kong*) 시장을 육성하고 있다.

홍콩 역외위안화시장은 최근 CNY 환율과 CNH 환율 간 차이가 거의 없어질 정도로 시장의 수급이 안정되고 거래의 표준화도 진전되었다. 이러한 여건을 바탕으로 홍콩 내에서 위안화업무를 취급하는 금융기관이 2012년 말 200개사 이상으로 급증하였으며, 다양한 종류의 역외위안화 금융상품이 거래되기 시작하였다.

홍콩금융시장에서의 위안화채권인 이른바 '딤섬본드'는 2007년 발행을 개시하여 2013년 3월 말 현재 발행잔액이 4천억 위안을 상회하고 있다. 발행기관도 당초 중국계 상업은행과 정책은행에서 유럽·한국 등 외국계 은행 및 비금융기관, 국제금융기구로 확대되면서 홍콩이 역외위안화 자금조달센터로 기능하게 되었다. 한국계의 경우 2012년 중 산업은행이 10차례에 걸쳐 35억 위안을 발행하였으며, 수출입은행·현대캐피탈·가스공사 등도 딤섬본드로 자금을 조달하였다.

최근 중국계 은행들은 안정적인 대출재원 마련이 필요한 데다 중국본토에 비해 자금조달비용이 낮고 송금도 쉬워 딤섬본드 발행이 크게 늘어나고 있다. 또한 홍콩소재 은행은 위안화 비즈니스를 확대하는 과정에서 위안화예금 증가세가 주춤하자 대출재원 마련을 위해 채권

〈그림 3-11〉 홍콩 내 딤섬본드 발행 추이

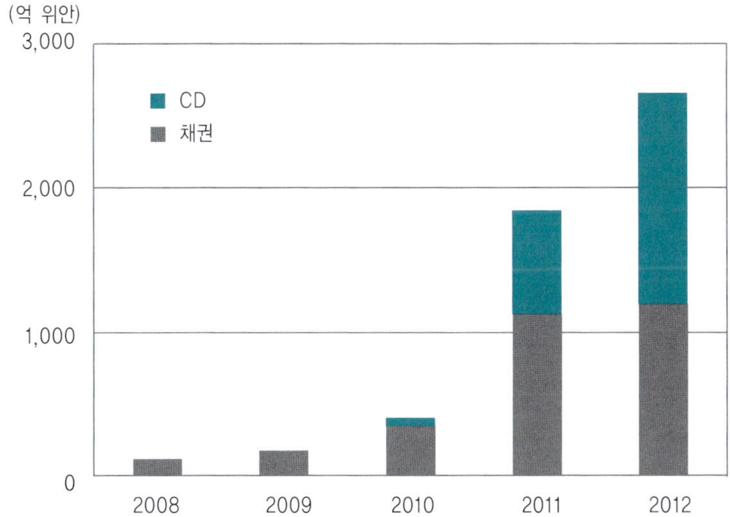

자료: Bloomberg

〈그림 3-12〉 딤섬본드 발행기관 현황

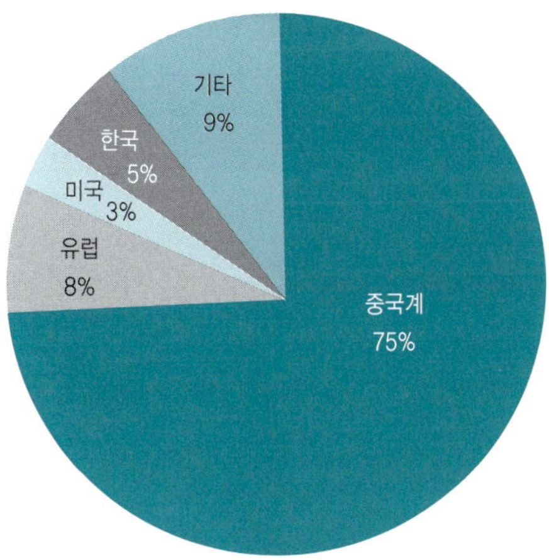

주: 이 도표는 2012년 기준으로 작성되었다.
자료: Bloomberg

발행을 늘리고 있다. 외국계 은행들도 대체로 위안화 국제화에 발맞추어 자금조달원 다양화 차원에서 딤섬본드 발행을 확대하고 있다.

그러나 역외위안화 예금이나 딤섬본드 발행규모는 위안화 절상추세에서는 크게 늘어나다가 선물환시장에서 위안화 절하 기대가 형성되면 그 규모가 줄어드는 경향을 보인다. 이것은 위안화 역외시장을 통한 자본시장의 제한적 개방의 한계를 보여주는 것이다.

역외위안화 대출규모도 2010년 말 20억 위안에서 2013년 3월말 홍콩 887억 위안, 타이완 67억 위안 등 1천억 위안에 접근하고 있다. 특히 중국인민은행이 2012년 말부터 선전 첸하이(前海)지구에서 위안화대출을 개시하여 국경 간 여수신업무가 점차 자유화되면서 중국 역외에서 역내로의 위안화대출도 일어나기 시작하였다. 이로서 첸하이지구에서 영업 또는 투자활동을 하는 중국 본토기업은 홍콩의 저금리 위안화대출을 이용하고 선전시 금융회사를 통해 결제서비스도 받을 수 있게 되었다. 이는 홍콩은행들이 위안화대출을 주도적으로 늘림으로써 역외위안화시장이 확대되고 국경 간 위안화대출의 차입구조·기간·금리가 자유화됨에 따라 중국 본토 금리자유화의 시금석이 될 것이다. 또한 본토와 홍콩 간 금융시스템 통합을 촉진시킨다는 측면에서도 중요한 의미로 평가된다.

한편 2011년 후이셴(匯賢) 부동산투자신탁이 위안화표시 주식공개(IPO)를 통해 홍콩거래소에 상장하는 등 CNH IPO도 이루어지기 시작하였다. HSBC·Standard Chartered 등 주요 상업은행을 중심으로 CNH 외환거래(현물·선도), 스왑거래(통화·금리 스왑) 등도 거래되고 있다. 아울러 중국정부는 RQFII 제도의 도입으로 홍콩에서 모집한 위안화로 중국 본토 금융시장에 투자할 수 있게 되면서 역외위안화의 본국 환류체제도 구축하였다.

위안화의 SDR 바스켓통화 편입 추진

중국의 GDP 및 수출규모가 각각 세계 2위와 1위로 부상하고 위안화 무역결제가 폭발적으로 확대되면서 위안화가 SDR 바스켓통화에 포함되어야 한다는 주장에 힘이 실리고 있다. IMF는 2010년까지만 해도 위안화는 자유태환이 보장되지 않으며, 국제무역에도 폭넓게 사용되지 않기 때문에 SDR 바스켓통화는 당분간 미 달러화, 일본 엔화, 유로화 및 영국 파운드화 등 4개국 통화 바스켓을 유지해야 한다는 입장이었다.

그러나 2012년 5월 제 4차 미중전략경제대화에서 미국이 중국 위안화가 SDR 바스켓에 편입되기 위해서는 40여 개에 이르는 요건을 충족해야 하지만 국제 통화협력을 위해 긍정적으로 검토하겠다는 입장으로 선회하였다. 이에 따라 위안화가 SDR 바스켓통화에 편입되는 시기가 앞당겨질 가능성이 높아졌다.

또한 G20 회의에서 프랑스와 같은 선진국이 중국경제의 위상에 걸맞게 통화의 국제화를 촉진하기 위해 위안화의 SDR 바스켓 편입에 찬성하고 나섰다. 국제정치의 미묘한 흐름을 비집고 위안화의 기축통화 논의가 수면 위로 떠오르고 있는 것이다.

공산당 상무위원인 왕치산(王岐山) 중앙기율검사위원회 서기는 위안화의 SDR 바스켓 편입에 소극적인 국제사회의 견해에 대해 적극 해명하고 있다. 그는 과거 일본 엔화가 SDR 바스켓 구성통화에 편입될 때에도 완전한 자유태환이 이루어지기 전이었으며, SDR 구성통화 편입 이후에 엔화의 자유태환이 실현된 점을 지적하면서 국제사회를 설득하고 있다. 또 중국인민은행 고위층이 위안화 완전 자유태환의 준비가 되어 있다고 자신감을 표현하는 등 정부 차원에서 위안화 국제화에 적극적인 자세를 보이고 있다.

금융개혁의 속도와 순서

자본시장 개방속도 평가

중국의 자본시장 개방속도에 대한 해외 시각은 대체로 개방을 한층 앞당겨야 한다는 것이다. 그래야 중국 금융시장 내에서 다양한 자산 선택이 가능해지고 리스크 분산에도 유리하다.

그러나 중국 내에서는 개방을 가속화해야 한다는 시각과 금융안정을 우선하여 신중하게 추진해야 한다는 시각이 병존하고 있다.

베이징대 황이핑(黃益平)이나 국제금융 전문가인 성송청(盛松成)은 개방을 앞당겨야 한다고 보고 있다. 이들은 그 근거로 중국의 거시경제가 안정되어 있고 정부의 금융관리 능력이 유지되는 데다 외환보유액이 충분하고 금융기관 건전성도 나쁘지 않다는 점을 제시한다.

반면 중국사회과학원 위융딩(余永定)과 가오하이훙(高海紅) 등은 신중하게 추진해야 한다는 입장이다. 이들은 중국의 자본시장 개방이 진전되면서 단기자본의 유출입이 확대되고 외국인의 자본거래 매매차익이 급증하고 있어 금융안정을 위협하는 것으로 평가한다. 또 글로벌 금융위기가 완전히 수습되지 않아 유동성리스크가 상존하고 있어 시기적으로도 적당하지 않다고 지적한다.

《화폐전쟁》의 저자 쑹훙빙(宋鴻兵) 환구재경연구원장도 신중론자에 속한다. 그는 미국 모기지회사(Fannie Mae 및 Freddie Mac)에서 근무하다가 글로벌 금융위기를 예측하여 세계적인 주목을 받았다. 한국은행 북경소장이었던 필자와 쑹 원장이 나눈 자본시장 개방을 둘러싼 공방을 보자.

임호열 《화폐전쟁》은 서구 금융재벌의 개도국에 대한 금융 침탈을 상정하고 이에 많은 부분을 할애하고 있다. 그러나 금융개방이 위험하기 때문에 개방을 하지 않는다는 것은 '익사위험 때문에 수영을 배우지 않겠다'는 것과 같은 논리이다. 수영을 배우려면 과감하게 물에 들어가야 하지 않겠는가? 또 중국이 금융개방에 보수적인 태도를 보임으로써 금융발전이 지연되고 있다는 우려도 있다. 닫힌 사회는 학연과 지연 같은 관계가 중시되고 이는 필연적으로 부패와 연결될 수 있다. 따라서 국영은행과 국영기업 간 유착으로 인한 대규모 부실채권 발생을 방지하기 위해서도 금융개방이 필수적이지 않은가?

쑹 원장 금융개방을 하지 않겠다는 것이 아니라 먼저 국내 금융시장의 경쟁력을 충분히 강화한 다음에 개방하자는 것이다. 인구 5백만 또는 1천만 명 정도의 소국이라면 금융위기를 당해도 국제기구의 도움으로 해결할 수 있을지 모른다. 그러나 중국은 대국인 만큼 한번 금융위기에 휩쓸리면 미국이나 IMF도 구제할 수 없기 때문에 점진적인 개방이 매우 중요하다.

쑹홍빙(오른쪽)은 1968년 쓰촨성에서 출생한 젊은 경제학자이다. 그런데도 금융위기에 대한 뛰어난 예측능력으로 그의 저서 《화폐전쟁》이 1억 권 이상 팔렸다. 이에 외국언론이 그를 공자 이후 중국 최고의 유명인사로 보도하였으며, SNS 팔로워가 5백만 명을 넘는 스타다.
중국국영 중앙텔레비전(CCTV)에서 제작한 100분짜리 금융위기 특집에 필자와 함께 출연하기도 하였다.

그러나 필자의 견해로는 중국 상업은행의 통화불일치 리스크가 제한적이고 단기외채 비중도 7% 내외로 상대적으로 낮은 수준이다. 또 정부가 부동산이나 자산가격 거품 우려에도 나름대로 대응하고 있어 자본시장 개방을 앞당기는 것이 필요한 것으로 평가된다. 아울러 CNY 환율과 CNH 환율도 동조화되어 있기 때문에 위안화환율 변동폭을 확대함으로써 대외충격을 흡수할 수 있는 여건도 갖추어진 것으로 분석된다.

금융개방은 대체로 국내 금융시장의 경쟁력 강화와 환율자유화가 먼저 이루어진 후 자본시장 개방과 통화의 국제화가 이루어진다.

중국의 경우 국내 금융시장은 금리규제와 금융기관의 부실대출이 상존하고 국영은행이 은행산업의 근간을 지배하고 있는 등 선진화되지 못한 상태이다. 과거 선진국에서는 대체로 국내 금융개혁으로 금융산업의 경쟁력을 탄탄히 한 후에 자본시장 개방을 추진하였다. 중국은 그동안 계획경제체제의 특성상 금리규제와 대출선 관리로 국가발전을 뒷받침하고 있어 금융개혁이 빠르게 진전되지 못하였다. 그러나 최근 들어 중소기업의 자금난이 가중되고 그림자금융이 급격히 확대되는 등 금리규제의 폐해가 부각되면서 금융개혁의 필요성이 높아지고 있다. 또한 그동안의 은행 일변도에서 점차 벗어나 직접금융

〈그림 3-13〉 중국의 금융구조 변화 추이

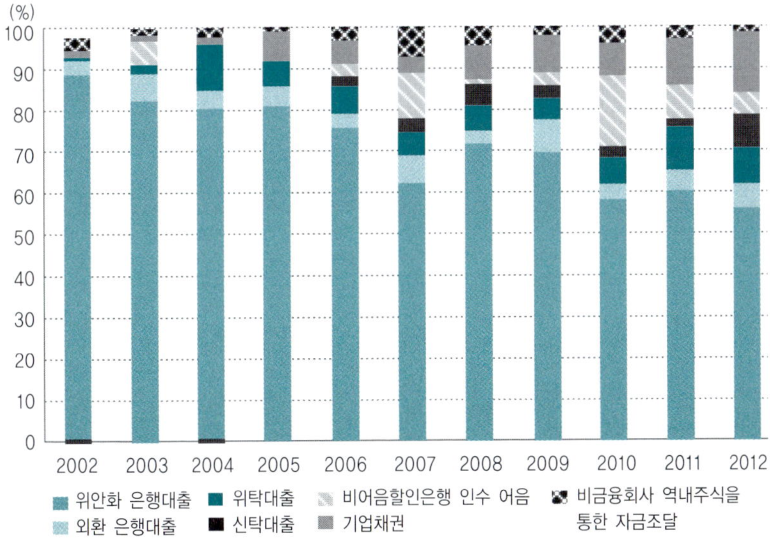

자료: 高海紅 (2013.5.9)

시장 규모가 확대되고 채권시장이 통합되어가는 등 금융산업도 진화하고 있다.

둘째, 자본시장 개방을 위해서는 환율유연화가 전제되어야 한다. 환율안정과 통화정책의 독립성 유지, 완전한 자본이동의 실현이 서로 상충되는 만큼 자본자유화를 위해서는 위안화의 변동을 감수할 수밖에 없다. 따라서 자본자유화를 위해서는 환율자유화가 선행되는 것이 순서이다.

셋째, 위안화 국제화와 자본시장 개방의 순서에 대해서는 상반된 견해가 병존한다. 과거 독일 마르크화 등이 자본통제 하에서도 국제결제통화로 널리 사용된 만큼 자본시장 개방이 위안화 국제화의 전제조건이 될 수 없다는 견해이다. 중국사회과학원 가오하이홍 국제금융실장은 위안화 국제화가 자본시장 개방 요구를 회피하기 위한 역(逆) 압박기제로 작용할 수 있다고 보았다.

반면 자본시장 개방을 서둘러야 한다는 측의 주장은 자본개방은 위안화 국제화의 전제조건이고 위안화 국제화의 단계는 자본개방 단계에 좌우된다고 본다. 중국 경제체제개혁회를 이끌고 있는 판강 경제개혁기금회 이사장도 위안화 국제화를 촉진하기 위해서는 자본시장의 점진적인 개방으로 위안화 운용수단을 제공하는 것이 선결되어야 한다고 갈파하였다.

향후 전개방향

중국인민은행은 자본자유화를 위한 기초여건이 전반적으로 성숙한 것으로 평가하고 2012년 2월 시장이 급격한 충격을 받지 않도록 3단계에 걸친 자본자유화 기본계획을 제시하였다. 이어서 2012년 9월 인민은행 등 5개 기관 합동으로 금융업 발전 및 개혁 12차 5개년

(2011~2015) 계획을 발표하였다. 그 역점사항으로 금융정책 정비, 금융조직체계 개선, 금융시장 중층화, 금융개혁 강화, 금융개방 확대, 감독강화 및 금융안정 유지, 금융발전환경 조성 등 7개 부문을 제시하였다.

금융개혁 부문에서는 금리자유화, 위안화 환율형성메커니즘 개선, 직접투자의 원칙적인 태환 실현, 증권투자의 태환 확대, 개인자본거래 확대 등을 포함하는 위안화 자본거래 자유태환 등을 추진할 계획이다. 금융개방 부문에서는 금융개방의 전반적인 수준 제고, 국경 간 위안화사용 확대, 중국 본토와 홍콩·마카오·타이완 간 금융협력 심화 등을 포함하고 있다.

한편 중국 런민대 총장이자 중국인민은행 통화정책위원인 천위루(陳雨露)에 의하면 2012년 말 현재 위안화 국제화지수(RII)가 0.87로 전년 말에 비해 49%나 향상된 것으로 분석되었다. 물론 미 달러(52.34), 유로화(23.60) 등에 비해서는 크게 뒤지는 수준이다. 그러나 중국정부가 제도적 뒷받침과 함께 한국, 일본, BRICs, ASEAN 등과의 위안화 결제에 주력하고 있는 만큼 조만간에 일본 엔화(4.46), 영국 파운드화(3.98)을 따라 잡을 수 있을 것으로 보인다.

또 앞서 분석한 바와 같이 위안화는 2012년 말 현재 세계 지급결제액의 1% 내외, 외환거래의 2%, 외국 외환보유자산의 0.2%에 불과하다. 그러나 칭화대의 리다오쿠이(李稻葵) 교수는 2020년이 되면 주요국 외환보유액의 22%까지 확대되면서 미 달러화와 유로화에 이어 제 3의 준비통화(*reserve currency*)가 될 것으로 낙관하고 있다. 또 국무원의 바수송(巴曙松) 발전연구센터(DRC) 부소장은 2015년 SDR 바스켓통화를 개편할 때 위안화가 포함될 것으로 기대하고 있다.

금융전문가들의 의견을 종합해 보면 중국의 자본자유화 속도가 빨라지고 있다. 그러나 선진국에 비해 자본시장 발전이 뒤처져 있고 국제금융 불안도 완전히 진화되지 않은 만큼 자유화를 신중하게 추진해야 한다는 견해도 상존한다.

그 이유는 첫째, 자본자유화의 급진전으로 인해 단기자본 유출입을 적절하게 통제하지 못할 경우 통화정책의 독립성과 환율의 안정성을 유지하기 어렵기 때문이다. 둘째, 중국은 기업부채(GDP의 120% 상회) 및 지방정부 채무 과다, 부동산가격 거품, 그림자금융 등으로 인해 금융시스템이 매우 취약하다. 따라서 금융위기에 따른 갑작스러운 자본유출로 금리급등, 자산가격 거품 붕괴, 금융기관 파산 등을 도화선으로 금융시스템이 붕괴될 수 있기 때문이다. 셋째, 경제구조 개혁이 아직 불충분한 데다 소유권 제도가 모호하고 부패가 만연한 상태에서 자본자유화가 급진전될 경우 대규모 돈세탁 등의 부작용을 초래할 수 있다. 넷째, 금융시스템 낙후, 자본시장 비효율성 등을 감안할 때 자본을 통제하지 않을 경우 아시아 외환위기와 같은 투기자본 공

〈표 3-10〉 자본자유화 3단계 계획

기간별	주요 내용	리스크
단기 (2012~14)	해외직접투자	낮음
중기 (2014~16)	무역관련 상업대출	낮음
장기 (2016~21)	부동산 · 주식 · 채권 순	
	양적규제 → 가격규제 전환	
	부동산	중간
	주식	중간
	부채증권	중간
2022~	통화시장	높음
	금융기관대출	높음
	개인 자본거래	높음
	집합투자증권	높음
	담보 등 시설물	높음
	파생금융상품	높음

자료: 중국인민은행, 盛松成(2012) 등 종합

격을 방어하기 어려울 수 있을 것이다.

향후 중국정부는 직접투자 개방을 먼저 마무리하고 증권투자 등 단기투자는 한도를 설정하여 점진적으로 확대해 나갈 것이다. 또한 QFII 쿼터는 그동안 고수해 오던 내부방침을 탄력적으로 변경하고 해외자금 유출입을 교란할 가능성이 상대적으로 낮은 외국중앙은행 및 국부펀드 등에 대해서는 QFII 쿼터를 대폭 확대할 것이다. 아울러 QFII 쿼터 부여 후 1년이 경과한 뒤에야 추가쿼터를 신청할 수 있도록 한 방침도 완화할 것으로 기대된다.

한편 장기적으로는 위안화가 완전한 태환성(*convertibility*)을 갖춘 국제통화로 통용될 수 있도록 자본시장 개방과 금융시장 개혁을 병행 추진해 나가야 한다. 위안화 국제화는 동북아시아의 지정학적 리스크를 줄이고 달러와 유로에 대응하기 위해 아시아단일통화(ACU)를 도입하는 데에도 기여할 것으로 기대된다.

쑹홍빙 환구재경연구원장은 위안화 국제화는 위안화 무역결제 및 역내외 위안화자금의 유출입 경로 확대, 홍콩 역외시장 육성 등을 중심축으로 추진될 것으로 전망한다. 중국이 당분간 홍콩을 중국 금융시장과 차단된 국제금융센터이자 방화벽으로 활용하여 자본시장을 효과적으로 통제하면서 위안화 국제화를 추진한다는 것이다. 그러나 2013년 10월부터 상하이 자유무역지대(FTZ)가 정식 출범하면서 정책기조가 근본적으로 바뀌고 있다.

한편 IMF(2012)는 자본자유화에 따른 잠재리스크를 완화하기 위해 위안화 절상과 유동성 관리 강화, 규제감독체계 개선, 금리자유화와 자본시장 개방 등을 체계적으로 추진할 것을 권고한 바 있다. 런민대 천위루 총장, 피터슨 국제경제연구소의 수브라마니안 등 중국전문가들은 대체로 위안화가 완전한 기축통화(*reference currency*)의 지위를 누리는 시기가 2030~2040년경에나 가능할 것으로 분석하고 있다. 중국경제 규모가 미국을 능가할 것으로 예상되는 2020년경에 자본시장 개방을 마무리하더라도 세월이 10~20년은 더 흘러야 기축통화 역할을 기대할 수 있다는 것이다.

상하이 FTZ, 제3의 개방물결

리커창 총리는 중국경제를 한 단계 도약시킨 주룽지에 비견되는 인물이다. 그는 개혁개방을 가속화하기 위한 첫 번째 조치로 상하이 자유무역지대(FTZ) 설치를 선택했다. 중국에는 당분간 홍콩을 방화벽으로 활용하여 시장 교란을 최소화하면서 자본시장 개방과 위안화 국제화를 추진해야 한다는 견해가 상존하고 있다. 그러나 중국정부는 상하이를 자유무역지대로 만들겠다는 제안이 처음 나온 이후 8년간의 고심 끝에 2013년 10월 마침내 승부수를 던졌다.

신중국 건설 이후 30년간의 혁명시대를 거쳐 개혁개방을 표방한 이래 1980년 선전 경제특구와 1990년 상하이 푸동 신구의 건설로 개발에너지를 결집해 왔다. 그러다가 성장동력이 점차 소진되자 2001년 WTO 가입으로 제2의 개혁개방을 가속화하였다. 이제 또다시 십수 년이 흘러 저임금 근로자들이 내뿜는 인구 보너스와 개혁 보너스가 모두 소진됨에 따라 제3의 개방 보너스를 창출하려는 것이다.

상하이 FTZ는 한마디로 상하이를 홍콩을 능가하는 금융·무역·물류 중심지로 키우는 개방조치이다. FTZ 내에서는 제조업, 건축업, 금융업 등 18개 업종의 외국인직접투자를 허가에서 등록제로 전환하는 네거티브리스크시스템(負面清單) 도입, 외자도입과 조세회피를 보장하는 경내관외(境內關外)화, 서비스업 개방, 금리자유화와 위안화 자유태환 등 5대 핵심조치가 취해졌다. 역외 시장인 홍콩과는 별도로 상하이에서 금융회사와 금융상품에 대한 규제를 철폐하여 금융혁신을 도모한다. 홍콩과 상하이의 투 트랙 전략을 구사한다는 이야기이다.

중국 국무원은 금융・무역・물류・전문서비스 등 6개 부문 18개항의 서비스 개방조치를 통하여 상하이 FTZ를 전폭적으로 지원하고 있다. 은행업감독관리위원회(CBRC)는 지금까지 금융회사별로 쿼터를

〈표 3-11〉 상하이 FTZ의 서비스개방 조치

업종	주요 조치
금융	은행 : 외은 및 민간 합작은행 설립 자유화
	보험 : 외국계 의료보험회사 시범 허용
	리스 : 비행기 · 선박 금융리스 자회사의 최저자본금규제 철폐
무역	부가가치통신 : 개방
	게임 : 외국기업 게임기 생산 및 국내판매 허용
물류	원양화물 : 합작기업 외국인지분율 완화, 컨테이너화물 환적 허용
	국제선박관리 : 외국 전액출자회사 설립 허용
전문	법무 : 중국 법무법인과의 협력형태 개방
	신용조사 : 외국기업 진출 허용
	여행 : 합작여행사의 여행객 해외송출 허용
	인력중개 : 합작기업 설립 허용 및 최저자본금 하향
	투자관리 : 주식회사 형태 외국기업 설립 허용
	설계 : 외국기업 자격심사 시 업력제한 철폐
	건축 : 외국전액출자기업 입찰시 외국인투자비율 제한 제외
문화	공연 : 외국전액출자 엔터테인먼트회사 설립 허용
	오락 : 외국전액출자 카지노 설립 허용
사회	직업훈련 : 합작 교육훈련기관 설립 허용
	의료 : 외국전액출자 의료기관 설립 허용

자료: 중국 국무원(2013.9)

정하여 지점 개설을 허가하던 데서 탈피하여 지점 설치와 외국은행 진출을 자유화하였다. 또 리스, 캐피털, 자동차할부금융, 소비자금융 등 다양한 비은행금융회사의 진출을 장려하고 있다. 한편 상하이 시 정부는 외국인투자에 대해 진입단계부터 투자업종의 원칙적인 자유화와 내국민 대우를 시행하여 서비스업 육성에 박차를 가할 것이다.

상하이 FTZ의 의미는 자못 크다. 우선 제3의 개혁개방 물결의 시금석이 될 것이다. 중국정부는 통제기능을 최소화하고 시장에 맡긴다는 전략을 내세웠다. 그러자 비록 상하이 면적의 4%에 불과한 지역 내이지만 중국식 빅뱅에 시장은 즉각 응답하고 있다. 이미 미국의 시티은행과 싱가포르개발은행을 비롯한 수십 개 금융회사가 역내에 국제금융센터를 설치하고 있다. 그리고 두 달 만에 1,400개 이상의 중국 유수기업과 다국적기업들이 속속 입주허가를 받으며 기대감을 드러내고 있다. 계획경제적 요소가 잔존하는 이른바 쌍궤제(雙軌制)에서 탈피하여 완전한 자유시장에서 진정한 실력으로 승부해보자는 분위기가 조성되고 있는 것이다.

두 번째 의미는 FTZ라는 실험을 거쳐 머지않아 개방이 전국적으로 확산될 것이라는 점이다. 보수파들의 내부 반발이 만만치 않지만 자본유출입 리스크가 발목을 잡지 않는다면 일보일보 개혁조치를 추가해 나갈 것이다. 특히 국무원의 포괄적인 조치로 지식기반서비스의 중간투입 비중이 매우 높은 관련 서비스산업에 대한 자유화가 함께 취해짐에 따라 광범위한 금융개혁의 교두보를 마련했다.

세 번째로 상하이항은 18,000㎞에 달하는 중국대륙 해안선의 중심부에 위치한 세계 최대 무역항이다. 또 중국의 내륙으로 관통하는 창장(長江)의 동서부 운송로와 해상 운송로의 교차점에 위치하여 높은 물류경쟁력을 보유한 지역이다. 이런 상하이항에서 컨테이너화물의 환적을 허용한 것은 호랑이에게 날개를 달아주는 격이다.

동아시아의 환적센터로 기능해 온 부산항에도 상당한 타격을 미칠 수밖에 없는 상황이다. 한국에게는 이러한 타격이 한·중 FTA를 통한 교류의 확대균형으로 극복해내야 하는 냉엄한 과제로 다가오고 있다.

여하튼 중국의 금융은 다시 한 번 글로벌화의 시험대에 올랐다. 익사를 두려워하여 물에 뛰어드는 것을 주저한다면 상하이 FTZ가 '상하이의 홍콩화'로 찻잔 속의 태풍에 그칠 가능성도 배제할 수 없다. 개방 보너스가 중국경제의 새로운 활력이 될지, 낙후된 중국 금융의 취약성이 노출되는 아킬레스건이 될지 주목해봐야 할 시점이다.

4

사회개혁 리포트

중국은 1958년부터 법(中華人民共和國戶口登記條例)에 따라 국민의 법적 거주지를 정부가 결정하고 개인의 거주 이전이 제한되는 엄격한 호적제도를 실시해 왔다. 이는 정치제도인 공산당 일당지배, 국영기업 중심의 사회주의 시장경제와 함께 중국사회를 지탱하는 3대 제도로 기능하여 왔다.

호적제도는 도시를 중심으로 중공업 우선정책이 실시되는 과정에서 지역주민의 취업 보장과 주택·의료·교육·탁아체계 등을 수립하기 위해 창안됐다. 이는 초기 공업화 과정에서 일자리와 복지 혜택의 외부 유출을 막는다는 관점에서 주민의 지지를 얻은 정책이었다.

여하튼 모든 중국 국민은 출생 당시의 부모 호적에 따라 호적이 결정되고 출생지 지방정부의 허가를 받아야만 거주 이전이 가능하다. 지방 공안당국이 가족별로 이를 엄격히 관리하며, 일정한 조건하에 지방정부의 허가를 받아야만 변경할 수 있다.

개인의 신분증과 여권은 호적에 근거하여 호적지 공안당국에서 발급하고, 거주지가 호적지와 다른 경우에는 공안당국으로부터 임시 거주증을 발급받아야만 합법적으로 살 수 있다. 거주증은 고용주가 발급하는 고용증명과 일정한 주거지가 있어야 발급받을 수 있으며, 거주증이 없는 경우에는 추방하거나 구류를 명할 수 있다. 그러나 최근 들어 농민공 등의 불만 고조로 거주지 단속은 크게 완화된 실정이다.

오늘날 중국의 호적제도는 일종의 특수한 신분제도가 돼버렸으며, 도시와 농촌은 물론 동부 연안과 중서부 간 지역격차의 근본원인일 뿐만 아니라 낙후지역 주민에게 직업선택과 거주 이전을 제한함으로써 인권침해 논란까지 초래하기에 이르렀다.

현대판 신분제도 호적, 중국의 카스트?

중국의 호적은 농업·어업·임업 종사의 여부와 행정 거주지에 따라 두 가지 방식으로 분류한다. 사회학자들은 법적 거주지의 경제사회 환경에 따라 개인의 경제적 지위가 좌우된다는 점에서 인도의 카스트 제도에 비견되는 것으로 평가하고 있다.

중국 호적은 첫째로 호적 신분이 농어임업민인 농업주민, 농업 이외 종사자인 비농업주민으로 양분하고, 농민은 비농업에 종사하더라도 신분이 변하지 않는다. 예를 들면 농업주민이 도시로 나가서 공장노동자가 되면 농민공이 되고, 교사를 하면 농민교사가 되어 농업주민으로서의 신분이 그대로 유지된다.

한편 2000년부터는 농촌의 촌민(村民) 위원회에 등록되어 토지를 집단 소유하는 농촌가계와 도시 구(區)나 진(鎭)의 주민(居民·街道) 위원회에 등록된 도시가계로도 분류하고 있다. 주민위원회가 설치된 지역에는 정부가 토지를 소유하고 개인과 기업에게 사용권을 판매하는 형식으로 토지를 관리한다. 둘째 행정 거주지에 따라 도시주민과 농촌주민으로 분류한다. 도시주민에는 거주증을 소유하고 도시에 거주하는 농민공 등 농업주민과 가족이 포함된다. 직업상 농촌에 일시

〈표 4-1〉 중국의 호적 분류 예시

거주 지역		신분 구분			
		후난성 (H)		광둥성 (G)	
		농업 (A)	비농업 (N)	농업 (A)	비농업 (N)
도시거주 (U)	대도시 (1)	A & HU1	N & HU1	A & GU1	N & GU1
	중도시 (2)	A & HU2	N & HU2	A & GU2	N & GU2
	소도시 (3)	A & HU3	N & HU3	A & GU3	N & GU3
	진 (鎮, 4)	A & HU4	N & HU4	A & GU4	N & GU4
농촌거주 (R)	촌 (村, R)	A & HR	N & HR	A & GR	N & GR

자료: Han Hongxi(2012)

적으로 거주하는 교사나 우체국 직원 등은 도시주민으로 등록되어 있다.

중국의 호적은 동일한 성 내에서도 신분과 거주지에 따라 여러 가지로 세분되어 있다. 농촌 위주의 후난성과 도시가 발달한 광둥성을 예로 들면 열 가지로 대별할 수 있다.

왜 호적제도가 그대로 유지되는가?

호적제도는 지역의 노동력, 자본 등 생산요소의 외부 유출을 최소화하여 중국 특유의 분권식 경제구조를 유지하는 기반으로 작용해 온 데다 지방의 관료제와 결합되어 50년 이상 그대로 유지되어 왔다.

지방정부는 중앙기업을 제외한 대다수 국영기업의 실질적 소유주로서 거주지의 이익을 최우선으로 하고 있다. 또 모든 공무원들은 해당지역의 도시호적(非農業住民戶口)을 보유함으로써 다양한 기득권을 향유하고 있다. 호적에 따라 교육 및 취업기회, 사회복지 혜택 등이 좌우되기 때문에 능력보다는 도시와 농촌이라는 출신 지역에 의해 개인의 권리와 의무가 달라지는 것이다.

예컨대 베이징 호적이 없는 국민이 베이징에 거주하는 경우 베이징시가 제공하는 교육, 주거, 복지혜택 등을 받을 수 없을 뿐만 아니라 양질의 취업기회도 박탈당하는 경우가 많다. 유치원 시설이 부족한 베이징에서 베이징 호적이 있는 경우 월 200위안에 공립유치원을 이용할 수 있으나, 베이징 호적이 없으면 월 1,200위안의 비용을 부담해야 하는 식이다.

또 당해지역 호적이 없는 국민의 경우 주택구매가 원천적으로 불가능하다. 특히 베이징의 경우에는 승용차 구입까지 불가능한 실정이다. 심지어 보험을 든 경우에도 사망보상금이 개인 능력보다는 호적에 따른 생활비 차이를 반영하여 2배 이상 차이가 나도록 설계되어 있다.

호적제도가 유지되는 근본원인은 농업주민이 도시호적을 취득할 경우 해당도시는 상당한 재정지출을 감수해야 해서 지방정부가 도시호적 취득을 허용하지 않기 때문이다. 수도 베이징의 경우 농업주민 한 사람이 베이징시민이 되는 순간 베이징 지방정부는 약 50만 위안(9천만 원) 상당의 복지예산이 필요하여 재정 부담이 적지 않다. 상하이, 광저우 등 지방 대도시도 농촌 호적자가 도시민이 되는 순간 평균 20만~30만 위안(4천만~7천만 원)의 예산이 소요되므로 호적제도를 선뜻 개혁하기 힘들다.

물론 도시주민들도 자신들의 기득권을 지키기 위해 농업주민들의 도시호적 취득을 무임승차로 보고 달가워하지 않는다.

도시호적을 취득할 수 있는 길은 좁고 험하다. 주요 도시는 우수한 인재와 투자자금 유치를 위해 호적 취득의 길을 열어 놓았다. 예를 들면 베이징의 경우 베이징에 소재하는 국가기관에 공무원으로 취직을 하거나 베이징에 있는 유수한 대학을 졸업하고 베이징에서 취직을 하면 호적을 부여한다. 또 자영업자로 3년 연속 80만 위안 이상의 세금을 내거나 베이징 호적자와 결혼하여 45세에 이른 경우에도 호적을 취득할 수 있다. 베이징 호적이 100만 위안(약 1억 8천만 원)에 음성적으로 거래된다는 이야기도 있다. 여하튼 월 소득이 3,000~4,000위안(70만 원 내외)인 농민공들이 베이징 호적을 취득하기란 하늘에서 별을 따기만큼 어렵다.

상하이의 경우에는 상하이에서 임시 거주증을 가지고 3년 이상 회사에 근무한 사람에 한해 일정한 전입비용을 받고 상하이 호적을 제공한다. 톈진의 경우 80만 위안 이상의 주택을 현금 일시불로 구입한 경우, 톈진호적 보유자와 결혼하여 만 10년이 경과하거나 35세 이상인 자, 톈진 정부기관에 근무하는 자, 정규 대학교를 해당연도에 졸업하거나 35세 이상인 고급기술직 등에 대해 톈진 호적을 부여한다.

이 외에도 군에 입대하게 되면 일단 그의 호적이 부대로 옮겨졌다가 일정기간의 복무를 마치고 도시에서 직업을 갖게 되면 도시호적을 부여한다. 만약 농촌과 도시 출신 남녀가 결혼하였으나, 직장 사정으로 인해 떨어져 사는 경우 아이의 호적은 어머니 호적을 따라야 한다.

호적제도는 중공업 육성에 기여했다

호적제도는 농민의 도시 진입을 제약하는 동시에 농촌의 농업잉여를 도시에 이전하고 도시주민의 생활비를 절감하도록 함으로써 도시기반시설 건설과 중공업투자를 가속화한 것으로 분석된다. 이와 함께 지방 분권화와 지역중심 경제발전을 촉진하기도 하였다.

세계은행의 수석경제학자를 지낸 린이푸(林毅夫)는 타이완에서 군장교로 복무하다가 1979년 중국으로 망명하였다. 세계은행 부총재를 거쳐 현재 베이징대 중국경제연구센터 소장으로 재직하고 있는 저명한 경제학자이다.

그는 중국의 공업화 과정을 분석하면서 호적제도는 중공업 육성에 필요한 자본을 확보하기 위해 인구의 절대다수를 차지하는 농민 집단을 토지에 묶어놓았던 것으로 평가하였다. 농민의 상공업 참여를 원천적으로 제한하는 것이 농업생산 확대와 농업 잉여생산물의 수탈에 유리했다는 이야기다.

중국경제 전문가들은 대체로 중공업은 고용효과가 낮아 농촌 인구가 도시로 대거 이주할 경우 이를 흡수할 수 없을 뿐만 아니라 기존 도시주민들과의 갈등으로 중공업 육성에 애로가 발생할 수 있는 것으로 보았다. 경제개발 과정에서는 호적제도의 유지가 불가피했다는 데 동의하는 것이다.

또 농촌 인구의 도시 진입을 제한함으로써 교통, 편의시설 등 비생산적인 투자를 억제하거나 성장동력이 형성될 때까지 연기할 수 있다. 아울러 도시에서는 국영기업을 중심으로 주거단지 건설이 활성화됨에 따라 생활환경이 양호한 대도시와 동부 연안지역일수록 추가비용을 유발하는 외부인 전입을 적극 제한하려는 유인이 생긴다는 것이다.

다음으로 호적제도는 각 지방정부에 지역발전의 인센티브와 권리가 부여된 상황에서 양질의 인적자원 유출을 제한함으로써 지역중심의 경제발전을 추구하는 데 기여하였다. 또 중국에서는 토지, 자본 등의 생산요소를 각 지방정부가 관리한다. 따라서 도시지역은 이미 보유한 노동력이 풍부한 상황에서 토지, 자본 등 제한된 물적 자원을 효율적으로 활용하기 위해 질 낮은 인적자원의 전입을 제한하고자 했다.

셋째, 호적제도는 도시노동자들의 지지로 사회안정과 성장기반 강화에 기여할 수 있었다.

중국 공산당으로서는 전통적인 지지계층인 농민보다는 불만세력으로 발전할 수 있는 노동자와 도시주민의 정치적 지지가 사회안정과 경제발전에 긴요하였다. 따라서 도시노동자에게 저가의 농산물을 공급하고 의료, 연금, 서민주택 공급 등을 보장하면 임금을 낮게 유지할 수 있다. 또 농촌 인구의 도시 진입을 제한하면 도시 노동자의 임금하락 압력을 해소하고 도시 슬럼화를 방지할 수 있다. 결국 공업화의 비용을 농민이 부담하도록 전가함으로써 도시주민의 정치적 지지를 확보할 수 있다는 이야기다.

호적제도, 이대로 좋은가?

호적제도가 경제개발 과정에서 적지 않은 순기능을 하였으나 경제가 발전하면서 부작용이 점차 부각되고 있다.

첫째, 호적제도는 도시와 농촌 간에 노동력과 자원의 원활한 이동을 제한함으로써 전국적 생산요소시장의 형성을 제약하고 있다. 특히 경제가 발전하면서 노동과 직업의 시장화가 진전됨에 따라 노동력의 이동이 날로 확대될 수밖에 없게 되었다. 생산요소인 노동력의 이동을 제한하는 것은 중국이 정치적으로 단일국가인데도 경제적으로는 수십 개의 소규모 국가로 구성된 연방국가와 같은 꼴로 만들었다. 또한 노동시장의 지역 간 단절로 외지 호적을 소지한 국민의 경우 높은 진입장벽으로 건설 일용직, 택시기사 등 저임직종 종사가 불가피하다. 이로써 지역 및 직종 간 임금격차를 고착화시킴으로써 자원배분의 비효율성을 심화시킨다는 것이다.

둘째, 지방정부가 해당지역의 경제발전을 명분으로 식료품, 자동차 등 주요 생산품의 이동을 제한하는 등 준(準) 국가적 행위를 함으로써 전국적 생산물시장 형성을 저해하는 사례도 빈발하고 있다. 지역 간 경쟁체계가 중국내 시장경제체제 형성과 발전에 기여한 면도 있을 것이다. 그러나 상당수 경제학자들은 지역시장 및 자원의 보호, 지역기업 보조금 지급 등으로 지역경제를 최우선시하는 제후경제를 벗어나지 못한다고 폄하하고 있다.

셋째, 호적제도로 인한 지역 간 노동이동 제약으로 철강, 디스플레이, 조선, 자동차 등 주요 기간산업에 대한 중국내 지역 간 중복투자를 부추기고 있다. 값싼 노동력을 확보한 지역에서는 전국적인 수급상황을 고려하지 않고 투자를 강행하는 것이다. 이를 국가적 견지에서 보면 저가 출혈수출을 격화시켜서 성장의 열매가 외부로 유출되고 산업구조 선진화에도 불리하게 작용할 수 있다.

마지막으로 호적제도가 인권침해라는 인식이 점차 확산되고 있다. 근래 들어 도시와 농촌 간 심각한 경제 불균형으로 임금, 복지 등 근로조건이 열악한 농민공의 반발이 확산되고 있다. 결국 신중국 건국 초기 중국사회를 튼튼하게 지탱해왔던 호적제도가 지금은 오히려 사회불안과 성장의 발목을 잡는 요인으로 바뀌게 된 것이다.

호적제도, 어떻게 개혁할 것인가?

중국 정협위원이자 하이난개발연구원장인 츠푸린(遲福林)은 중국이 선진국으로 도약하기 위해서는 향후 10년 이내에 호적제도를 완전히 철폐해야 한다고 선언하였다. 양적 도시화에서 벗어나 농촌 인구의 진정한 도시민화를 이루려면 호적제도라는 신분제도와 같은 장벽을 해체하는 것이 선결요건이라는 것이다.

중국은 춘절기간 40여 일간 30억 명 이상이 이동하여 전국이 북새통을 이룬다. 호적제도 때문에 도시에서 완전히 정착하지 못한 농촌주민들이 춘절을 계기로 대이동을 하는 것이다. 또 2억 6천만 명(한국 인구의 5배 이상)의 농민공 문제가 갈수록 심각해지는 근본적 원인도 호적제도에 있다. 아울러 종래의 수출 및 투자주도형 성장을 내수 특히 소비 중심으로의 성장방식 전환을 위해서도 호적제도 개혁이 긴요한 것으로 지적된다. 또 산업화 과정에서 엄격한 호적제도에도 불구하고 도농 격차 심화로 도시에 거주하는 농업주민인 농민공이 증가하면서 실업, 치안 및 범죄, 환경오염 등으로 인한 사회적 갈등도 증폭되었다.

이에 따라 호적제도 개선으로 농민공의 도시 거주가 원만하게 해결될 경우 도시화 촉진, 소득수준 향상 등으로 인해 내수 진작과 사회안정에 기여할 것으로 기대된다.

중국정부는 1978년부터 호적제도의 개선을 추진해왔으나 그 성과가 크게 미흡한 상태이다. 일부 성급 행정구역에서는 직업을 선택할 때 호적에 제한을 두는 정책을 철폐하였다. 그리고 일부 도시에서 전출입 자유 보장이나 근로허가증과 거주증 폐지, 도시 호적자와 농민공 간의 복지혜택 일원화, 고급 전문인력 유치를 위한 도시호적 취득 기회 확대 등의 조치를 도입하였다.

특히 최근 수년간 충칭, 광둥, 쓰촨 등 일부 지방정부가 더 적극적인 개혁을 독자적으로 추진하고 있다. 2007년 이후 일부지역에서 외지인이 일정한 대가를 지불하면 도시호적을 부여하고, 부부가 별거하거나 자녀와 노인을 부양할 경우에는 전입 제한을 완화하고 있다.

또 농민이 토지의 집단 소유권을 포기하는 경우 도시주민으로 전환해 주거나 지역경제 발전을 위해 고학력자나 물적 인적자본 소유자에게 도시호적을 부여하는 등의 다양한 실험을 전개하고 있다.

충칭모델, 농민이 토지를 포기하면 도시호적을 부여한다.

서부 대개발의 전초기지 역할을 하고 있는 충칭시는 인구가 3,500만 명에 이르는 세계 최대 도시이다. 베이징, 상하이, 톈진 등과 함께 중국의 4대 직할시의 하나로서 우한을 거쳐 상하이로 흘러가는 창장 수륙교통의 시발점이다. 충칭은 면적이 8만 2천 ㎢에 달하는 도농 복합 도시로서 도시인구가 약 53%를 차지한다. 2010년 양장 지역이 중국의 상하이, 톈진에 이어 세 번째 국가 경제신구로 지정되면서 경제개발에 박차를 가하고 있다. 충칭 양장신구 개발청은 별도의 한국 개발구를 지정해 주는 등 한국기업의 투자 유치에도 심혈을 기울이고 있다.

충칭은 2010년부터 3년 이상 거주하고 직업을 소유한 지역농민이 농촌 택지·전답·임야 등의 사용권을 포기하는 경우 도시호적으로 전환해 주고 있다. 이 프로그램에 따라 380만 명이 도시호적을 취득하였다. 이들은 공공주택·연금(養老保險)·교육·의료·실업의 5대 부문에서 기존 도시 호적자와 동등한 대우를 받음으로써 크게 주목을 받기 시작하였다.

충칭의 공산당 서기였던 보시라이(薄熙來)는 랴오닝 성장과 상무부 장관을 역임하고 정치적 야심을 가진 인사로 평가되었으며, 2020년까지 1천만 명의 농민에게 도시호적을 부여한다는 원대한 계획을 추진하였다. 호적제도 개혁의 관건은 재원 마련이다. 보시라이는 농민이 도시호적 취득을 대가로 반납한 집단 토지를 외국기업 등에 넘겨서 개발하도록 하고 그 개발이익과 기존 농민에게 제공하던 각종 보조금을 감축하여 그 재원을 충당하였다.

충칭모델은 지방정부 최초로 종합적인 농민 호적제도의 개혁을 시도했다는 점에서 높이 평가됐다. 그러나 농민들이 토지 소유권을 반납하고 도시호적을 받을 때의 수혜 규모가 향후 집단 소유지의 도시 편입 또는 개발에 따른 기대이익보다 작다는 판단 하에 도시호적 전환에 미온적인 측면이 걸림돌로 작용하고 있다. 특히 부인이 외국인 살인사건에 연루되어 보시라이가 실각하면서 추진력이 크게 떨어진 상태다.

서방 언론들은 보시라이 사건을 보시라이의 오른팔로서 충칭시 공안국장이었던 왕리쥔(王立軍)이 보 서기의 비리를 캐다가 반격을 당하자 미국 영사관에 망명을 요청한 흥미진진한 스토리로 보도하였다.

그러나 중국 내 주요 인사들은 이를 노선 갈등으로 분석하고 있다.

중국 국가권력의 정점에 있는 정치국 상무위원회 진입이 유력했으며, 시진핑의 측근인 보시라이가 마오쩌둥의 평등사상을 내세워 농민들에게 도시호적을 부여하면서 농민공과 소외계층으로부터 전국적인 인기를 한 몸에 받았다. 특히 그는 서민을 위한 이른바 보장성주택을 대거 건설하여 월 400~800위안(10만 원 내외)에 공급함으로써 충칭 시민들로부터 서민의 아픔을 아는 지도자, 일을 할 줄 아는 지도자로 추앙받았다.

이에 후진타오를 필두로 하는 공청단 계열에서 마오쩌둥 시대로 회귀하려는 보시라이의 전횡을 차단하기 위해 보시라이를 실각시켰다는 것이다. 여기에는 태자당 계열의 새 지도자 시진핑의 오른팔인 보서기를 쳐서 시 주석을 견제함으로써 개혁노선을 견지하려는 복잡한 정치적 계산이 깔려 있는지도 모른다. 이처럼 중국의 호적제도 개혁은 중국의 국가노선과도 연계되어 있는 쉽지 않은 과제이다.

광둥모델, 박사는 100점, 학사는 80점

광둥성은 성도인 광저우, 경제특구인 선전과 주하이 등을 품은 인구 1억 명에 GDP 및 수출규모가 전국 1위인 큰 성이다.

유동인구 비중이 35%(3,700만 명)로 매우 높은 광둥은 2009년부터 호적제도 개혁을 추진하였다. 특히 2010년에는 산업발전에 필수적인 고급 노동력을 확보하기 위해 점수 적립제를 시행했다. 농업주민 중에서 학력 및 기술보유 수준, 사회보험료 납부기간, 사회공헌도, 자녀 수 등을 기준으로 항목별로 점수를 차등하였다. 예를 들면 박사 학위소지자는 100점, 석사 90점, 학사 80점 등으로 부여하고 종합 점수를 산출하여 고득점자부터 우선적으로 도시호적을 부여하는 것이다.

광둥은 당시 후진타오 주석이 이끄는 공청단 계열의 다크호스로 지

광둥성은 중국 개혁개방의 상징적 지역이다. 성도인 광저우에 있는 중국의 국부 쑨원(孫文)을 기리는 중산기념관. 쑨원은 원래 외과의사였으나 사람을 치료하는 인의(人醫)로 평생을 사느니 멸망을 앞둔 청나라의 환부를 도려내는 국의(國醫)로 살기로 결심하고 혁명가로 나서 중화민국의 임시 대총통을 지냈다.
자료: 百度

목되었던 왕양(汪洋)이 공산당 서기로 재직하고 있었다. 왕양은 태자당 계열의 보시라이와 정치국 상무위원에 진입하기 위해 치열하게 경합하고 있었다. 그는 톈안먼사태 이후 주춤하던 개혁개방의 물결을 재점화하기 위해 동분서주하던 덩샤오핑에게 발탁된 인재이다. 덩샤오핑이 1992년 남순강화(南巡講話)를 마치고 귀경하던 중 경제가 낙후되었던 내륙지역 안후이성에서 왕양의 사람됨을 간파하고 30대 젊은 인재(38세)를 안후이성 부성장으로 임명한 후 지도자로 키워냈다.

그는 태자당 계열이면서도 분배를 중시했던 보시라이와는 달리 공청단 출신이면서도 경제개혁을 통해 파이를 먼저 키운 다음에 분배를 논의하자는 경제관을 가지고 있었다. 예를 들면 왕양이 2007년 광둥서기로 광둥성으로 부임하자마자 등롱환조(騰籠換鳥, 새장을 들어서 새를 바꾼다) 정책을 제창하였다. 낙후된 기업은 광둥성에서 과감하게 퇴출시키고 그 빈자리를 첨단기술 기업, 자본집약적 기업, 고부가가치 기업으로 채워 나간 것이었다.

왕양은 호적제도 개혁에 있어서 점수 적립제를 타지 출신 농민공들에게 적용하였다. 그러나 농민공들의 토지 사용권 반납, 타 지역 지방정부 재정문제 등과 연관되어 광둥의 지방정부의 역량만으로 이를 추진하는 데 한계를 절감하였다. 그러다가 시진핑 지도부 출범과 함께 산업담당 부총리로 임명되어 중국경제의 한 축을 이끌고 있다.

청두모델, 소도시 규모의 신형 도시화 시도

청두는 쓰촨성의 성도로서 삼국시대 때 유비가 세웠던 촉나라의 수도였던 고도이다. 쓰촨성은 내륙에 위치하여 개혁개방이 늦었다. 이에 따라 8,200만 명에 이르는 인구 4위의 성인데도 경제규모가 작고 1인당 GDP가 전국 평균을 크게 밑도는 낙후 지역이다. 반면 성도인 청두는 일찍부터 금융시장과 벤처기업이 발달하여 쓰촨성 전체로 보면 농촌과 도시가 뒤섞인 지역이라 할 수 있다.

쓰촨성에서는 2007년 이후 도시와 농촌 간 행정 및 공공서비스의 차별을 없앤다는 목표 하에 도시와 농촌 호적의 통합을 목표로 읍 등 소도시 규모의 신형 도시화를 적극 추진하였다.

청두 지방정부는 도시에 진출한 농민에 대해 주택·교육·의료·취업 등에서 도시주민과 동등하게 대우하였다. 그런 한편으로는 토지를 중시하는 농촌지역의 특성을 반영하여 농민이 도시로 진출하더라도 토지관련 권익을 계속 보장하였다. 아울러 농촌지역에도 도시와 같은 사회간접자본과 공공서비스 시스템을 꾸준히 구축하여 나갔다.

한편 재정 측면에서는 농촌과 도시를 통합 관리하면서 발생하는 잉여를 호적제도 개혁에 필요한 자금으로 충당하였다. 그러나 쓰촨성은 넓은 지역 때문에 사회간접자본 투자에 많은 재정이 소요되었다. 이에 따라 호적제도 개혁과정에서 단기적으로 비용 조달에 애로를 겪으면서 다른 모델들과 마찬가지로 진척이 쉽지 않은 상황이다. 청두모델 역시 지방정부의 힘만으로는 호적제도 개혁에 한계가 있다는 점을 보여주고 있다.

향후 전망

주거이전의 자유는 보편적 인권에 해당하는 헌법상의 권한이지만 중국에서 호적제도를 일시에 전면 폐지할 경우 엄청난 경제적 비용과 사회적 파장이 예상된다.

중국 국무원에 따르면 현재 중국의 농촌과 도시 간 1인당 평생 복지혜택 격차가 33만 위안에 달한다. 대도시의 1인당 복지혜택은 50만 위안, 중소도시 10만 위안 정도로 추정된다. 따라서 호적제도를 전면적으로 개혁할 경우 재정파탄을 초래한다는 점에서 현실적으로 불가능하다. 2013년 6월 말 현재 전체 농민공 2억 6천만 명의 절반인 1억 3천만 명을 도시주민으로 전환할 경우 향후 20년간 매년 국가재정의 12%가 소요되는 것으로 추산된다.

따라서 향후 도시화와 소비 진작을 통한 내수위주의 경제발전을 강화하여 도농 및 동서지역 간 격차를 점진적으로 축소해 나가야 한다. 다시 말해 도시호적 전환비용을 축소함으로써 중앙정부 차원에서 개혁을 확대해 나가야 한다는 것이다.

이와 관련하여 국무원은 각급 지방정부에 대해 2012년 2월 취업, 의무교육, 직업훈련 등에서 국민을 차별하는 정책과 법규를 폐지하거나 개정하라고 이미 지시한 상태이다.

향후 호적제도 개혁의 관건은 호적 전환에 소요되는 막대한 재원조달 방안 마련과 개혁이 긴요한 베이징, 상하이 등 대도시 지역의 적극적인 참여를 이끌어 내는 것이라 할 수 있다. 베이징의 경우 2012년 거주인구 2,019만 명 중 외지인이 720만 명으로 36%를 차지한다. 2011년부터 사회복지를 상주인구 기준으로 전환하기로 방향을 잡았으나 현재까지 공공임대주택 신청을 허용하는 것 이외에는 뚜렷한 성과가 없는 실정이다.

상하이는 2010년부터 상주하는 외지인에 대해 공공임대주택을 허용하고 고학력, 고기술인력에 대해서는 상주 거주증을 발급하고 있다. 또한 자녀교육 등에 있어서 상하이 호적자와 동등한 혜택을 부여하기 위해 제도를 개선해 나가고 있다.

호적제도에 정통한 사회학자들의 견해를 종합해 보면 2014년이 호적제도 개혁의 분기점이 될 것으로 보인다. 호적제도 개혁이 본격적으로 논의되기 시작한 것은 2007~2008년이었으나 글로벌 금융위기의 여파로 한동안 주춤하였다. 2012년 전인대에서 원자바오 총리가 호적제도 개혁을 공언하였으며, 중국 공안국에서는 2013년 내에 호적제도 개혁에 관한 청사진을 밝힐 계획이라고 발표하였다. 호적제도 개혁의 핵심은 결국 대도시의 호적 취득을 허용할지 여부이다.

한편 중국이 12차 5개년 계획에서 소비주도형 경제성장방식으로의 전환을 선언한 것도 호적 개혁의 추진동력이 될 것이다. 2012년에 2급 및 3급 도시에 한해 도시호적을 취득하는 요건을 설정하였다. 그러나 질 좋은 일자리와 공공서비스는 대도시에 집중돼 있어 그 효과는 미미한 것으로 평가된다. 그리고 농민공들이 도시로 실제로 이주하려면 도시가 이주 농민들을 충분히 수용할 수 있어야 한다.

이런 측면에서 기본적으로 공공주택과 수도, 도로, 학교, 병원 등 도시기반 시설들이 필요하기 때문에 공공인프라 부문의 성장이 기대되고 이는 결국 소비수요 확대로 이어질 것이다.

교육개혁,
교수의 철밥통을 깨라!

중국정부는 '중국 국가는 부유하나 인민은 가난하다'라는 인식에서 벗어나기 위해 교육·의료·사회보장 분야의 체제개혁을 꾸준히 추진해 왔다. 그러나 경제성장이 지속되는 데도 생활형편이 좀처럼 나아지지 않음에 따라 일부 중국인들은 마오쩌둥 시대를 그리워한다. 1950~1970년대에는 비록 가난하기는 했으나 모든 사람들이 같이 먹고 학교와 병원을 가는 데에도 평등했다고 그때를 회상하는 것이다.

1978년 개혁개방 이후 경제가 그토록 급성장했는데 왜 소학교에 가지 못하는 학생들이 생겨나면서 이른바 시왕공청(希望工程, 희망 프로젝트)이 중국 역사상 사회적 영향력이 가장 큰 캠페인이 된 것일까?

중국청소년발전기금회는 1989년 말 농촌과 벽지의 빈곤가정 학생들이 소학교를 갈 수 있도록 돕기 시작하였다. 중국이 시장경제체제로 전환하면서 평등이라는 사회주의 기본이념을 잠시 미루어 두고서라도 오직 중국인들을 잘살도록 만들기 위해 개혁개방에 일생을 바쳤던 덩샤오핑도 가세했다. 그는 '希望工程'이라는 친필 휘호를 내리며 성장에서 소외된 어린이들을 위해 함께 눈물을 흘렸다. 이후 20여 년간 빈곤지역에 8천 개가 넘는 희망 소학교가 설립되고 1만 개 이상의

〈중국청년보〉 기자가 안후이성 시골 소학교에서 공부하고 싶어하는 쑤밍젠(蘇明娟)이란 산골소녀의 모습을 촬영한 사진이다. 이 사진은 신중국 건국 50년 중 가장 기억에 남는 사진 1위에 오르며 시왕공청기금 모금의 불을 붙였다. 이 소녀는 시왕공청의 아이콘이 되어 15세에 공청단 최연소 중앙후보위원으로 성장했다.
자료: 百度

희망도서관이 세워져 약 250만 명의 가난한 어린이들이 학교로 돌아왔다.

중국경제가 성장가도를 내달리면서 계층 간 소득불균형이 갈수록 확대되면서 교육의 기회균등은 딴 나라 이야기가 되어가고 갔다. 1979년 이래 한 자녀밖에 갖지 못하다 보니 중국의 교육열은 한국을 능가한다. 그래서 농촌과 산골에서는 소학교를 다니지 못해 시왕공청이 한창일 때에도 대도시의 부자동네에서는 소황제로 자라는 외동아들이나 외동딸이 고급 영어유치원과 영어학원을 누빈다. 필자가 베이징에서 살던 아파트의 엘리베이터에서 만난 초등학생이 생김새는 영락없는 중국아이인데 유창한 영어를 말하기에 놀라 그 이유를 물어보니 "여름방학 때면 매년 미국으로 영어캠프를 가기 때문에 영어에는 자신이 있다"고 자랑스럽게 답변하였다.

한국의 수능시험처럼 매년 6월 초순에 치르는 가오카오(高考)에 950만 명 정도가 응시해 약 600만 명이 대학을 졸업하는 현실이다 보니 대학입시 경쟁도 치열하다. 수년 전 베이징의 외국인 밀집 거주지역인 왕징(望京)에서 입시를 코앞에 둔 3개월간의 기숙학원비가 18만 위안

〈중국청년보〉 씨에하이룽 기자가 찍은 '물에 젖은 학교'(湖心小學)라는 제목의 사진. 중국의 낙후된 교육현실을 보여준다.
자료: Naver blog China 365

(약 3,300만 원)을 호가하여 한인 사회가 경악한 적이 있을 정도다.

여하튼 후진타오 집권 10년간에도 교육의 기회 균등화와 교육의 질 개선을 꾸준히 추구하였다. 2006년 농촌 의무교육을 실시하여 의무교육 대상 학생 약 1억 3천만 명의 학비와 교과서 대금, 그리고 3천만 명의 기숙사 비용을 각각 면제해 주었다. 아울러 중서부 지역에 거주하는 1,200만 명의 농촌 빈곤층 학생에 대해 생활비도 보조해 주었다. 2008년 가을학기부터는 도시지역에 거주하는 의무교육 대상 학생의 학비를 면제하고 도시에 거주하는 농민공 자녀 1,200만 명에 대해 동일한 혜택을 부여하는 등 2012년까지 교육관련 재정지출규모를 GDP의 4%까지 대폭 증액하였다.

2013년 시진핑 시대에 접어들면서 교육방면에서는 중등직업교육의 학비 면제, 국가 학비보조제도 개선, 교육의 질적 제고를 통한 노동자의 자질 향상 등이 화두가 되고 있다.

그러나 교육개혁은 무엇보다도 대학개혁이 중요한 것으로 지적된다. 필자가 중국 대학교를 여러 차례 방문해 본 경험에 의하면 베이징대, 칭화대, 베이징외국어대 등 명문대의 캠퍼스는 미국과 유럽의 대학과 비교하더라도 조금도 손색이 없는 최신식 시설을 갖추고 있다.

반면 교수들은 서구의 대학들이 중시하는 강의능력과 연구 성과보다는 정치권에 얽혀 있거나 보직을 탐내는 경우가 많다고 한다. 또 문화대혁명 이후 지식인을 경시하는 풍조가 남아 백발이 성성한 노교수들이 당 간부나 새파란 행정 직원에게 머리를 조아린다고 한다.

홍콩 중운대 랑셴핑(郎咸平) 교수는 중국 교육개혁의 핵심은 교수의 철밥통(鐵飯碗) 깨기와 행정중심에서의 탈피로 요약하고 있다. 중국 개혁개방의 상징도시의 하나인 선전의 선전대에서 교수 재임용제와 탈(脫) 행정화를 추진하면서 교육개혁의 신 모델로 떠올랐다. 이것은 아마도 서구나 홍콩의 대학에 더 이상 밀릴 수 없다는 절박한 인식에서 출발했을 것이다.

베이징대도 최근 임용되는 교수는 3~5년마다 연구 성과를 반영하여 재계약하도록 바뀌면서 분위기 확 달라졌다. 또 호봉 수에 따라 동일한 급여를 받던 교수들이 매년 평가를 받고 9등급으로 나누어 교수지원금을 차등지급 받음으로써 급여가 2배까지 차이가 나게 되었다. 계약제 교수와 성과평가 제도가 도입되면서 연구 열기가 가열되자 베이징대의 국내외 평가가 급상승하는 효과가 나타나고 있다.

또 홍콩의 유수 대학들이 세계 대학 랭킹의 앞자리를 차지하고 있거나 유럽 자본이 중국과 합작하여 상하이에 설립한 신흥명문 중국유럽국제경영대학원(CEIBS)이 단숨에 베이징의 명문대들을 제치고 중국의 최고 경영대학원으로 떠오른 것도 큰 자극이 되었을 것이다. 2010년 영국의 〈파이낸셜 타임즈〉(*Financial Times*)가 세계 MBA School 랭킹에 영어로 강의를 진행하는 CEIBS를 세계 8위로 랭크하자 100위 내에도 들지 못한 베이징대, 칭화대 등이 발칵 뒤집힌 적이 있다.

CEIBS 구내. 후진타오 전 국가주석은 딸 후하이칭에게 직접 CEIBS를 권유해 이 학교의 졸업생으로 만들었다. 최근에는 닉슨 전 대통령의 손자 등 서구 유력인사의 후손들이 속속 진학하여 떠오르는 중국의 유력인사들과의 네트워킹에 주력하고 있다.
자료: CEIBS

중국의 유명 대학들이 서구의 평가 잣대에 놀아나지 않겠다는 자존심으로 인해 상세한 자료의 제출을 거부한 이유도 있을 것이다.

한편 중국의 대학교는 현재 1년 학비가 평균 2,000달러 내외로 한국의 1/4 수준이다. 1년 학비가 12,000~37,000달러나 되는 미국 대학교의 학비와 비교하면 1/10에 불과하다. 그러나 외국에서 온 유학생들은 중국 교수들의 강의능력이나 프로그램이 기대에 미치지 못한다는 비판의 목소리가 작지 않다.

중국정부도 이러한 여론을 반영하여 교육수준을 높이려 다양한 노력을 기울인다. 여하튼 이제 중국의 고등교육 전반에 걸쳐서 변혁이 요구된다는 사실을 부인하는 사람은 많지 않다.

한편 날로 심각해지는 대졸자 취업률 하락도 교육개혁을 압박하고 있다. 베이징칭니엔바오(北京青年報)는 2013년 상반기 대졸자, 3년제 전문대학, 석사과정 졸업자의 취업률을 각각 86%, 89%, 83%로 집계했다. 고학력자의 실업률이 11~17%에 달한다는 이야기다. 베이징 교육위원회는 고급인력의 심각한 취업난에 대응하기 위해 주요

기업과 학교를 상대로 채용박람회를 개최하여 21만 개의 일자리를 제공하는 등 안간힘을 쓰고 있다. 이러한 사정은 상하이, 충칭, 광저우 등 다른 대도시도 크게 다르지 않다.

중국경제의 성장이 둔화되고 고용창출 능력도 점차 저하되면서 고급 일자리가 부족함에 따라 기업이 요구하는 인재를 양성하기 위해서도 교육개혁은 가속화되어야 할 것이다.

중국의 유학생 교류, 교육개혁을 압박하고 있다

중국에 들어와 있는 외국인 유학생은 2001년엔 6만 명에 불과했으나 2012년에는 30만 명을 넘어섰다. 그중에서 한국인 유학생이 62,885명으로 가장 많았다. 한국인 유학생 수는 미국, 일본, 러시아, 인도네시아 등 2~5위를 모두 합친 숫자와 비슷할 정도로 압도적이다. 중국과 수시로 으르렁대는 인도도 1만여 명을 중국에 유학 보냈다. 유럽에서는 프랑스와 독일 등에서 모두 5만여 명의 젊은이들이 팽창하는 용의 등을 타려고 중국에 들어와서 내일을 기약하고 있다.

중국 교육부는 2015년까지 외국인 유학생 5만 명에게 장학금을 지급하고 2020년까지 50만 명의 외국인 유학생을 새로 유치할 계획이다. 또한 교육프로그램 강화, 학교 기초시설투자 확대 등을 통하여 외국인 유학생 유치에 안간힘을 쓰고 있다. 특히 중국 내 30개 이상의 대학교에서 외국인 학생들을 위해 영어 강의과목까지 개설하였다.

이러한 현상은 미국에서 중국어 열풍이 일고 있는 것과도 무관하지 않다. 미국 외국어교육평의회에 따르면 중국의 굴기에 발맞추어 중·고등학교에서 중국어를 제 2 외국어로 선택한 학생 수가 2004년 2만 명에서 2012년에는 10만 명으로 대폭 확대되었다. 더욱이 미국정부는 10만 명의 중국통을 양성하는 프로젝트를 마련하여 2014년까지 중국에 유학할 수 있도록 지원할 계획이다. 바야흐로 중국이 세계 2위의 경제대국으로 올라선 지금 중국어도 영어 다음으로 구사할 줄 알아야 하는 지구촌 언어로 떠오르고 있는 것이다.

한편 미국에서 수학하는 중국 유학생 수는 16만 명에 달하여 지난 10년간 무려 8배나 증가하였다. 인도(10만여 명)와 한국(7만여 명) 유학생을 제치고 세계에서 가장 많은 숫자이다.

한국에서 수학하는 중국인 유학생은 2010년 67,000여 명으로 전체 외국인 유학생 87,000여 명의 76%를 차지하였다. 그러나 중국인 유학생은 2011년 1,300여 명, 2012년 7,500여 명이 각각 감소하여 2012년 말에는 57,798명까지 줄어들었다. 이러한 현상은 중국의 인구구조 변화로 인해 최근 대학입학시험인 가오카오 응시자 수가 급감함에 따라 중국에서 대학을 진학하기가 한결 쉬워진 데 주로 기인한 것이다. 또 그 배경에는 한국으로 유학한 학생들의 사회진출이 만족스럽지 못한 것도 상당한 영향을 미쳤을 것이다.

의료보험 개혁, 2억 명의 의료 소외계층은 어떻게?

교육·의료·주택은 3대 민생 현안이다. 그런데도 중국의 의료시스템은 최고급 국제병원과 중산층들이 다니는 일반병원, 그리고 서민들이 서양식 병원 대신 찾는 중의(中醫)가 공존한다. 중국의 지식인들은 이를 두고 국가 기본노선이 불분명한 데 따른 혼란으로 인식하는 듯하다.

이를테면 의료 선진국이라고 자부하는 한국도 의료비 폭등과 건강보험체계의 무력화를 우려하여 아직 허용하지 않은 영리법인이 중국에서는 이미 오래 전부터 운영되고 있다. 중국은 1994년 의료기구 관리조례를 개정하여 영리병원 제도를 도입함으로써 지금은 전체 병원의 36%나 차지할 정도로 영리병원이 일반화되어 있다. 이른바 사회주의 국가에서 환자의 선택에 따르는 냉혹한 적자생존의 원리가 병원에까지 작동하는 것이다. 반면 평등을 지향하는 사회주의 기본이념에 따라 건립된 일반병원은 중국의 경제발전 수준을 전제하더라도 상당히 낙후되어 있다.

한 국가의 의료체계를 구축하는 것 역시 국가가 무엇을 지향하는가와 직결된다. 외국인인 필자가 보기에는 중국의 의료체계는 미국식 자유 경쟁을 지향하는 서구의 의료시스템과 평등을 지향하는 사회주의 의료시스템이 뒤섞여 있다. 게다가 의료서비스에서 소외된 계층이나 수천 년 전부터 민간에 파고들어 있는 전통의 중의까지 가세해 있는 복잡한 의료체계이다.

이른바 국제병원의 치료비 수준은 상상을 초월한다. 필자가 처음 중국에서 근무하기 시작했을 때 지하철에서 방독면까지 착용하는 시민이 등장할 정도로 극심한 공기오염 탓인지 한 달이 지나지 않아 혹독한 감기에 걸렸다. 가까운 국제병원을 찾아 의사가 잠시 진료한 후 주사 한 대를 맞고 감기약을 처방 받았다. 그런데 놀랍게도 진료비가 4,700위안(약 85만 원)이었다. 한국에서 3천 원이면 될 것을 100만 원에 가까운 진료비가 도저히 납득되지 않았다. 영어가 통하는 의사에게 진료비세목을 요구하였더니 1시간 이상 기다린 다음 받은 계산서에는 2~3분 증상을 물어본 의사의 진찰비로 30만 원, 주사 맞을 때 잠깐 사용한 주사실 사용료 30만 원, 감기약 25만 원, 이런 식이었다.

한편 일반병원의 의료비는 상대적으로 싸지만 5~7시간 정도 기다리는 것이 다반사다. 중국국영 중앙방송(CCTV)에서 임신한 아내에게 초음파촬영을 한 번 받게 하려고 2박 3일을 밤새워 기다리며 절차를 밟는 한 샐러리맨의 고달픈 현실을 다룬 다큐 프로가 방영되어 국민의 공분을 산 적이 있다.

만성적인 병원 부족에 따른 진료난과 고액 진료비로 인해 국민의 불만이 폭발 직전에까지 온 것이다. 한 설문조사에 의하면 중국 국민의 64%가 비싼 의료비 때문에 중병에 걸려도 병원 문을 두드릴 엄두를 내지 못한다고 답변하였다.

중국의 의료시스템이 왜 이 지경이 되었는가? 과거 마오쩌둥 시절에는 기본적인 수준이나마 모두가 병원에 가서 약을 받을 수 있었다. 마오쩌둥은 사회주의 의료보장 체계인 협력의료제도(CMS)를 구축했다. 그러나 덩샤오핑 이후 중국이 시장경제를 지향하면서 재정지원이 급속도로 줄면서 중앙정부는 의료시스템에 관한 비용과 책임을 지방정부로 떠 넘겼다. 그러자 재정 부담을 견디다 못한 지방정부가 병원 진료를 유료화하자 의료보험 무보험자가 양산된 것이다.

그래서 상당수 중국인들이 지금도 마오쩌둥 시대에는 모든 사람이 같이 먹고 아프면 병원에도 갈 수 있었다고 푸념하는 것이다.

후진타오 주석 시절인 2009년 중국 국무원에서 낙후된 의료부문 개혁을 위해 2020년까지 모든 사람이 기본적인 의료서비스 혜택을 받을 수 있도록 하는 다섯 가지 중점개혁 방안을 내 놓았다. 먼저 도시주민에 대한 기본의료 보장수준을 높이고, 공공위생 서비스의 수준을 향상시키기로 했다. 또 저소득층을 위한 의료서비스 향상과 의료위생기구를 효율화했다. 기초적 의약품의 가격도 인하했다. 중국정부가 비싼 약값의 인하와 비합리적인 의료시스템 개혁이라는 메스를 댄 것이다. 언론에서는 이 조치로 약값이 25% 정도 떨어진 것으로 평가했다. 또 기본의료보험의 입원비용 보장한도를 진료비의 85%로, 통원치료의 경우 50%까지 높이는 방안도 추진하고 있다.

사실 고령화가 진전되고 의료기술이 발전하면서 천문학적으로 늘어나는 의료비는 구미 선진국에서도 해결하기 어려운 난제이다.

미국에서도 대통령 선거 때마다 사회보장 차원에서 제공되는 65세 이상을 대상으로 하는 메디케어와 미국 시민권자와 등록된 외국인으로서 저소득층과 장애인을 주 대상으로 하는 메디케이드의 개혁이 단골 선거쟁점이다. 필자가 미국에서 살았던 1990년대에만 해도 매달 내는 민간 의료보험료가 약 1,500달러(월 160만 원)나 되었다. 세금보다도 의료보험료가 더 무섭게 느껴졌다. 그러다 보니 메디케어나 메디케이드 혜택을 받지 못하는 미국인들 중 경제적 이유로 의료보험에 가입하지 못하는 의료 소외계층이 전 국민의 10%가 훌쩍 뛰어 넘는 4천만 명에 달하였다.

아무튼 중국에서도 약 2억 명의 의료보험 소외계층이 있다. 중국정부는 2009년부터 10년 동안 1,240억 달러(약 140조 원)를 투입하여 의료시스템 현대화를 추진하기 시작하였다. 지난 3~4년 동안에 농촌에 5천 개, 도시에 2,400개의 진료소를 개설하고 대규모 병원 2천 개를 증설한 것으로 파악된다.

2013년 시진핑 정부 들어서도 병원 부족에 따른 진료난과 고액 진료비에 대한 국민들의 불만이 좀처럼 수그러들지 않고 있다. 중국에 대해 비판적인 시각을 가진 홍콩의 랑센핑 교수는 중국의 의료시스템을 개혁하려면 제약업체와 의사들 간의 유착관계를 끊는 것이 핵심이라고 지적한다.

> 중국 제약업체들은 영업사원을 대거 고용하여 의사들을 관리하고 있다. 의사는 약값에 대한 리베이트가 후한 고가의 약을 처방하여 소속된 병원에 높은 수익을 올려주고 자신들도 한몫을 챙긴다. 또 과거에는 한 종류의 약을 처방했지만 이제는 수십 종의 약을 처방한다. 처방하는 약의 종류가 많아짐에 따라 약값은 저렴해졌지만 서민의 부담은 오히려 늘어나고 있는 것이다.

사회보장제도 구축, 샤오캉의 길은 멀고 험하다

빈부격차가 확대되고 각종 재해의 위험이 확대될수록 사회보장제도가 중요해진다.

중국도 소득수준 향상과 함께 2005년부터 한국의 국민연금에 해당하는 양로보험을 확대 실시함으로써 사회보장제도를 확충해 나가고 있다. 우선 도시의 기업 근로자들을 위한 기본양로보험을 자영업자와 비정규직 근로자들까지로 확대하였다. 특히 2009년 신형 농촌 사회양로보험과 2011년 도시주민 사회양로보험을 시범 실시한 데 이어서 2012년 말까지 이를 전국으로 확대하였다. 모든 현(縣)급 행정구는 신형 농촌 사회양로보험과 성진(城鎭) 주민 사회양로보험을 전면 실시하여 도시와 농촌주민 양로보장체계를 확립해 가고 있다.

2012년 9월 말 현재 양로보험 가입자 수는 약 4억 5천만 명이며, 기업근로자 양로보험을 포함할 경우 7억 명을 상회한다. 또 지난 3년 동안 재정에서 지급한 양로보험 지급액이 1,700억 위안을 넘어서 현재 1억 2,400만 명의 도시 및 농촌주민이 기초양로금을 수령하고 있다.

가입자당 양로보험 수령액은 평균 800~1천 위안(15만~18만 원) 정도로 한국의 평균 수준(월 60만~70만 원)의 약 1/4 정도이다.

사회부조와 사회복지제도도 중국 특유의 걸음으로 점진적으로 그 틀을 갖추어 가고 있다. 도시주민의 최저생활을 보장하기 위해 도시 의료부조제도를 수립하고 사회부조 체계에 도시를 포함하였다. 이로써 2013년 하반기 현재 생계가 곤란한 8,100만 명에 대해 기초생활을 보장할 수 있게 되었다.

중국정부는 고소득자들이 양로보험에 적극 가입하도록 유도하는 것을 당면과제로 평가하고 있다. 그래서 사회보장제도 전반에 걸쳐 고액 부담자에게 더 많은 혜택이 돌아가고 장기납부가 유리하도록 양로보험 납부체계를 개선해 나가고 있다. 물론 사회부조 성격이 포함된 만큼 기여액과 수급액은 당연히 비례관계는 아니다. 아울러 경제발전 수준, 재정수입과 물가 등의 요소를 근거로 과학적이고 합리적인 사회보장 수준을 설정하는 것도 과제로 떠오르고 있다. 또한 사회보장 범위를 더욱 정밀하게 설계하고 기금 적립을 꾸준히 확대하는 것도 긴요하다 하겠다.

중국에서 사회보장이 선진국 수준에 도달하여 모든 사람이 윤택하고 풍요로운 삶을 누리는 샤오캉 사회의 꿈을 이루기 위해서는 아직도 먼 길을 가야 할 것이다.

5
세계경제의 헤게모니를 꿈꾸는 중국

불과 2~3년 전까지도 중국경제를 낙관하는 전망 일색이었다. 상당수 미래학자나 경제예측기관들은 욱일승천하는 중국이 미국을 누르고 세계경제의 최강자 지위에 오를 것이라고 전망했다. 그런데 2013년 들어 중국경제의 앞날을 비관하는 전망이 나오기 시작했다. 중국의 경제력이 급성장함에 따라 미국의 견제가 본격화될 것이라는 점이 그 이유의 하나이다.

역사를 되짚어보면 세계 최강대국(G1)은 이른바 G2의 경제력이 자국의 50% 미만일 때에는 우호적 관계를 유지하다가도 절반을 넘어서면 서서히 위협을 느끼게 된다. 현재 중국의 경제력은 미국의 50~60% 수준이다. 중국의 군사력도 급성장해 타이완해협을 넘어 미국의 태평양 지배권을 넘본다. 그러자 미국에서 지적재산권이 포함된 환태평양경제동반자협정(TPP) 참여를 중국에 요구하고 있다. 또 중국의 남중국해 영유권 분쟁과정에서 미국의 중국 견제행보가 표면화되는 것을 보라! 중화민족의 중흥을 통해 G1로 도약하려는 중국과 세계경제의 패권을 유지하려는 미국이라는 양강 간의 헤게모니 쟁탈전을 피할 수 없는 상황이다.

중국경제 비관론과 낙관론

중국경제 비관론

노벨경제학상을 수상한 폴 크루그먼(Paul Krugman) 프린스턴대 교수는 중국경제의 성장 모멘텀이 현저히 약화되고 있다고 분석했다. 그 근거는 30여 년간의 투자주도형 성장이 한계에 도달한 데다 고속성장을 뒷받침해온 저임 노동력이 고갈되는 루이스 전환점을 이미 통과했기 때문이라고 평가한다. '21세기의 노스트라다무스'로 불릴 만큼 독창적인 시각과 논리적인 입담으로 열강의 부침을 예측해 온 프리드먼(George Friedman)도 중국이 종이호랑이로 전락할 것으로 보았다. 그는 중국은 실업률 상승이라는 공포 때문에 저효율 고비용 기업에 대한 대출을 끊지 못해 구조조정이 어렵다고 평가하였다. 기득권층의 이익을 지키려다가 붕괴된 소련처럼 앞날이 어두운 것으로 진단했다.

서구의 입김이 거센 IMF(2013. 7)도 중국이 투자와 수출에 의존하는 경제구조, 낙후된 금융시스템, 그리고 부동산가격 거품에 단호하게 대처하지 못하면 GDP성장률이 5년 이내에 4%대까지 경착륙할 것이라고 경고하였다. 미국 연방준비제도이사회(2013. 3)도 비관론에

가세하고 있다. 중국은 급속한 고령화로 인한 생산가능인구 감소, 투자와 제조업 비중의 저하 추세로 인한 생산성 하락으로 2020년경에 연평균 GDP 성장률이 3~5%까지 떨어지면서 쇠락의 길로 접어들 것이라는 견해이다.

이러한 주장을 종합해 보면 중국의 1인당 GDP가 6천 달러에 도달하면서 중국경제가 더 이상 고도성장 기조를 유지하지 못하고 성장이 정체되는 이른바 중진국 함정에 빠질 수 있다는 주장이다.

중국경제 낙관론

그러나 낙관론도 여전하다. 미국 여론조사 기관 퓨 리서치(Pew Research, 2013. 7)의 조사에 따르면 전 세계 39개 주요국 중에서 23개국이 중국이 결국 세계의 슈퍼파워가 될 것이라고 응답하였다. 특히 글로벌 금융위기의 수습과정에서 중국의 지원을 직간접적으로 받은 유럽의 경우 이탈리아를 제외한 모든 주요국에서 설문대상자의 60~70%가 중국을 최강대국으로 꼽았다. 중국인 응답자들도 66%가 중국이 미국을 제압하기 시작하였으며, 한국과 미국도 각각 응답자의 56%와 47%가 중국을 슈퍼파워로 지목했다.

특이한 것은 대다수 국가에서 중국이 최강대국이라고 응답한 비율이 2008년에 비해 5년 만에 10%p 정도씩 높아졌으나 아시아에서 중국과 패권을 겨루는 일본의 응답자들만 7%p가 하락하였다. 중국의 굴기에 배가 아파서인지 중국의 미래를 비관적으로 본 것이다.

중국 내부에서는 세계은행 부총재를 지냈으며, 리커창 총리의 경제자문관인 린이푸 베이징대 교수의 낙관론이 주목을 끌고 있다. 그는 중국은 후발자 이익을 바탕으로 향후 20년간 7~8%의 성장을 유지할 것으로 보고 있다. 선진국들과 비교할 때 상대적으로 건전한 정부 재

〈표 5-1〉 중국을 세계 최강국으로 응답한 비율 추이

(단위: %)

국가	2008 (A)	2013 (B)	B-A	국가	2008 (A)	2013 (B)	B-A
스페인	57	71	14	독일	61	66	5
프랑스	66	70	4	한국	47	56	9
중국	58	66	8	미국	36	47	11
영국	55	66	11	일본	31	24	-7

자료: Pew Research (2013.7.18)

정, 다수의 고수익 투자프로그램과 민간은행의 방대한 예금 보유, 세계최대 규모의 외환보유액 등이 경제성장을 효과적으로 뒷받침할 것이라고 분석하고 있다. 린 교수는 2020년이 되면 현재 중국의 1인당 GDP가 6,076달러에서 12,700달러로 배가 될 것으로 낙관하고 있다.

칭화대의 옌쉐퉁(閻學通) 국제연구원장도 중국은 향후 7% 안팎의 성장을 거듭하여 10년 후에는 GDP가 20조 달러로 미국(19조 달러)을 능가할 것으로 예상하였다. 위안화는 달러당 5위안까지 절상되어 국제적인 영향력이 달러화의 50%를 넘어서는 것으로 보았다.

옌 원장은 슈퍼파워의 국력을 정치력 × (군사력 + 경제력 + 문화력)의 식으로 정의하였다. 중국은 경제력 세계 1위에 더하여 10년 후에는 군사력이 러시아를 제쳐 세계 2위로 부상하고, 문화상품 수출이 매년 15% 이상 성장하여 1천억 달러에 달하게 된다는 것이다. 따라서 국력이 절대규모 면에서는 미국을 능가하고 질적인 측면에서도 미국의 절반 수준을 넘으면서 중국과 미국이 양극 체제를 형성한다는 이야기다. 10년 후 일본의 GDP가 중국의 1/3 수준으로 추락할 것이라는 예측과는 극명하게 대비된다.

중국의 대응

조지 프리드먼이 중국을 종이호랑이로 본 이유는 중국 인구의 대부분이 동부 연안에 밀집하여 국력의 확장이 어렵고, 해군력이 취약한 점을 들었다. 그리고 잘사는 동부 연안지역과 내륙에 사는 대다수 빈곤층 사이에 긴장과 갈등이 폭발할 수 있고 정치적인 비능률과 부패도 대국화의 발목을 잡을 것으로 보았다.

그러나 중국은 이미 서부 대개발의 기치를 내걸고 빠르게 서진(西進)하고 있다. 충칭과 시안, 청두, 란저우 등이 공업 중심지로 속속 탈바꿈하면서 지역 간 발전격차도 점차 줄어들고 있다.

한편 중국이 전 세계 해군력의 60% 이상을 장악한 미국을 단기간에 따라잡기는 어려울 것이다. 그러나 2011년 미국의 항공모함을 무력화시킬 맞춤형 무기로 사정거리가 1,500㎞에 이르고 10m 반경으로 정밀 타격할 수 있는 대륙간 탄도미사일(ICBM)인 '둥펑-21D'를 개발하였다. 또 2013년 8월 미국본토 전역이 사정권에 들어있는 '둥펑-31A'와 핵탄두 10개를 탑재할 수 있는 '둥펑-41'을 잇달아 개발하자 미국이 크게 긴장하고 있다. 또 최근에 항공모함 바랴그 함을 진수하고 고성능 잠수함을 속속 실전에 배치하면서 중국의 해군력이 급속하게 증강되고 있다.

중국은 이미 군사비 규모에서 미국에 이어 세계 2위를 기록했다.

상하이 인근의 창싱다오(長興島)에서 중국이 자체 개발한 항공모함이 2~3년 내로 건조되면 태평양에서 미국에 비견되는 해군력을 갖춘다는 소문이 꾸준히 나돌고 있다.

또 중국의 우주기술도 자체 제작한 위성이 200기가 넘을 정도로 발전하고 있다. 중국은 제 2차 세계대전 중 미국 로켓발사 책임자였던 우주개발의 선구자 치엔 수에센(錢學森)을 영웅으로 받들고 있다. 또 소련 붕괴 후 갈 길을 잃은 우주과학자를 대거 유치해 우주시대의 발판을 마련했다. 특히 2011년 중국은 우주 정거장인 톈궁(天宮) 1호에 우주선 선저우(神舟)가 도킹에 성공하여 본격적인 우주시대에 성큼 다가섰다. 그날 미국은 톈궁 1호가 1960년대 수준의 우주선이라고 폄하하였다. 그러나 중국 관영 신화통신은 "2020년이면 미국이 중국의 우주정거장을 임차해야 할 것"이라고 기염을 토했다. 그 말은 허풍이 아니었다. 2013년 6월 중국은 네이멍구 주취안 우주센터에서 3명의 우주인을 태운 선저우 10호를 발사하기에 이른다. 이 유인우주선은 15일간의 비행을 마치고 성공적으로 귀환하여 중국의 우주기술력을 입증하는 개가를 올렸다.

세계 역사상 경제패권을 장악한 나라가 군사대국을 지향하지 않은 사례가 어디 있었는가? 어쩌면 조지 프리드먼은 100년 후가 아니라 10년 후도 내다보지 못한지도 모른다. 아니면 중국의 초강대국화를 인정하고 싶지 않았던가!

중국은 중진국 함정에 빠질 것인가?

역사적으로 권위주의 경제체제를 유지해 왔던 국가들이 1인당 국민소득이 5천~1만 5천 달러에 도달했을 때 성장이 급격히 정체되는 경향이 있었다. 이것은 시장의 자율성과 창의성 그리고 첨단기술과 혁신능력을 갖추지 못할 경우 미래를 향한 성장의 벽을 뚫지 못하고 주저앉았기 때문이다. 1960~1970년대 이후에만 남미의 브라질과 아르헨티나는 30년간 미국 1인당 GDP의 30% 수준에서 정체되어 있었다. 아시아의 태국과 말레이시아, 필리핀도 20년간 미국 1인당 GDP의 20% 수준에서 헤어나지 못하는 현상을 경험하였다.

국제투자은행 모건 스탠리는 1인당 GDP가 7천 달러 내외인 40개 국가 중에서 31개국이 10년간 경제성장이 정체되어 있는 특이한 현상을 발견하였다. UC버클리대 아이켄그린(Barry Eichengreen, 2011) 교수도 계량분석 결과 1인당 GDP가 16,740달러를 벽으로 성장률이 급격히 둔화되는 현상이 나타나는 것으로 평가한 바 있다.

한편 한국은 미국의 1인당 GDP와 비교한 국민소득 비율이 1950년 9%에 불과하였다. 그러나 1977년 20% 수준에서 1991년 40%를 돌파하고 2010년에는 63%로 올라섰다. 그리고 2012년 현재 1인당 GDP가

〈그림 5-1〉 미국의 1인당 GDP 대비 남미 3국의 비율 추이

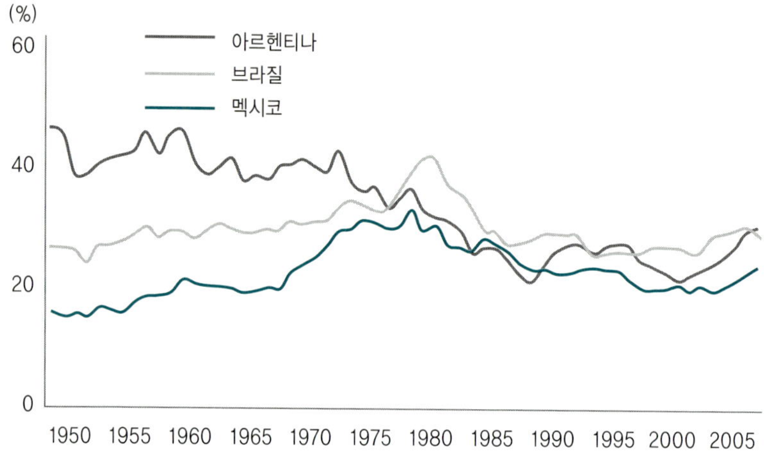

자료: 임호열, 韓國的發展經驗與韓中經濟發展方向 (2012)

23,679달러로서 중진국 함정에서 완전히 벗어났다. 전 세계 200여 개국 중에서 85%가 아직도 개도국의 늪을 벗어나지 못한 상황에서 한국은 중소득국에서 고소득국으로 올라선 13개국 중의 하나가 된 것이다. 한국이 중진국 함정을 돌파할 수 있었던 것은 R&D 투자와 해외기술도입으로 1981~1990년 중 총요소 생산성(TFP)이 3.4%p나 향상되어 선진국 수준(22개국 기준, 1.1%p)을 크게 상회한 데 주로 기인한 것이다. 또한 고등교육의 급속한 확대로 고급 전문인력을 대거 양성한 것도 큰 도움이 된 것으로 평가되고 있다.

중진국 함정에 빠지지 않으려면!

중국이 중진국 함정에 빠지지 않으려면 투자의존형 성장의 지속가능 여부, 소비주도형 경제발전방식으로의 전환 가능성, 첨단산업으로의 구조조정 등의 주요 쟁점이 해결되어야 할 것이다. 또 시장에 대한 정

부의 통제를 줄이고 자율성을 높여나감으로써 산업구조를 선진화하고 혁신능력을 배양하는 일도 긴요하다.

미국의 외교전문지 〈포린폴리시〉(*Foreign Policy*)가 세계 100대 지성으로 선정한 판강도 중국이 중진국 함정에 빠질 위험을 경계해야 한다고 갈파하였다. 판 박사는 필자와의 수차례 대담에서 "중국에서 기술혁신 없이 인건비만 오른다면 저개발국에 비해서는 비용 경쟁력이, 선진국에 비해서는 생산성이 떨어지는 이중고를 겪을 것"이라고 설파하였다. 또 "중국 기업의 역사가 일천하여 삼성전자와 같은 글로벌 리더기업이 없는 데다 규제에 힘입어 막대한 수익을 내는 국영기업들이 개혁에 저항하고 있는 것도 문제"라고 지적하였다. 특단의 조치가 없다면 주민 간의 소득격차가 어느 정도 해소되는 데에도 20년 이상 걸릴 것으로 보았다. 한마디로 경제체제의 근본적인 개혁 없이는 중국이 중진국 함정을 쉽게 벗어나기 어렵다는 이야기다.

여하튼 중국은 현재와 같은 투자의존형 성장을 지속할 수 없다. 중국이 중진국 함정에 빠지지 않으려면 투자와 수출에 의존하는 성장모델을 뛰어넘어 선진국으로 도약한 일본과 한국을 타산지석으로 삼아야 할 것이다. 일본은 1969년, 한국은 1988년이 현재 중국의 경제발전 수준과 비슷한 시기에 해당된다. 양국은 그 시기를 지나면서 GDP 성장률이 크게 둔화된 경험을 가지고 있다. 최근 중국의 경제성장이 추세적으로 둔화되고 있는 점과 무관하지 않은 것이다.

또 중국의 동부 연안을 중심으로 생산설비, 주택, 사회기반시설 등의 투자가 상당히 진행되어 신규 투자의 한계생산성이 저하되면서 자본투입 위주의 성장이 한계에 직면한 것이 사실이다. 다만 중국은 동부 연안에서 임금과 공장부지 가격의 상승으로 경쟁력을 상실한 산업의 상당부분을 중서부지역으로 이전할 수 있다. 따라서 한국과 같은 소규모 국가보다 상대적으로 유리한 점은 있다.

판강 (오른쪽) 박사는 〈포린 폴리시〉가 선정한 세계 100대 지성 (한국인은 1명도 없음) 중에서 60위로 랭크된 중국의 대표적인 통화금융 이론가이다. 그는 중국은 개혁에 저항하는 국영기업의 혁신 없이는 중진국 함정을 벗어나지 못할 것이라고 갈파하였다.

다음으로 중국은 소비와 투자 간 불균형 심화, 대규모 대미 무역수지 흑자의 지속과 유로존 채무위기에 따른 수출여건의 악화 등으로 소비주도형 경제발전방식으로의 전환이 시급한 상황이다. 12차 5개년 계획에서도 이를 국가적 과제로 설정하고 최저임금을 지속적으로 인상하고 개인소득세의 면세점 인하로 가계의 가처분소득 확대를 추진하였다. 또 의료·연금보험 확충, 공공주택 건설 등을 통한 사회안전망의 강화로 민간소비의 촉진도 유도하고 있다.

그러나 임금의 지속적 상승에 따른 기업 경쟁력의 약화, 지방정부의 재정여력 취약에 따른 부담능력의 한계 등으로 소비율을 높이는 것이 여의치 않은 상황이다.

마지막으로 중국은 임금상승으로 노동집약산업의 비교우위가 점차 사라지고 있다. 이에 따라 선진국과의 기술혁신 경쟁에서 뒤질 경우 성장 엔진이 식으면서 성장률이 추락할 수 있다. 따라서 중국은 지금 첨단산업 위주로의 구조조정에 힘을 쏟아야 할 시기이다. 현재 중국 정부는 대체에너지·첨단장비 제조·신소재 등 7대 신흥전략산업을

〈그림 5-2〉 낙관적 시나리오

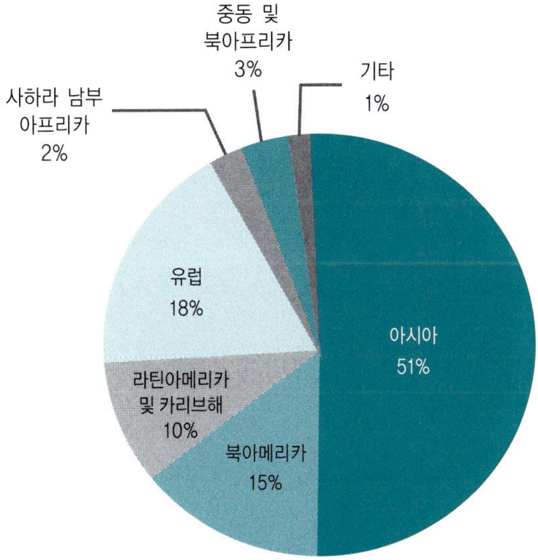

주: 2050년 아시아 GDP는 148조 달러이다.

〈그림 5-3〉 비관적 시나리오

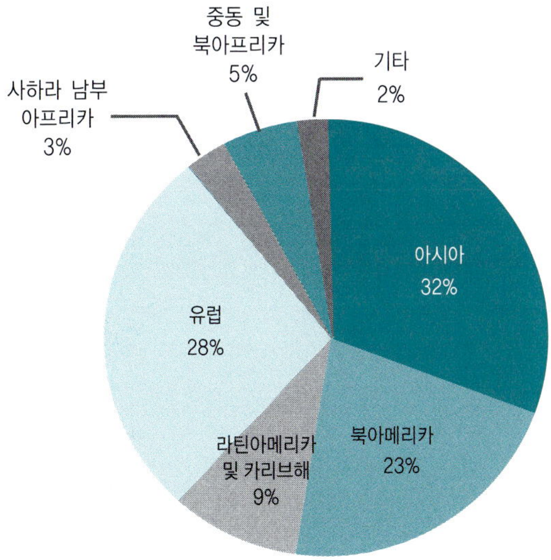

주: 2050년 아시아 GDP는 61조 달러이다.
자료: Asian Development Bank, "Asia 2050: Realizing the Asian Century"(2011. 8)

집중적으로 육성하고 있다. 이들 산업이 GDP에서 차지하는 비중을 현재의 3% 내외에서 2020년 15%까지 끌어올린다는 계획을 추진하고 있어 그 성과가 주목된다.

한편 아시아개발은행(ADB)은 중국이 중진국 함정을 큰 어려움 없이 극복할 것으로 내다보고 있다. 낙관적 시나리오에 방점이 찍힌 것이다. 아시아개발은행은 2050년이 되면 아시아의 GDP가 유럽(18%)과 북미(15%)를 합친 것을 여유 있게 능가하여 전 세계 GDP의 절반 이상(51%)을 차지할 것으로 예측하였다.

중국을 포함한 아시아 각국이 중진국 함정을 극복하고 순항할 경우 머지않아 아시아의 시대가 도래할 것이다. 이처럼 아시아 역내 경제의 활성화에 힘입어 중국이 더욱 강성해질 것이라는 주장이 설득력을 얻고 있다.

1980년대 후반 미국은 일본을 어떻게 견제했나?

중국과 미국의 헤게모니 경쟁을 파헤쳐 보기 위해서는 1980년대 후반 일본이 세계 제조업의 강자로 부상했을 때 미국이 일본을 어떻게 견제했던가를 먼저 분석해 볼 필요가 있다.

당시 일본은 전기·전자와 자동차산업이 호황을 구가하면서 세계 2위의 경제규모를 자랑하며 미국을 위협했다. 1989년 일본의 미쓰비시 부동산이 미국의 상징으로 알려진 뉴욕 록펠러센터 빌딩을 전격 매입하면서 미국은 '일본 타도'라는 칼을 갈 수밖에 없었다. 금융부문에서도 일본계 은행이 세계 1~5위를 휩쓸고 해외대출 규모가 미국을 제치고 세계 1위로 올라설 정도로 위용을 떨치고 있었다.

일본은 엔화를 대폭 절상하라!

미국의 첫 번째 공세는 엔화를 절상하라는 요구였다. 대일 무역수지 적자를 견디다 못한 미국은 1985년 9월 뉴욕 센트럴파크 근처의 플라자호텔에서 선진 4개국이 연합하여 일본에 대해 엔화 가치를 대폭 절상하라고 강요하였다. 사실상 총성 없는 '경제전쟁'이었다. 이른바 플라자 합의(1985. 9)에 따른 주요국 간 환율 조정과 루브르 합의(1987. 2)에 의한 거시경제정책 조정은 널리 알려진 이야기다.

여하튼 일본 엔화는 플라자 합의 직전 달러당 250엔을 오르내리다가 3년 후에는 120엔 내외로 절반 수준까지 뚝 떨어졌다. 엔고 강풍이 휘몰아치면서 일본의 GDP성장률은 연 4~6% 수준에서 몇 년을 버티다가 1990년대 초반부터 1% 내외로 급락한다. 흥미로운 것은 엔화 가치를 절상하라는 요구의 빌미가 됐던 미국의 무역수자 적자는 플라자 합의를 전후한 3년간 오히려 3배로 확대됐다는 점이다. 미국의 무역수지 적자를 엔화 환율 탓으로 돌리려던 미국의 논리가 군색해지는 대목이다.

1990년 들어 미국 제조업체는 달러화 약세로 높아진 가격경쟁력에 힘입어 해외시장에서 반짝 부활하기도 했다. 반면 일본은 엔고로 인한 수출경기 부진에 내수 활성화로 대응하기 위해 초(超)저금리로 맞섰다. 불행히도 일본의 저금리정책은 부동산 거품을 야기했다. 그러다 1990년 3월의 부동산대출 규제를 계기로 거품이 붕괴되면서 20여 년간 그 후유증에 시달리고 있다.

〈그림 5-4〉 플라자합의 전후 엔화환율 및 일본 GDP성장률 추이

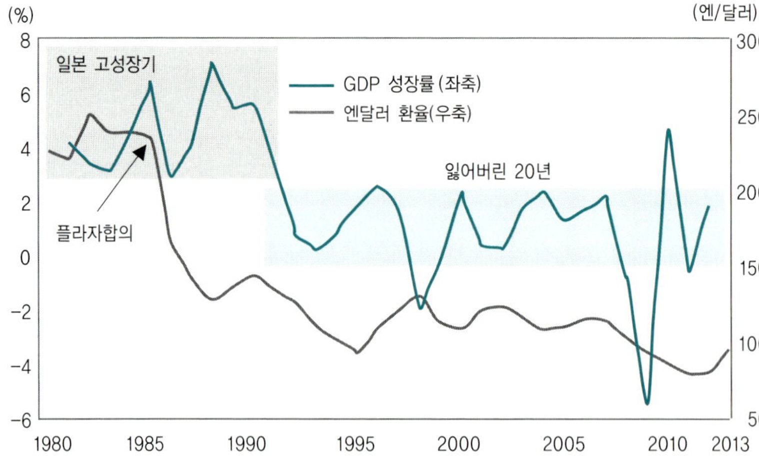

상업은행의 자기자본은 8%로 규제하라 !

두 번째 공세는 상업은행의 자기자본비율을 설정한 BIS비율 규제이다. 국제결제은행은 1930년 제 1차 세계대전의 패전국인 독일로부터 전쟁배상금을 받기 위해 선진국 은행들이 결성한 결제기구로 태동하였다. 지금은 선진국 중앙은행들이 모여 국제금융계의 주요 쟁점에 대해 의견을 조율하는 '중앙은행의 중앙은행'으로 자리 잡았다. 한국은행은 1996년 상업은행의 자기자본비율을 8%로 유지시키겠다는, 달리 말해 자기자본의 12.5배까지만 대출을 허용하여 신용리스크를 관리하겠다는 조건을 수락한 후에 어렵사리 국제결제은행의 회원이 됐다.

1992년 일본 가나가와(神奈川) 대의 요시카와(吉川元忠) 교수가 BIS비율은 미국과 영국이 팽창하는 일본의 금융을 옥죄기 위한 서구의 견제 도구라는 의혹을 제기하였다. 1945년 미국이 일본의 히로시마와 나가사키에 원자탄을 투하하면서 일본은 제 2차 세계대전의 패전국이 되었다. 요시카와 교수는 42년 전 일본을 초토화시켰던 원자탄에 빗대어 BIS비율을 일본경제를 주저앉힐 신무기라고 부르며 분통을 터트린 것이다. 논리적이지는 않지만 공감은 가는 이야기가 아닌가?

실제로 미국은 1980년대 중반 일본이 세계 제조업의 강자로 떠오르면서 상당한 위기감을 느꼈다. 특히 미국 제조업의 경쟁력이 쇠퇴하면서 이를 만회하려고 개도국에 대한 공격적 대출을 감행한 굴지의 콘티넨털은행(Continental Illinois Bank)이 파산하면서 일본 견제가 긴요하다는 인식이 팽배했다. 전통적으로 미국은행은 튼튼한 자본경영을 밑천으로 성장했으나 일본은 예금을 받아 대출하는 부채금융 구조를 형성했다. 다시 말해 자기자본 규제를 시행하면 금융구조가 영미와 다른 일본의 금융이 위축되는 것은 불 보듯 뻔했다.

1986년 7월 키가 2m의 거구인 미국 연방준비제도이사회(연준)의 폴

볼커 의장과 영란은행의 펜버튼 총재가 의기투합하여 자기자본비율 규제안을 제안하였다. 일본은 처음에 완강히 저항했으나 국제적 압박을 견디지 못하고 1년만인 1987년 9월 백기를 들고 말았다. 앵글로색슨 스탠더드가 순식간에 글로벌 스탠더드로 둔갑한 것이다.

일본의 피해는 컸고 악영향은 오래갔다. 일각에서는 잘 나가던 일본경제가 1990년대 이래 제로성장을 거듭하며 '잃어버린 20년'을 겪은 단초가 바로 BIS비율 규제를 통해 일본 은행들의 손발을 묶어버린 사건이라고 분석하고 있다.

한국도 1997년 외환위기를 겪으면서 BIS비율이 은행 퇴출의 잣대가 되면서 저승사자보다 무서운 존재였던 적이 있었다. 그러나 필자가 그보다 5년 전인 1992년 《BIS 자기자본비율규제 개선 논의》라는 책을 발간했을 때 한국 금융계에서는 그 책을 거의 찾지 않았다. 5년 후 외환위기의 와중에 빛바랜 그 책들은 곧바로 동이 났다. 그때서야 그 책의 진가를 알아본 것인가?

한편 필자는 중국의 한 금융인이 1987년에 일본이 아무런 방비 없이 BIS비율 규제를 수락한 것이 일본의 국익을 크게 해쳤다고 강조하는 말을 듣고 중국이 무서운 나라라는 생각에 크게 놀란 적이 있다. 중국은 세계 2위의 경제대국까지 치고 올라갔다가 서서히 내리막길을 걷는 일본의 전철을 절대 밟지 않겠다는 각오를 단단히 다지고 있지 않은가!

일본 자본시장을 개방하라!

세 번째 공세는 일본 증시를 타격한 것이었다. 서구에 비해 자본시장이 낙후되어 개방에 소극적이던 일본은 플라자 합의 직후인 1985년 11월 모건 스탠리와 메릴 린치 등 6개 외국 증권회사에 대해 도쿄 증권거래소의 회원 자격을 부여하였다. 모건 스탠리는 1987년 투자컨설팅회사를 설립하여 일본에서 펀드를 직접 판매할 수 있는 길을 닦기에 이른다.

1989년 일본 전자업계의 선두주자였던 소니가 미국 컬럼비아 방송의 주식을 사들이고 미쓰비시가 록펠러센터를 사들일 때 미국은 거꾸로 일본 증시를 공략했다. 마치 맥아더 장군의 인천상륙작전 같이 자본시장이 취약한 일본의 허를 찌른 것이다. 이들 미국 증권회사는 1988년부터 닛케이선물과 닛케이지수 옵션에 투자하기 시작하였다. 모건 스탠리는 오르기만 하던 일본의 주가가 내리는 데 배팅하자 수많은 일본 보험회사들이 너도나도 걸려들었다.

1989년 12월 38,916포인트를 정점으로 닛케이지수가 마침내 폭락하기 시작하였다. 골드만삭스와 모건 스탠리 같은 미국의 투자은행들이 연일 일본경제의 취약성을 두들기면서 주가는 1990년대 말 12,000수준까지 1/3로 폭락했다. 미국의 투자은행에게 닛케이지수 옵션을 대량으로 팔았던 일본계 은행과 보험회사는 그야말로 초상집이 됐다.

마치 2008년 한국에서 환율이 절상 추세를 지속할 때 중소기업들이 KIKO에 코가 꿴 것과 유사한 상황이 발생한 것이다. 글로벌 금융위기와 함께 원화환율이 절하 추세로 돌아서면서 중소기업들이 큰 손실을 본 것과 무엇이 다르랴!

욱일승천하던 일본은 그렇게 시달리면서 생기를 잃어갔다. 아베노믹스로 승부수를 던져서 20년 장기불황에서 탈출하려는 일본이 과연 되살아날 수 있을지 그 귀추가 주목된다.

일본은 중국의 산타였나?

신중국이 국제사회의 일원이 되기까지의 지난날을 되돌아보면 일본은 가히 중국에 산타클로스와 같은 존재였다.

1978년 개혁개방을 선언했으나 아무런 비빌 언덕이 없던 최고 지도자 덩샤오핑이 그 해에 일본을 방문한 직후 일본정부는 경제협력개발기구(OECD) 개발원조위원회를 설득하여 중국을 개도국에 포함시켜 주었다. 이를 시작으로 일본은 중국이 IMF와 세계은행에 가입할 때에도 적극 지원하였다. 2001년 중국이 WTO에 가입할 때에도 미국보다 2년이나 앞서서 중국의 가입을 승인하였다. 중국이 서방의 경제구조에 순조롭게 합류할 수 있도록 키다리 아저씨가 되어 준 것이다.

일본이 중국에 대해 산타클로스 노릇을 했던 것은 여러 분야에서 눈에 띈다. 핑글턴(Eamonn Fingleton)은 2006년을 전후하여 중국의 무역수지 흑자가 절정에 달한 시기에 미국에 대해서는 연 2천억 달러 이상을 흑자를 내면서도 일본과는 무역수지가 균형 상태를 크게 벗어나지 않은 데 주목하였다. 중국이 일본을 고마운 산타로 보고 상호 우호적인 관계를 유지한 결과라는 것이다. 중국으로서는 일본에서 기술을 배우던 시기라 수출할 물건이 시원찮았다는 사실이기도 하다.

또 일본은 1960년대 철강과 조선을 시작으로 1970년대에는 마쓰시다와 후지 같은 일본 하이테크 기업들이 중국에 전자기술을 속속 전수하였다. 1990년대 들어서도 일본의 미쓰비시가 상하이에 중국 최초로 원자력발전소 건설을 지원하여 중국이 원자력 시대를 열도록 도와주었다. 당시 미국은 핵기술이 적대국인 중국으로 이전되는 것을 법적으로 엄격하게 금지하여 기술 유출은 이적행위로 간주되던 시절이었다. 그런 시절에 이웃 일본이 기업을 앞세워 원자력 기술을 중국에 심어준 것은 분명 산타클로스를 연상케 한다.

공업화에 먼저 성공한 일본은 그렇게 중국을 이끌어 주었다. 그러나 후진국으로만 보았던 중국이 2010년 경제규모에서 일본을 능가하고 G2로 등극하면서 일본의 고민도 깊어가기 시작하였다. 그러던 차에 후쿠시마의 대지진과 원자로 폭발까지 이어지면서 일본은 열패감

댜오위다오는 무인도 5개와 암초 3개로 구성된 작은 섬이다. 그러나 중국과 일본의 역사적 자존심이 걸린 데다 엄청난 석유 매장량 때문에 양국 사이에 일전불사의 지경에 이를 정도로 긴장이 고조되는 곳이다.
자료: Naver

에 사로잡혔으리라. 아마도 중국을 견제해야 한다는 분위기가 서서히 고조되었을 것이다. 아시아의 패권을 둘러싼 양국의 신경전은 댜오위다오(釣魚島, 일본명 센카쿠열도)와 야스쿠니신사 참배를 보면 금방 알 수 있다.

댜오위다오는 동중국해에 있는 총 면적 6.3㎢에 불과한 작은 섬이다. 타이완에서 북동쪽 120㎞, 일본 오키나와현에서 남서쪽으로 200㎞ 떨어진 곳에 있는 무인도 5개와 암초 3개로 이루어져있다. 이 섬은 원래 1403년 명나라 영락제 때 중국의 해군 장수가 발견하여 중국 영토로 삼았다고 한다.

그러나 1895년 청일전쟁에서 일본이 승리한 후 댜오위다오를 오키나와 현에 편입하여 자국 영토로 규정해 버렸다. 그리고 중국이 문화대혁명으로 어수선했던 1971년 미국과 일본 간 오키나와 반환협정 때 영유권이 미국에서 일본으로 환원되었다. 또 마오쩌둥 사후 4인방 숙청사건으로 중국이 혼란을 거듭하고 있을 때인 1978년 일본의 극우단체들이 댜오위다오에 등대를 설치하고 자국령으로 선포하면서 분쟁의 불씨가 타오르게 된 것이다.

특히 2012년 일본정부가 예비비 20억 5천만 엔을 털어 댜오위다오를 국유화한 후 중국의 민심이 거세졌다. 중국에 거주하던 일본인들이 생존의 위협을 느낄 정도였다. 당시 중국에 있는 수많은 일본 상점들이 문 앞에 "댜오위다오는 중국 고유 영토입니다"(支持釣魚島是中國固有領土)라는 플래카드를 내걸 정도였다. 도요타와 같은 일본 자동차와 전자제품에 대한 불매운동이 일어나 판매가 급감하고 중국인들이 일본 관광을 무더기로 취소하였다. 일본 입장에서는 엄청난 경제적 손실을 입은 것이다.

댜오위다오는 비록 무인도와 암초로 이루어진 작은 섬이지만 역사적 자존심이 얽혀 있는 데다 엄청난 양의 원유와 천연가스가 매장되

상하이의 일본 UNIQLO매장. "댜오위다오는 중국 고유 영토입니다"(支持釣魚島是中國固有領土)라는 안내문을 황급히 붙일 정도로 중국의 민심은 거셌다.

어 있어 양국이 양보할 수 없는 일전불사의 지경으로 치닫고 있다. 일각에서는 댜오위다오 주변에 매장된 원유가 흑해유전에 맞먹는 70억 톤에 달할 것으로 추정하는 주장까지 나오고 있다.

아시아의 경제적 맹주가 2010년을 고비로 일본에서 중국으로 넘어가면서 정치적 군사적 힘의 이동을 겪는 과정에서 불거진 갈등이라고 볼 수 있다.

일본 정치인들의 야스쿠니신사 참배도 중국이 못마땅해하고 있다. 일본은 1978년 덩샤오핑의 역사적인 일본 방문을 불과 1주일 앞두고 A급 전범 14명의 위패를 비밀리에 야스쿠니신사에 안치하였다. 중국의 최고지도자가 일본을 방문한 후에 전범의 위패를 안치시키는 것이 껄끄러웠을 것이다. 주지하다시피 일본 지도자의 야스쿠니 참배는 1930~1940년대에 일본의 아시아 침략에 대한 책임을 거부하는 행위로 간주된다.

중국은 과거 일본이 난징 대학살을 비롯한 수많은 잔혹사건을 저질러 중국인 3,500만 명을 죽인 것으로 기억하고 있다. 그러나 일본은 이를 중국의 조작과 허구로 몰아붙이고 있다. 한국도 일본이 제 2차 세계대전을 일으키면서 4백만 명이 희생된 엄청난 피해의 당사국이다.

주변국의 반발로 한동안 잠잠하던 야스쿠니 참배는 2013년 4월 일본의 아소 다로(麻生太郞) 부총리와 여야 국회의원 168명이 집단으로 참배하면서 중국과 한국의 여론이 들끓어 올랐다. 아베 총리를 필두로 하는 일본의 우경화에 편승하여 일본 국민의 60% 내외가 아베 총리의 야스쿠니 참배를 지지하는 것이 현실이다.

최근에는 일본의 아이돌그룹 멤버들까지 신사에 참배하면서 오랫동안 중국의 산타클로스 역할을 해왔던 일본의 이미지는 중국인들에게 완전히 희석되어 버렸다.

중국과 미국의 헤게모니 전쟁

최근 미국이 중국을 견제하는 정황을 보면 1980년대 후반 일본경제에 재갈을 물리던 그때처럼 마치 어디선가 본 것 같은 데자뷰(*deja vu*)를 느낀다.

중국이 유럽의 독일과 스위스, 아시아의 일본과 한국에 이어 제조업의 강자로 서서히 떠오르면서 미국을 위협하기 시작하였다. 한국과학기술기획평가원(KISTEP, 2013. 8)이 120개 국가전략기술을 평가한 바에 의하면 중국의 기술수준은 미국의 67%로 기술격차가 6.7년에 불과하다. 우주발사체, 우주감시시스템 등 항공우주분야는 이미 한국을 크게 추월하여 미국의 턱밑까지 치고 올라갔다. 국가전략기술에 관한 논문에서는 중국(17%)이 미국(19%)과 이미 대등한 수준에 이르렀다. 중국의 대형은행들이 세계 10대 은행에 속속 랭크되면서 금융부문의 거인으로 자리잡아가는 것도 20여 년 전 일본의 형세와 어쩌면 그리 똑같은가!

선진국에서는 산업의 중심이 금융, 인터넷과 모바일, 소프트웨어 같은 지식기반 서비스업으로 빠르게 이동하면서 제조업은 임금이 싼 신흥국이 맡을 수밖에 없다. 그런데도 중국이 단순 조립공장에서 벗어나 웬만한 성능을 갖추고도 값이 싼 공산품을 양산하기 시작하자 미국의 생각이 달라지고 있는 것이다. 중국이 기능은 다소 떨어지지만 아이폰 가격의 절반에 불과한 저가 휴대폰을 양산하면서 애플이 중국에서 크게 고전하는 것이 그 좋은 본보기라 하겠다. 기술 선도자라고 뽐내던 애플이 매출 감소를 견디다 못해 결국에는 99달러짜리 아이폰 5C를 중국에 출시할 수밖에 없게 되지 않았는가!

위안화를 절상하라!

미국이 중국을 압박하는 첫 번째 공세는 위안화 절상 요구이다. 30여 년 전 일본에 취한 공세의 판박이이다. 중국의 무역수지 흑자규모는 한때 GDP의 10%까지 확대되었으나 2012년에는 GDP의 2% 수준까지 줄어들었다. 그럼에도 불구하고 미국은 재무부의 환율보고서 발표나 미중 전략경제대화를 통하여 위안화 절상을 줄기차게 요구하여 왔다.

칭화대의 리다오쿠이 교수는 중국 국영중앙방송(CCTV)이 '2010년 올해의 경제인물'로 선정하고 〈월스트리트저널〉이 '세계 10대 경제학자'로 뽑았을 정도로 저명한 경제학자이다. 2011년 여름 캐나다의 금광재벌 피터 멍크(Peter Munk)가 후원하는 세계 정상급 토론회(Munk debates)에서 미국을 대표하는 헨리 키신저 전 국무장관에 대응하여 40대의 리 교수가 중국의 입장을 방어하면서 일약 세계적인 스타로 떠올랐다. 리 교수는 필자와의 대담에서 중국의 경상수지가 균형 수준에 접근한 만큼 위안화도 균형수준에 도달했다고 주장하였다. 그러나 서구가 주축이 된 국제결제은행은 2013년 하반기 현재에도 위안화가 약 15% 저평가된 것으로 보고 있다.

중국 자본시장을 개방하라!

둘째는 금융자본시장 개방 요구이다. 2011년 여름 베이징에서 개최된 중국 국제전략학회(CIISS) 국제세미나에서 중국 수출입은행장을 역임한 금융계의 원로가 미국의 자본시장 개방 요구에 대해 외교적 수사 없이 "미국이 중국의 금융 국경을 넘보고 있다"고 직격탄을 날렸다.

미국의 금융자본은 이미 중국 깊숙이 침투해 있다. 랑셴핑은 자신의 저서 《중미전쟁》에서 세계 최대은행인 공상은행의 최대 전략적 투자자는 다름 아닌 미국의 골드만삭스라고 목청을 높이고 있다. 또 2012년 가을 골드만삭스는 홍콩에 베이스를 둔 중국리서치센터와는 별도로 베이징에 베이징 가오화(北京高華) 증권에 대규모 리서치센터를 새로 꾸렸다. 필자는 이들과의 대담에서 중국이 자본시장을 본격적으로 개방하는 길목을 기다리며 고임금으로 유명한 골드만삭스의 정예인력이 중국시장을 쉼 없이 파고드는 것을 실감하였다.

여하튼 중국 사회과학원이 각계의 전문가 142명을 대상으로 한 설문조사(2013. 6)에서 66% 이상이 2020년 이내에 위안화 완전태환이 이루어지고 자본시장이 문을 활짝 열 수밖에 없을 것으로 보고 있다.

중국의 대외진출을 견제하라!

셋째는 미국의 중국 포위 전략이다. 미국은 WTO의 위력이 현저히 약화되자 환태평양경제동반자협정(TPP)이나 동아시아정상회의(EAS) 등을 통하여 중국의 팽창을 견제하고 있다. 미국의 기술표준이나 산업 환경에 맞추어 설계된 TPP를 중소득국인 중국이 수용하라고 요구하고 있는 것이다. 중국 런민대 류루이(劉瑞) 부원장은 아직도 공유제가 상존하고 있는 중국에 대해 지적재산권이 포함된 TPP를 수용하라는 것은 경제체제의 변환을 요구하는 처사라고 피력하였다.

또 중국이 아시아와 아프리카의 천연자원과 소비시장을 속속 공략해 나가자 미국은 몸이 달아있다. 미국은 중동지역에 대한 원유의존도가 점차 낮아지는 반면 에너지의 대외의존도가 60%에 접근하는 중국으로서는 해외자원 개발이 발등의 불이다. 예를 들어 보자. 중국은 글로벌 산업자본의 각축장이 되고 있는 미얀마에 오래 전부터 공을 들여 제 1의 투자대국이 되었다. 중국은 미얀마를 통하여 인도양으로 진출하면 말라카 해협을 경유하지 않고도 최단거리의 해상수송로를 확보할 수 있다. 중동산 원유를 더 값싸게 수입할 수 있는 셈이다. 또 미얀마는 지리적으로 중국에 인접한 데다 제조업 노동자의 월 인건비가 68달러로 광둥성의 최저임금(230달러)과 비교하더라도 30% 수준을 밑돌아 생산기지로도 안성맞춤이다. 미얀마는 천연가스, 석유, 구리, 아연, 주석 등 전략자원이 대량 매장되어 있기도 하다.

그런데 미국은 1997년 경제제재를 개시한 이래 10년 이상 미얀마에 무관심해 왔다. 최근에야 미얀마가 동남아와 서남아를 잇는 전략적 요충지라는 데 뒤늦게 주목하게 되었다. 그래서 미국은 15년 만에 미얀마 제품의 금수조치를 해제하고 중국 견제에 본격적으로 나서고 있는 것이다.

중국이 최강대국이 되는 시기는?

국제기구나 경제예측기관들은 대체로 향후 10년을 전후하여 중국경제 규모가 미국을 상회하면서 명실상부하게 세계경제의 슈퍼파워로 부상할 것으로 본다. 세계경제의 헤게모니를 되찾겠다는 중국의 꿈이 2020년경에 드디어 이루어진다는 것이다. OECD와 IMF는 각각 2016년과 2017년에 구매력 기준으로 중국경제 규모가 미국을 넘어설 것으

〈표 5-2〉 중국 경제규모가 세계 1위가 되는 시기

OECD* (2013)	IMF* (2012)	Global Insight** (2009)	Goldman Sachs** (2008)	NIC** (2013)
2016년	2017년	2023년	2027년	2030년 이전

주: 1) * PPP 기준 GDP, ** 명목환율 기준 GDP
2) 괄호 안은 전망시기

로 보고 있다. 명목환율로 보더라도 유수한 금융컨설팅회사인 글로벌 인사이트와 골드만삭스가 각각 2023년과 2027년에 중국의 경제규모가 미국을 추월할 것으로 예측하였다. 적어도 경제규모 면에서는 중국이 세계의 패권을 틀어쥐는 것은 시간문제일 뿐이라는 것이다.

한편 중국의 1인당 소득은 2020년에 8,800달러에 이르고, 위안화 절상 추세를 반영하면 12,700달러를 기록할 것으로 예측된다. 그리고 2030년에는 미국의 60% 수준에 도달하면서 삶의 질도 선진국과 어깨를 겨눌 수 있는 중화민족 중흥의 꿈(中國夢)이 이루어질 것이다.

중국이 헤게모니를 장악하면 무엇이 달라지나?

미국은 한국전쟁에서 중공군이 한반도에 개입한 것을 이유로 중국을 오랫동안 국제사회에서 고립시켜 왔다. 그러다가 1971년 미국 탁구 선수단의 중국 방문을 계기로 이른바 핑퐁외교를 펼치면서 중국을 포용하기 시작하였다.

핑글턴은 그의 명저 《중국과 미국의 헤게모니 전쟁》(*In the Jaws of the Dragon*)에서 "워싱턴의 시각은 중국이 부강해지면 필연적으로 서구 민주주의와 자본주의 시장경제를 받아들일 것이라는 데 배팅하고 있다"라고 시작한다. 중국을 미국이 주도하는 국제사회의 일원으로 편입시키겠다는 논리일 것이다.

그러나 중국은 스스로 세계의 중심이라는 중화사상이 뿌리 깊게 깔려있다. 과거 중국이 세계의 최강대국이었을 때 조선, 시암(태국), 대월(베트남) 등 수많은 나라로부터 조공을 받던 옛날을 떠올려 보라! 주변국들이 베이징에서 황제를 알현하려면 이마를 세 번 땅에 조아리는 고두의식을 치러야 했다.

중국이 세계경제의 패권을 장악하는 그날 세계경제 질서는 어떻게 바뀔 것인가? 런던 정경대(LSE)의 마틴 자크(Martin Jacques) 교수는 중국이 세계 최강대국이 되면 미국이 바라는 대로 중국이 서방세계의 일원이 되지는 않을 것으로 진단하였다. 그는 "세계의 정치 경제 수도는 당연히 베이징으로 바뀔 것이고 국제무역에서 통용되는 언어는 영어에서 중국어로 바뀔 것이다"라고 예언하고 있다.

미 달러화의 기축통화 체제가 흔들리고 마오쩌둥의 얼굴이 선명한 위안화가 그 자리를 대체할지도 모른다. 중국 런민대 천위루 총장은 그 시기를 중국 경제규모가 미국을 추월한 후 20년이 지난 2040년경으로 진단하였다.

그때가 되면 미 달러화는 국제통화제도에서의 독점권 지위와 국제통화정책 결정에서의 부결권이 사라질 것이다. 미국은 IMF 의결권의 17%를 보유하여 국제통화정책에 있어서 15% 이상의 출자지분을 가진 국가만 가지는 부결권을 보유한 유일한 국가로서의 지위가 상실된다는 이야기이다. 또한 누구에게도 통제받지 않고 달러화를 찍어대는 통화주조권을 향유하던 슈퍼통화로서의 권리도 위안화로 넘어갈 수 있는 것이다. 아직은 요원한 이야기지만 중국은 그런 꿈을 꾸고 있을 것이다.

중국과 미국의 공존은 가능한가?

칭화대 순저(孫哲) 중미연구소장은 미국 컬럼비아대 정치학박사 출신으로 중국정부가 선정한 중미관계 최고 전문가이다. 그는 중미 양국은 모두 성장 둔화와 고용 위축에 직면한 데다 미국의 대중수출 확대와 중국의 대미투자 급증으로 상호 의존도도 갈수록 높아지고 있어 상생 추구가 불가피하다고 진단하고 있다.

그러나 현재에도 세계 원자재의 40%를 사용하는 중국이 불과 7년 후인 2020년에 경제규모가 2배가 되면 원자재의 70~80%를 삼킬 수 있다. 산업화 과정에서 에너지와 원자재 소비를 줄이지 않는다면 자원전쟁은 피할 수 없을 것이다.

여하튼 미국이 아직까지는 중국의 주요 자원수송로를 장악하고 있다. 목줄 하나는 쥐고 있는 셈이다. 그러나 중국이 위안화환율을 관리하거나 자원 확보를 위해 남미와 아프리카로 진출을 확대하는 데 대한 대응수단이 마땅치 않은 실정이다.

2011년 멍크 디베이트에서 미국의 입장을 대변하는 뉴스위크 편집장 출신의 자카리아 CNN 앵커가 "중국이 아프리카의 자원 선점을 위해 아프리카의 독재자들을 배후에서 지원하고 있다"고 독설을 퍼부었다. 그러자 중국을 대변하는 니얼 퍼거슨 하버드대 교수는 과거 서구열강이 아시아와 아프리카에서 그보다 훨씬 더한 짓도 서슴지 않았다고 받아치면서 웃음거리로 끝나고 말았다.

중국의 입장에서 보면 에너지와 원자재 수요가 계속 증가하면서 부족한 자원을 확보하기 위한 미국과의 경쟁을 피할 수 없는 상황이다. 또 미국이 중국에 대해 국가 중심의 무역·투자정책으로 인한 불공정한 우위확보라고 지적할 때 마땅하게 대응할 논리도 없다.

뿐만 아니라 양국은 경제적 이해관계가 합치되는 이른바 상호의존성도 가지고 있다. 예를 들면 중국이 미국 국채를 대량 매입하여 세계 최대의 미국 국채 보유국이 된 것은 자국의 대외신인도를 높이기 위한 선택이었다. 미국의 잠재성장률이 유로지역이나 일본보다 높은 데다 중국이 잉여저축을 자체 흡수하기에는 금융산업 발달이 미흡하기에 미국에 대한 금융투자를 늘리는 것은 자연스러운 현상이었다.

한편 중국과 미국은 상대국의 아킬레스건을 휘어잡고 있는 담보물을 각각 보유하고 있다. 도이치은행에 의하면 미국은 유사시 중국이 보유한 미국 국채의 지급을 정지함으로써 미국의 대중 직접투자의 안정성을 보장받을 무기로 활용할 수 있다. 중국 또한 자국 내의 미국 직접투자가 갑자기 철수할 경우 미국 국채를 시장에 던져 버림으로써 달러화 가치 폭락과 금리 급등을 초래하도록 만들 수 있는 무기를 가진 셈이다. 물고 물리는 관계 때문에 어느 일방이 상대를 어떻게 할 수 없는 공생관계라고나 할까?

그래서 중국은 정치적으로는 미국에 대해 건전한 비판은 하되 무조건 반대하지는 않는 우호관계를 발전시켜 나갈 것이다. 그리고 경제적으로는 건전하게 경쟁하되 상호 의존관계를 파괴하지 않고 실리를 확보하는 노선을 견지할 수밖에 없을 것이다.

구체적으로 중국은 반테러, 핵확산 금지, 이란 제재와 페르시아만 안정화, 기후변화협약 합의와 같은 국제문제 해결을 위해 미국과 공조할 것이다. 그리고 기술개발, 문화교류 등을 통하여 다양한 경제·사회적 연대와 공존을 추구할 것이다.

6

중국을 모르면 한국경제의 미래는 없다

중국은 세계 4대 문명 발생지 중 현재 유일하게 강대국으로 남아 있는 나라다. 수천 년간 한국이 중국을 '큰 나라'로 여겨왔듯이 세계의 슈퍼파워로 군림했으며 근세 들어 잠시 후진국으로 떨어졌을 뿐인데도 한국인의 눈에 비친 중국은 상당히 왜곡되어 있다. 공산당이 60여 년간 정권을 장악하는 이해할 수 없는 나라, 혹은 '짝퉁'의 나라란 인식이 깔려 있지 않은가?

중국의 개혁개방 이후 사회주의와 시장경제라는 서로 어긋난 체제 간의 불완전한 봉합으로 G2의 위치까지 달려왔다. 그러나 경제가 발전하고 국민소득이 올라갈수록 국민의 욕구는 다양하게 분출될 것이다. 그런 만큼 시진핑 지도부는 수많은 과제를 안고 있다.

세계경제 성장의 진원지로 부상한 거대 중국에 인접한 한국 앞에는 도전과 기회가 함께 놓여 있다. 정치·경제·사회적 모순을 껴안고 G1을 향해 질주하는 중국의 운명이 한국경제의 앞날에 어떤 영향을 미칠까? 한 가지 분명한 결론은 '중국을 모르면 한국경제의 미래는 없다'는 것이다. 다당제나 완전경쟁을 최고선으로 보는 서구의 잣대를 내려놓고 중국을 정확히 이해하는 것이 대응과 협력의 첩경이 되지 않겠는가!

중국의 국가권력 이해

민주주의 국가는 대체로 헌법에서 국가 권력구조를 규정하고 있다. 대통령제를 채택한 국가는 대통령이 최고 권력자로서 행정 수반이며, 군대의 통수권자이기도 하다. 그러나 입법권은 국민이 스스로 선출한 대표들로 구성된 의회가 가진다.

중국에서는 모든 권력이 공산당에서 나온다. 공산당이 의회기구인 전국인민대표를 선출하고 그 산하에 군대와 행정부를 두고 있다. 중국 군대인 인민해방군도 공산당이 장악하고 있다. 공산당 총서기인 시진핑이 국가주석과 중앙군사위원회 주석을 겸직하고 있기 때문이다. 또 삼권이 분립되어 있지 않는 행정조직에서 사실상의 입법 및 사법기능, 그리고 국무원이 관장하는 일반행정 기능까지 모두 수행한다.

중국의 정치권력 구조는 국가주석을 필두로 여섯 개의 권력기구가 떠받치고 있다. 6대 권력기구는 5년마다 개최되는 형식상의 최고 권력기구인 전인대의 결의를 실행하고 당의 방침을 정하는 공산당 중앙위원회, 중앙 군사위원회, 행정조직인 국무원, 최고 사정기관인 중앙기율검사위원회, 8개 소수정당과 소수민족 대표자로 구성하여 여론을 수렴하고 국가정책을 제안하여 국정을 자문하는 정치협상회의(정

〈그림 6-1〉 서구 국가와 중국의 국가권력구조 비교

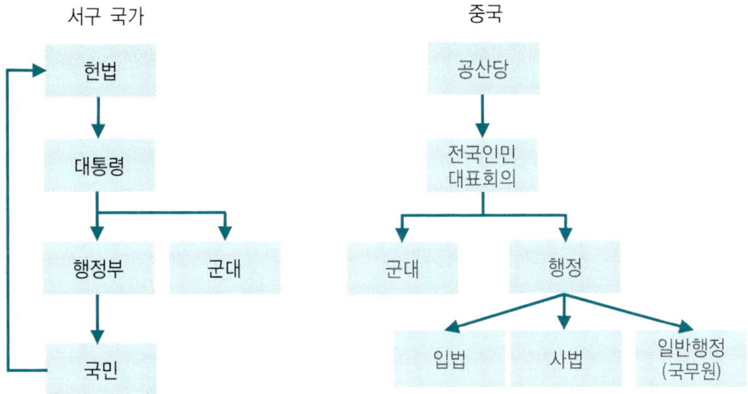

주: 서방세계의 국가권력구조와 비교해 보면 중국은 공산당이 의회, 군대 그리고 행정조직, 사법기능 등을 모두 장악하고 있다.
자료: 安玉花, 2012

〈그림 6-2〉 중국의 정치권력 구조

주: 시진핑 시대의 공산당 권력구조, 상무위원이 9명에서 7명으로 줄었다. 좌로부터 시 주석, 리 총리, 장더장 전인대 상무위원장, 위정성(兪正聲) 정협 주석, 류윈산(劉雲山) 공산당 중앙서기처 서기, 왕치산 중앙기율검사위 서기, 장가오리(張高麗) 상무부총리

협)가 바로 그것이다. 아울러 공산당 정치법률위원회의 감독을 받는 최고인민법원과 최고인민검찰원이 사법기능을 수행한다. 그래서 전문가들은 중국의 정치권력을 1(국가주석), 6(상기 6개 기구), 2(최고법원과 검찰원)의 조합으로 분석하고 있다.

중국 공산당을 실제로 움직이는 중앙위원회는 5년마다 선출하는 중앙위원(205명, 후보위원 171명)으로 구성되며, 중앙위원은 1인당 약 7백만 명을 대표한다. 중앙위원회 전체회의 폐회 중에는 중앙정치국이 그 기능을 대신하며 25명으로 구성되어 있다. 정치국원은 약 5,500만 명에 한 명꼴로서 국가원수급 의전을 받는다. 정치국원 중에서 7명은 정치국 상무위원이 된다. 인구 2억 명당 한 명꼴인 상무위원은 중국에서 가히 신적인 존재이다. 상무위원회는 중국 공산당을 비롯하여 입법, 행정, 사법에 관한 모든 중요사항을 결정하는 실질적인 최고 권력기구이다.

중국의 정치권력 구조는 낙후되었나?

뉴욕에 본부를 둔 프리덤 하우스(Freedom House)는 서구의 시각을 대변하는 인권단체이다. 이 단체는 국민이 선거를 통해 집권당을 교체하는 다당제를 채택한 민주주의가 정치권력의 정당성을 부여해 줄 수 있는 최선의 정치시스템이라고 주장하고 있다. 그 증거로서 지구상의 민주주의 국가는 1970년 151개국 중에서 45개에 불과하였으나 2010년에는 194개국 중에서 115개로 늘어났다는 통계를 제시한다. 전 세계 국가의 60%가 민주주의로 이행한 만큼 중국도 공산당의 1당 독재를 포기하고 다당제로 이행해야 한다고 주장하고 있다.

그러나 중국은 1949년 건국 후 공산당이 64년째 1당 지배 체제를 유지하고 있다. 그런데도 중국은 세계 최빈국에서 G2 국가로 급성장했고 6억 5천만 명이 빈곤에서 벗어나는 경제 기적을 일구어냈다. 전 세계에서 빈곤을 퇴치한 인구의 80%가 중국 국민이다.

중국의 벤처 캐피털리스트 에릭 리는 중국 정치권력 구조의 강점을 공산당 내부의 끊임없는 자정 노력과 실력주의에서 찾고 있다. 공산당은 집권 후 3년만인 1952년 5천 년 중국 역사상 최초로 전면적인 토지개혁을 단행하여 농민의 85%를 차지하는 소작농들에게 토지를 무상으로 배분해 농업생산의 토대를 마련하였다. 곧이어 1960년대의 농촌 개혁, 1970년대 말의 개혁개방과 시장화로 국가의 기틀을 다져왔다. 또 3세대 지도자 장쩌민은 민간 인사들도 공산당 당원이 될 수 있도록 용인함으로써 정치 발전에 박차를 가하였다. 아울러 여타 공산국가들과는 달리 중국은 국가 지도자의 종신직을 허용하지 않고 직급에 따라 68~70세로 공직연령을 엄격하게 제한하고 있다. 1인 장기독재를 제도적으로 제한한 것이다.

또 공산당 중앙조직부는 국무원과 국영기업 등에 산재한 수천 명의 초급간부 중에서 90만 명의 과장급 간부를 선발한다. 이후 이들은 혹독한 성과 평가와 동료들의 신망을 얻은 후에야 4만 명의 국장 대열에 오를 수 있다. 이들은 또다시 200 : 1에 이르는 적자생존의 치열한 경쟁을 통하여 장관급에 해당하는 205명의 공산당 중앙위원에 선발된다. 앞서 지적한 바와 같이 중앙위원은 7백만 명의 국민을 대표한다. 서구의 웬만한 국가 크기에 해당하는 집단을 이끄는 지도자가 이미 된 것이다.

그러나 이제 본선에 진출했을 뿐이다. 그들은 지방의 서기나 성장으로 혹은 대형은행의 은행장이나 국영 대기업의 사장으로서 철저한 시장경쟁에서 살아남아야 한다. 결국 정글의 법칙이 통하는 실력 경쟁을 거듭하여 최종적으로 25명의 정치국원을 선발하고 마지막으로 7명의 상무위원이라는 국가지도자를 세우는 것이다.

미국의 저명한 여론조사 기관인 퓨 리서치(2012)의 조사는 의미심장한 지표를 보여준다. 중국 국민의 85%가 국가의 발전방향에 동의하고 82%가 미래에 더 나은 삶이 기다릴 것으로 기대한다고 응답한 것이다. 영국의 〈파이낸셜 타임즈〉(2013) 조사에서도 중국 Y세대의 93%가 미래를 밝게 본다고 응답했다.

이처럼 중국 지도부에 대한 국민적 신뢰야말로 선거가 끝나자마자 30%의 지지도 받지 못하는 서구국가들보다 중국의 정치권력을 훨씬 더 정당화해 주는 증거라 하겠다.

세대별 정책패러다임 변화

전문가들이 중국 지도자의 힘을 표현할 때 종종 9 : 7 : 5 : 3 이라는 비유를 즐겨 사용한다. 혁명으로 신중국을 창건한 마오쩌둥이 국가권력의 9할을 한 손에 쥐고 있었다면 개혁개방으로 정부와 민간경제 주체 간의 게임의 룰을 바꾼 덩샤오핑은 7할을 장악했다고 보았다. 3세대 지도자 장쩌민 주석의 힘은 5할 이하로 줄었으며, 후진타오와 시진핑 주석은 아마도 국가권력의 3할 정도를 가진 것으로 평가한다는 이야기다.

여하튼 덩샤오핑은 사회주의와 시장경제의 조화를 추구하고, 선부론을 앞세워 외자를 적극 도입함으로써 동부 연안지역부터 우선적으로 개혁하여 중국경제의 기틀을 다졌다. 덩에 이어 장쩌민은 외자를 무제한 도입하고 외국기업에 대해 특혜를 부여하는 한편으로 정부와 기업의 효율성을 추구함으로써 고도성장을 일구어냈다.

후진타오 시대에는 고도성장 과정에서의 각종 후유증을 극복하면서 질적 성장과 공평성 제고를 추구했다. 또 외국기업에 대한 특혜를 폐지하고, 첨단기술과 환경친화적 기술을 선별적으로 도입하였다.

〈표 6-1〉 중국 2~4세대 지도자별 정책 패러다임과 경제상황

구분	덩샤오핑 (1976~89)	장쩌민 (1989~02)	후진타오 (2003~12)
정책 패러다임			
추구 이념	사회주의와 시장 경제의 조화	고성장과 효율성	성장 후유증 극복, 질적 성장, 공평성
성장 우선	선부론으로 동부 연안 우선 개발	동부 우선, 서부개발 개시	서부 대개발로 균형성장 도모
소유제	공유제와 비공유제 공존	비공유제 확대 농산물 배급(93) 및 주택 분배 폐지(98)	공유제와 사유제 조화
외자 도입	외자도입을 성장 수단으로 인정	무제한 무조건 도입 외국기업 특혜부여	외국기업 특혜 폐지 첨단 및 친환경 기술선별 도입
경제 상황			
경제규모 (조 달러, 세계비중)	1976년 0.15(2.4) 1989년 0.34(1.7)	2002년 1.45(4.4)	2012년 8.36(11.5)
1인당 GDP (달러)	1976년 211 1989년 403	2002년 1,135	2012년 6,076
평균성장률 (%)	8.8	9.3	10.5
물가상승률 (%)	6.6	6.9	3.0
수출규모 (조 달러, 세계비중)	1976년 69 (0.7) 1989년 525(1.7)	2002년 3,256(5.0)	2012년 20,501(10.4)
외국인직접투자 (억 달러)	1989년 15	2002년 310	2012년 1,116
외환보유액 (억 달러)	1976년 6 1989년 55	2002년 2,860	2012년 33,116 2013.9월 36,600

그런 가운데서도 2003~2012년 10년 동안 연평균 10.5%의 고성장과 3% 내외의 물가 안정을 이룩했다.

후 주석 집권기간 중에는 시장 친화적인 조치를 속속 도입하고 사회복지지출을 확대함으로써 성장의 그늘을 돌아보기 시작하였다. 또한 가격 및 세제개혁, 사회보장제도 도입 등을 통하여 농민과 노동자의 지위가 향상된 것으로 평가된다. 그러나 다른 한편으로 부동산가격이 급등하면서 거품이 생기고 투자주도형 성장이 상당기간 지속됨에 따라 지방정부의 재정이 악화되는 적지 않은 과제를 남겼다.

제 5세대 시진핑 시대는 경제효율과 형평성을 동시에 추구해야 하는 시점에 와 있다. 1인당 국민소득이 아직도 6천 달러 내외에 불과한 중국으로서는 경제가 지속적으로 성장하는 것이 긴요한 만큼 새로운 성장동력을 꾸준히 확보해야 한다. 그와 동시에 소비여력 확충, R&D

〈표 6-2〉 4~5세대 간 예상되는 정책기조 변화

구분	후진타오 (2003~2012)	시진핑 (2013~2022)
정책기조	성 과 • 시장친화 확대 • 사회복지 지출 증가 • 농민노동자 지위향상 과 제 • 부동산가격 급등 • 지방정부 재정 악화	과 제 • 효율 · 형평성 동시 추구 • 성장 지속, 질적 발전 심화 • 신성장동력 확보 및 소비여력 확충 • 금리자유화, 위안화 국제화
세계경제상황	• 세계화 · 지역화 공존 • 자유무역주의 • 글로벌 금융위기	• 보호무역주의 강화 • 유로존 재정위기 미해결
대외정책	• 화평굴기 • 위안화 무역결제 개시	• 국제사회 발언권 확대 • 제 3세계 협력 강화
국제관계	• 대미 무역흑자 확대 • 타이완 교류 확대, 긴장 완화 • 중국위협론 대두	• 일 · 러 · 베트남 · 필리핀 등과 영토분쟁 증대 • 태평양지역 미국견제 강화

투자와 대학 진학률 제고 등을 통하여 경제개발에서 질적 발전과 관리시대로 이행해야 할 상황이다. 또 양로보험 가입자와 보장성주택 건설의 확대를 통하여 경제발전에 상응하게 풍요로운 삶을 누리는 샤오캉 사회로 나아가야 한다.

기술관료에서 벗어나 문사철 리더로

2003년 후진타오 1기가 출범할 때 국가권력의 정점에 있는 정치국 상무위원 9명은 전원 이공계 출신이었다. 중국의 고전인 논어의 위정(爲政) 편에는 군자불기(君子不器)라는 말이 있다. 19세기 서구 사회과학 발전의 밑거름이 되었던 막스 베버는 '그릇은 기능을 뜻하는 것이고, 동양에서는 전문성을 경시하는 비합리성 때문에 자본주의가 맞지 않을 것'으로 평가하였다. 한국도 개화기에 동도서기(東道西器)라

〈표 6-3〉 제11차 및 12차 5개년 계획 목표 비교

경제사회 목표	11차 5개년 계획 (2006~2010)	12차 5개년 계획 (2011~2015)
경제성장률 목표(%)	7.5	7.0
가계소득 증가율(%)	5	7
도시화율(%)	47.5	51.5
실업률(%)	5	5
신규 고용(백만 명)	9	9
개발에서 질적 발전 관리시대로 이행		
R&D의 GDP대비 비중(%)	1.8	2.2
대학 진학률(%)	26.5	36.0
평균 기대수명(세)	72.7	74.5
도시양로보험 가입자(억 명)	2.57	3.57
보장성주택 건설(만 가구)		3,600

는 슬로건으로 도는 동방의 것을 숭상하되 기능은 서양의 것을 차용한다 하여 도(*philosophy*)와 기(*technology*)가 불일치하는 모습을 보였다. 이것은 중국이 내세운 중체서용(中體西用)이나 일본의 화혼양재(和魂洋才)와 사실은 유사한 사고구조라 할 수 있다.

그랬던 중국이 국가지도자 전원을 기술자 출신으로 세웠던 것을 보면 공업화에 얼마나 절치부심했는지를 알 수 있을 것이다.

그러나 2008년 후진타오 2기에 법학과 경제학을 각각 전공한 시진핑과 리커창이 합류하더니 2013년에 출범한 시진핑 1기에는 상무위원 7인 중 이공계 출신은 위정성 정협주석 1명밖에 남지 않았다. 이러한 현상은 중앙위원회에도 그대로 나타나 장관급에 해당하는 중앙위원 205명중 이공계 출신이 21명으로 10% 남짓할 뿐이다.

국가 지도부가 엔지니어에서 문사철(文史哲)로 표현되는 인문학이나 사회과학 전공 출신으로 바뀐다는 것은 중국이 공업화에서 탈공업화 사회로 발전해가는 현상을 극명하게 보여주는 증좌이다. 중국정부가 바야흐로 기술관리형에서 서비스형으로 진화되고 있는 것이다.

경제분야 정책결정 구조

중국의 주요 정책은 공산당 상무위원회를 정점으로 결정된다. 그러나 실제적인 경제정책은 국무원이 세우고 집행하기 마련이다. 또 국무원 총리는 국무회의를 주재하고 산하 25개 부처 장관의 인사권을 장악하고 있다. 서방의 대통령에 필적할 만한 권한이다.

리커창은 베이징대에서 경제학박사 학위를 취득한 데다 중국 권력의 핵인 공산당 공청단 중앙서기와 상무부총리를 역임했다. 그래서 일각에서는 1998~2003년 총리를 역임하면서 주택분배제도 철폐와 사유재산 인정 등으로 중국 역사의 획을 그은 개혁가 주룽지(朱鎔基)에 비유할

징도로 그의 개혁 마인드를 인정한다. 이른바 리커노믹스(Likonomics)는 대규모 경기부양 지양, 부채 축소, 구조개혁을 경제정책의 3대 지침으로 삼고 있다.

경제분야는 리커창 총리를 수반으로 하는 중앙재경영도소조가 관장하고 있다. 소조는 장가오리 상무부총리, 왕양, 마카이 등 부총리, 양징 국무원 비서장, 국가발전개혁위원회 쉬사오스 장관, 러지웨이 재정부 장관, 인민은행 저우샤오촨 총재 등으로 구성된다. 이 외에도 국유자산 감독관리위원회 주임 및 은행업감독관리위원회, 증권감독관리위원회, 보험감독관리위원회 주석 등이 참여한다.

장가오리는 시멘트 노동자와 석유회사 간부를 거쳐 중국 개방의 상징인 선전시의 서기로 발탁되었다. 산둥 성장과 서기, 톈진시 서기를 거치면서 행정의 달인으로 평가받아 마침내 중국의 최고 권부인 정치국 상무위원회에 진입하였다.

마카이 부총리는 물가와 재정정책 분야에서 외길을 걸어 온 정통 경제관료이다. 특히 1998~2003년 주룽지가 개혁의 사자후를 토할 때 한국의 경제기획원에 상당하는 국가발전개혁위원회 장관으로 그를 보필하였다. 당시 중국은 WTO 가입을 앞두고 경제구조와 무역부문을 국제적인 수준으로 개혁하였다. 이밖에도 에너지, 외자기업 유치, 국영기업 개혁, 물가 및 노동정책 등 광범위한 영역에서 상당한 역량을 발휘하였다.

국가발전개혁위원회 쉬사오스 장관은 2007년부터 국토자원부 장관을 역임했다. 당시 국토자원부는 비리의 복마전으로 불리고 있었다. 그러나 그는 토지 분양과 부동산 개발, 광산 관리와 희토류 채취, 해양 석유자원 개발 등 대규모 이권이 걸려 있는 부서에서 부패의 유혹을 떨치고 6년간이나 장수하였다. 조용성(《중국의 미래 10년》, 2012)에 의하면, 그는 원자바오 전임 총리의 집안 대소사를 직접 챙기는 집사로 불릴 정도로 신임이 두터웠다고 한다.

러지웨이 재정부 장관은 재정부 차관과 중국의 해외투자 창구인 중국투자공사 이사장을 역임하였다. 2007년에 설립된 중국투자공사를 불과 6년 만에 자본금 2천억 달러에 달하는 거대한 국부펀드로 키워낸 개혁가이기도 하다.

한편 시진핑을 떠받치는 제갈공명 같은 책사의 한 사람으로 꼽히는 류허가 중앙재경영도소조의 비서장(판공실 주임)을 맡아 실무를 보좌하고 있다. 류허는 재경분야의 중요정책 사항을 시진핑 국가주석에게 직접 보고하고 있다. 또 2013년 11월에 개최된 3중전회에 상정한 경제개혁 방안을 친시장적인 방향으로 가다듬는 등 경제정책 전반에 상당한 영향력을 행사하고 있는 것으로 평가된다.

중앙재경영도소조의 구성원들을 보면 대체로 개혁적인 인사들이다. 그러나 경제개혁을 다른 측면에서 보면 공산당과 정부가 가진 정책결정권이나 권력기반을 민간에게 이양하는 것이다. 따라서 당연히 저항과 갈등이 있기 마련이다. 그래서 리커창을 중심으로 한 경제팀은 중국의 경제발전 속도를 유지하면서도 시장화를 더욱 진전시켜야 하는 이중 부담을 안고 있다.

시진핑의 정책기조와 중국의 진로

중국은 현재 마오쩌둥 주석의 평등이념을 지향하는 신좌파, 서구식 자본주의를 지향하는 자유주의, 북유럽식 복지국가를 지향하는 민주사회주의 등의 이념적 성향이 병존한다. 국가가 지향하는 기본 노선을 두고 갈등을 겪고 있다는 이야기다. 특히 2013년 11월 3중전회를 앞두고 일각에서 강도 높은 정치개혁을 요구하는 가운데 자유와 민주 같은 서구적 가치를 옹호하는 목소리가 갈수록 커지고 있다. 개혁개방으로 경제적인 면에서는 G2로 등극했으나 정치 민주화는 큰 진전을 보지 못하다 보니 사상 갈등이 여전하다는 이야기다.

노선 갈등은 기업 활동, 호적 및 토지제도 개혁, 민영주택과 보장성 임대주택정책 입안 등을 둘러싸고 다양한 갈등으로 표출되고 있다. 또 서양식 엘리트 교육과 교육의 기회균등 부여, 최고급 영리병원과 대중 의료체계의 구축을 요구하는 주장에서도 대립의 골이 깊어지고 있다.

예를 들면 다수의 대학에 골고루 지원되어야 할 정부의 교육 보조금이 칭화대, 베이징대 등 일부 유명대학에 집중적으로 지원되고 있다. 또 앞서 본 바와 같이 한국도 도입에 진통을 겪고 있는 영리병원이 상당수 설립되어 최고급 의료서비스를 제공하면서 평등이념에 배치된다는 논란도 나오고 있다.

시진핑 지도부는 소득불균형 심화, 국영기업의 핵심산업 독점과 그에 따른 부정부패 등으로 사회 불만이 팽배한 현실을 반영하여 안정 성장과 분배 개혁의 조화를 도모하는 것이 긴요하다고 판단하고 있다. 이에 출범 첫해인 2013년도의 경제정책 목표로 여섯 가지를 제시했다.

첫째, 소비 진작을 통한 내수확대, 적극적 재정정책과 안정적 통화정책, 부동산 안정시책 등 거시경제정책의 선제적 조정을 강화하는 것이다. 중국의 지도부 내에서는 생산능력을 우선하는 투자주도형 성장이 생산설비 과잉과 지방정부 채무문제를 야기한 것으로 판단하고 있다. GDP성장률이 7%대로 낮아지더라도 경기부양을 지양하고 거품이 끼지 않은 소비주도형 경제구조로 전환하는 것이 시급하다고 본 것이다.

이에 중국인민은행은 총유동성(M2)가 GDP의 2배에 육박하는 가운데서도 유동성 부족을 호소하는 일각의 요구에 응하지 않고 통화정책을 안정적으로 운용하고 있다. 각 경제주체의 부채축소 기조를 선도하는 것이다.

둘째, 낙후된 농업기반을 지속적으로 확충하는 것이다. 중국은 후진타오 주석 재임기간인 2003~2012년 중 농민, 농업, 농촌을 의미하는 삼농부문에 6조 위안을 투입하였다. 삼농부문에 대한 중앙정부의 재정지출 증가율은 21%로 중국의 연평균 재정지출 증가율(4.5%)의 4.7배에 달할 정도이다. 그러나 도농 간 소득격차가 좀처럼 해소되지 않고 자연재해도 갈수록 증가하고 있어 농업기반을 현대화하는 데 주력하려는 것이다.

셋째, 구조조정과 신성장동력 육성을 통한 산업의 고도화를 추진하는 것이다. 신 지도부도 설비과잉을 해소하기 위해 생산과잉 부문의 진입기준을 강화하고 신규자금 공급을 차단함으로써 산업 재편을 유도하고 있다. 또 국무원은 생산과잉 부문의 M&A와 퇴출을 촉진하는 반면 신성장산업에 대한 금융지원은 오히려 강화하고 있다. 아울러 지방정부의 성과평가에 있어 기존의 GDP성장률에다 국민의 생활수준 향상, 환경안전기준 강화 등을 추가하고, 지역별로 차별화된 평가체계를 구축함으로써 구조개혁을 지원하고 있다.

넷째, 인적 도시화를 가속화하는 것이다. 이미 2천만 명을 넘어선 슈퍼도시(베이징 2019만 명, 충칭 3,500만 명, 상하이 2,300만 명)와 위성도시를 연계하여 집약화·지능화하고 도시거주 농민공의 호적제도를 개선할 것이다.

다섯째, 민생 개선을 위한 일자리 창출과 서민주택 공급확대를 추진하는 것이다.

여섯째, 경제개혁과 개방의 노선·방식·일정을 명확하게 제시하는 것이다.

시진핑 지도부 첫해의 경제정책을 전임 후진타오 주석 시대와 비교해 보면 내수확대와 도시화가 강조되면서 내수주도형 발전패턴 전환이 가속화되고 있다. 그러나 경제개혁과 개방의 속도는 출범 전 기대보다는 완만한 것으로 평가된다.

예를 들면 주룽지 총리 시절인 1998~2001년 국영기업 중에서 효율이 떨어지는 기업을 선별하여 20%를 전격 폐쇄하고 3천만 명의 근로자를 해고하는 강력한 구조조정을 단행한 바 있다. 그러나 리커창 총리는 2013년 7월 거시경제 운영을 GDP성장률과 고용상황을 하한으로, 물가를 상한으로 통제할 것을 천명함으로써 체제안정과 직결된 고용상황을 중시하고 있다. 무리한 경제개혁보다는 개혁의 속도를 적정하게 조절해 나갈 것이라는 뜻이다.

이것은 18차 전인대에서 지도층이 선진국의 채무위기에 주목한 점과 일맥상통하고 있다. 전인대 현장에서 무조건적인 시장개방과 서구화를 우려하면서 중국 특유의 사회주의 시장경제를 지향함으로써 국가 기본노선 등에 대한 자주성이 강조되는 분위기가 깔려 있었다.

또한 서구의 재정위기를 교훈삼아 중앙정부와 지방정부 간 세출입 구조(세입 48 : 52, 세출 15 : 85)의 개선, 소득불균형 완화를 위한 개인소득세 구조의 재조정, 국무원 조직 및 정부직능 조정 등도 추진되었다. 전인대를 통과한 향후 5년간의 정부개혁 및 정책방향을 보면 정부부처별 직무체계와 책임소재 명확화, 세수의 통합관리, 공공서비스 강화 등이 중심을 이루고 있다. 또 시장경쟁질서 확립과 국유자산 관리시스템의 개혁도 포함되어 있다.

한편 금융부문은 석유회사 간부 출신으로 금융업무 경력이 일천한

〈표 6-4〉 제18기 금융지도부 현황

	인민은행 총재	은감위 주석	증감위 주석	보감위 주석
성명	저우샤오촨 (周小川)	상푸린 (尚福林)	샤오강 (肖钢)	샹쥔보 (项俊波)
당 지위	정협 부주석	중앙위원	중앙위원	중앙위원
출생	1948.1 장쑤 이싱	1951.1 산둥 지난	1958 후난 창사	1957.1 충칭
학력	칭화대 공학 박사	서남재경대 금융학 박사	런민대 법학 석사	베이징대 법학 박사
특징	글로벌 지명도 개혁정책 지속	증감위 주석 9년	인민은행 최연소 부총재 (40세)	감사 전문가
경력	건설은행장 (1998~2000) 증감위 주석 (2000~2002) 인민은행 총재 (2002~)	인민은행 부총재(1996) 농업은행장 (2000~2002) 증감위 주석 (2002~2011)	인민은행 부총재(1998) 중국은행 회장 (2003~2013)	심계서 인민은행 부총재 (2004~2007) 농업은행 회장 (2007~2011)

장가오리가 정치국 상무위원으로서 통화・금융・외환 등을 총괄하게 되었다. 이에 따라 당초 예상과는 달리 저우샤오촨 인민은행 총재가 유임됨으로써 안정적인 통화정책 기조가 유지되고 있다.

아울러 중국 지도부의 대외개방에 대한 확신 미흡, 자본시장 개방에 앞장서 왔던 궈수칭(郭樹淸) 증감위 주석의 산둥 성장 전임 등으로 자본시장 개방에 대한 뚜렷한 방향성이 보이지 않고 있다는 비판도 제기되었다.

한마디로 시진핑 시대는 경제체제 및 구조개혁을 통한 질적 성장과 분배 개선을 표방하고 있다. 그러나 매년 9백만 명 이상의 신규고용을 창출해야 하는 만큼 경기도 포기할 수 없는 것이 현실이다. 따라서 물가불안을 재연시킬 수 있는 통화는 안정적으로 관리하면서 도시화와 연계된 사회간접투자 등 재정의 효율적인 운용을 통한 경기 활성화는 피할 수 없을 것이다.

향후 중국경제의 진로

이미 밝힌 바와 같이 중국경제의 진로를 보는 시각은 낙관론과 비관론이 병존한다. 낙관론은 중국 경제규모가 10년 이내에 미국을 추월하면서 세계경제의 헤게모니가 미국에서 중국으로 이동할 것이라는 예측이다. 반면 비슷한 시기에 제기된 비관론은 2020년경에 접어들면 중국은 연평균 GDP 성장률이 3~5%까지 떨어지면서 쇠락의 길로 접어들 것이라는 견해이다.

세계은행과 중국 국무원 발전연구중심(DRC)은 향후 중국 GDP성장률이 2011~2015년 7.9%, 2016~2020년 7.0%, 2021~2030년은 6% 내외로 추세적으로 저하될 것으로 전망하고 있다. 2011~2020년 중 노동의 성장기여도는 거의 사라지고 2%p 내외의 총요소 생산성

〈그림 6-3〉 중국의 잠재성장률 전망 및 요인분해

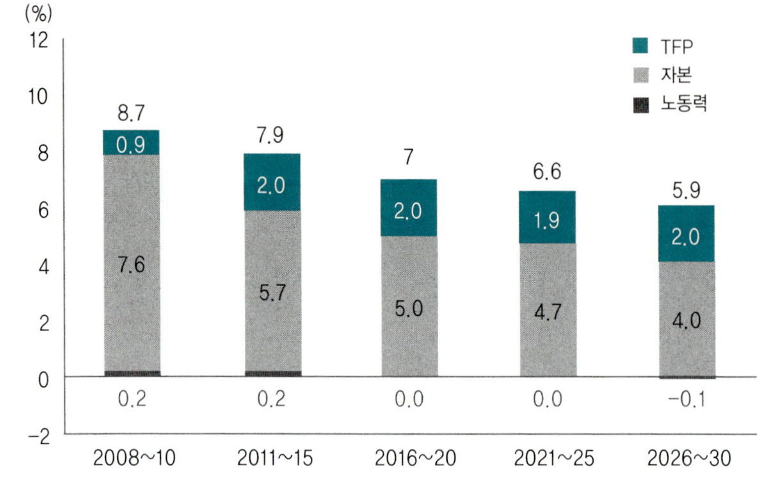

자료: World Bank · 국무원 DRC (2012)

〈그림 6-4〉 주요국 자본장비율과 노동생산성

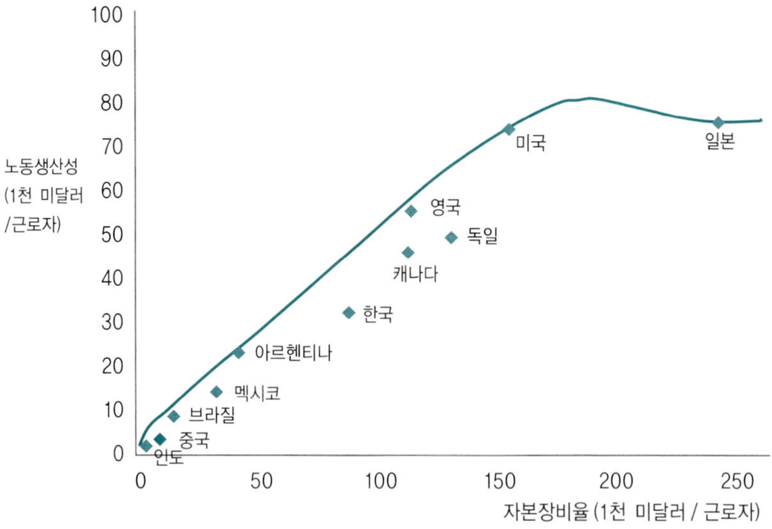

자료: Ernst & Young (2012.9)

〈표 6-5〉 중국의 노동력 구성 변화

항 목	2000~2010	2010~2020	2020~2030
노동 증감 (백만 명)	115	20	-15
대졸 이상	33	58	57
고졸 이하	82	-38	-72

자료: Jun Zhang (2013.9)

(TFP) 향상이 기대된다.

향후 중국경제의 성장률 저하에 대응하기 위해서는 R&D를 바탕으로 생산성 향상을 도모하는 것이 가장 긴요하다. 여기에는 고정자본 형성과 전문인력 양성이 양대 요체가 될 것이다. 중국이 그동안 건설투자나 주택투자에 주력한 결과 노동자 1인당 자본장비율은 한국의 15%, 미국이나 일본의 5~10% 내외에 불과하여 노동생산성이 극히 낮은 수준에 머물러 있다. 과거 중국은 제조업부문에서는 독일·일본·한국 등으로부터의 기술도입으로 경제가 급성장하였다. 또 농업인구가 제조업과 서비스업으로 이동하면서 생산성이 7배 이상 향상되는 성과를 거두었다. 그러나 앞으로는 기계장비 확충과 기술혁신, 전문인력 투자 등을 통하여 신성장동력을 스스로 창출해야 한다.

그래서 중국정부는 전문인력 양성에 박차를 가하고 있다. 매년 30만 명의 해외 유학생을 내보내고 국내대학 재학생도 2,600만 명에 이를 정도이다. 이러한 노력에 따라 2000~2010년 중 노동인구 순증의 70% 이상을 차지하던 고졸 이하 범용인력은 2010~2020년 중에는 3,800만 명이 줄어들 것이다. 반면 대졸 이상의 고급인력은 5,800만 명이 늘어나는 역전현상이 나타나고 향후 이러한 현상이 더욱 심화될 것이다. 기술이 체화된 산업으로의 이행여건이 조성되고 있다는 이야기다.

현재 3억 명 수준인 중산층 규모가 경제성장과 도시화 등에 힘입어 2015년경까지 4억~5억 명으로 팽창하면서 내수성장 잠재력도 크게 확대될 것으로 예상된다.

한편 중국의 제조업은 2010년 조선, 2012년 풍력발전설비 및 통신장비 분야에서 세계 최강의 위치를 차지하고 2014년에는 건설장비가 세계 최고수준에 오를 것으로 예상된다. 또 2016년에는 고속철, 2018년에는 자동차, 2020년에는 산업자동화설비와 석유채굴장비 등이 세계의 강자로 올라 설 것이다.

또 일본경제연구센터는 중국의 현재 산업구조가 1950년대 초반 일본 및 1970년대 후반 한국에서 3차 산업이 1차 산업을 추월한 시점과 비슷한 점을 들어 중국이 상당기간 고성장을 지속할 것으로 평가하고 있다. 일본과 한국에서 3차 산업이 1차 산업을 추월한 이후에도 10~20년 동안 고도성장을 거듭하여 고도산업사회에 진입하였다는 것이다.

〈표 6-6〉 중국 제조업의 세계강자 부상시기

연도	분야		
2010	조선, 화력발전장비, 태양전지		
2012	풍력발전설비, 통신장비		
2014	건설장비, 석탄채굴장비		
2016	고속철, 전력송배전장비		
2018	자동차		
2020	산업자동화설비, 석유채굴장비		
2020~	항공, 의료장비, 전기 자동차, 기계	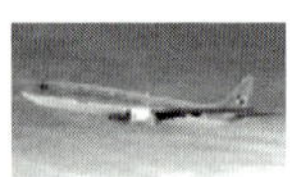	

자료: Deutsche Bank 등 종합

〈그림 6-5〉 중국 산업구조 (1980~2009)

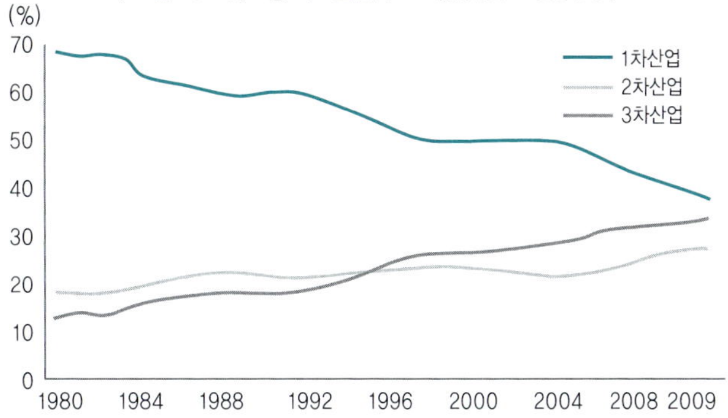

자료: 일본경제연구센터 (2011)

〈그림 6-6〉 일본 산업구조(1953 ~ 1980)

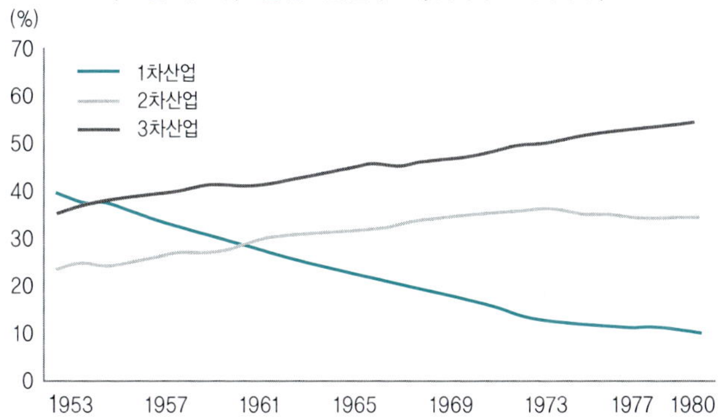

자료: 일본경제연구센터 (2011)

〈그림 6-7〉 한국 산업구조 (1978 ~ 2005)

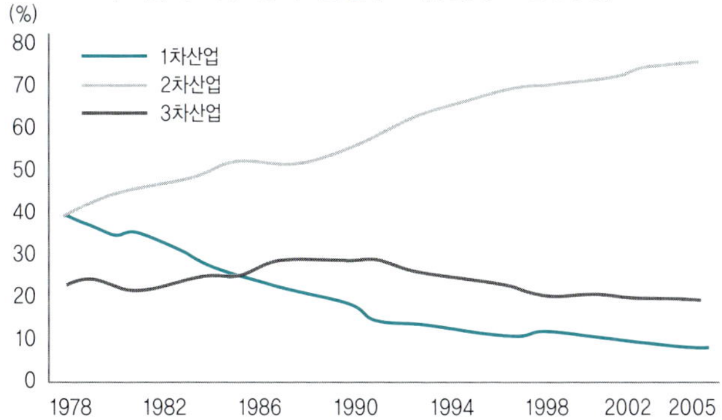

자료: 일본경제연구센터 (2011)

383개혁, 거대 중국의 대전환이 시작되는가?

2013년 11월 공산당 제 18이 3중전회에서 시진핑시대 10년의 기본 정책노선이 제시되었다. 국무원 발전연구중심(DRC)이 제시한 이른바 383개혁안은 시장·정부·기업의 3위가 일체가 되어 8대 분야에서 3대 제도개혁을 추진하는 것이다.

우선 시장경제의 완성, 정부기능 전환, 기업시스템의 개혁을 위해 행정을 간소화하고 권력을 하부로 이양함으로써 정부의 기능을 재정립해 나가려 한다. 또 법치와 요소시장 개혁의 토대 위에서 민간의 창의가 살아 숨 쉬도록 기업을 혁신해 나갈 것을 강조하고 있다.

8대 분야는 정부·독점산업·토지·금융·재정·국유자산·기업과 환경·개방이 대상이다. 그중에서 특히 가장 눈에 띄는 부분은 토지경작권을 가진 농민에 대해 집단토지를 양도할 수 있도록 토지소유권을 부분적으로 인정한 점이다. 부동산에 대한 소유권은 자본주의와 사회주의를 가르는 핵심적인 판단기준이 되는 만큼 중국의 국가 정체성과 관련한 논란이 만만치 않을 것이다. 3중전회 직후 발표된 7대 개혁과제를 보더라도 공유경제의 지위를 유지하는 것으로 설정하고 있어 국유부문의 반발이 상당함을 시사하고 있다. 한편 토지를 근간으

〈표 6-7〉 8대 개혁의 핵심 내용

8대 분야	핵심 내용
정부 개혁	• 행정 간소화, 규제 철폐로 정부기능 전환 • 공직자 재산공개, 부패공무원 연금수령 제한
독점 개혁	• 철도, 석유, 전기통신 등 기간산업에 시장메커니즘 도입
토지 개혁	• 농민의 집단토지 양도 등 소유권 일부 인정
금융 개혁	• 금리 환율 자본자유화, 10년 내 위안화 국제화 • 진입장벽 완화, 예금보험 · 금융퇴출제도 완비
재정 개혁	• 기초사회보장체계 마련, 사회보장카드로 호적 대체 • 국세 · 지방세간 세수 조정, 지방채무 투명화
국유자산	• 국유자산 재분류, 주식회사화, 전문경영인 도입
기업 · 환경	• 산업구조 개선, 공정경쟁, 창조 · 혁신기업 육성 • 환경보호를 위한 시장메커니즘 촉진
개방 · 산업	• 에너지 통신 금융 교육 문화 의료서비스 개방

자료 : 국무원 DRC, 383改革方案總報告(2013)

로 하는 부동산 통일등기제도도 도입된다. 또 금융부문에서 민간은행 설립을 허용한 것도 이채롭다. 현재 중국에서는 중소기업단체인 중국공상연합회 소속 기업이 주주로 참여한 민성(民生)은행을 제외하고는 모든 은행이 정부가 지분을 가진 국영은행이다. 국무원이 2013년 7월 은행업의 민간개방 방침을 결정해 이미 베이징, 상하이, 톈진 등 3개 성급 대도시에서 2014년 초에 민영은행 설립을 허가할 태세다. 이로써 은행업에 경쟁구조가 촉진되면서 자금난을 겪어온 중소기업에 대한 금융지원이 활성화될 것으로 기대된다. 또 향후 10년 내에 위안화를 국제결제통화 및 투자통화로 자리매김하겠다는 목표도 설정되었다.

3중전회에서 제시된 국가 기본노선을 점검해 보면 우여곡절은 있겠지만 국가가 국영은행과 국영기업을 앞세워 시장에 개입해 온 국가자본주의가 후퇴하고 시장화에 박차를 가할 것으로 보인다.

그러나 금융자본시장에서는 획기적인 조치가 눈에 띄지 않는다. 자본시장 개방 그리고 위안화 국제화를 내세우고는 있으나 자본시장, 통화시장, 파생금융상품 등의 개방을 위한 구체적인 청사진이 불투명하다. 경제 불균형의 걸림돌이 되고 있는 호적제도에 대해서도 막대한 소요비용과 지도부 내의 의견 불일치 때문인지 획기적인 개혁방안을 제시하지 않았다. 기득권 세력인 국영기업에 대해서는 주식회사제도 도입을 확대하고 국영기업이 독점하던 에너지, 통신, 의료 등의 영역에 외국인투자를 허용하여 경쟁시스템을 구축한다는 방향만 제시하였다. 주룽지 전 총리가 국영기업 내부의 잉여인력인 샤강(下崗) 노동자 약 5천만 명을 해고하거나 재배치했던 것과 같은 과감한 조치는 기대하기 어려울 듯하다. 지도부도 이러한 비판을 예상하고 개혁영도소조를 만들어 2020년까지 중국식 사회주의모델을 뿌리내리도록 하는 견인차 역할을 맡겼다.

3중전회에 대한 외부의 반응은 대체로 미지근하다. 정치분야도 국방·외교·공안을 총괄하는 국가안전위원회 신설과 사법권의 독립성을 강화하여 반부패에 대응한다는 것을 제외하고는 뚜렷한 진전이 없다. 3중전회에서 제시된 개혁노선은 10년 후의 '미래 중국'을 내다볼 수 있는 시금석이라 할 수 있다. 그러나 미국을 제치고 G1로 도약하기 위한 대전환을 예고하는 청사진이라고 보기에는 미진하다는 느낌이다.

한·중 간 산업여건 비교

덩샤오핑은 이상만을 앞세운 마오쩌둥의 공업화 정책이 실패한 점을 교훈삼아 1978년 개혁개방 이후 실용주의를 지속적으로 추구함으로써 그 노선이 장쩌민과 후진타오 시대까지 이어졌다. 그러나 지방정부와 국영기업에 과감하게 권한을 위임한 결과 장기간에 걸쳐서 비효율과 부패가 누적되어 왔다. 따라서 시진핑 지도부는 제 2의 개혁개방을 통한 경제구조의 전면적인 개선이 시급한 상황이다.

한편 중국은 30여 년간의 고성장으로 경제규모가 한국의 6배를 상회하고 있다. 또한 한국의 산업경쟁력 수준을 100로 볼 때, 섬유 등 경공업 부문은 이미 한국과 대등한 수준에 접근하였다. 레노버, 바오산 등의 중국 기업이 급성장하여 휴대폰, 철강 등도 이미 한국 산업경쟁력의 90% 수준을 웃돌고 있다. 한국은 자동차·반도체 등 일부 산업에 대해서만 20~30% 정도의 기술 격차를 유지하고 있을 뿐이다.

한국과학기술기획평가원이 120개 국가전략기술을 평가한 결과도 중국의 기술 추격이 자못 매서운 것으로 나타났다. 한국은 전자, 정보통신, 기계, 제조 및 공정 등 29개 기술이 중국을 앞서 있으나 기술격차는 2010년 2.5년에서 2012년에는 1.9년으로 줄어들었다. 핵융

〈그림 6-8〉 한국과 중국 간 산업경쟁력 비교

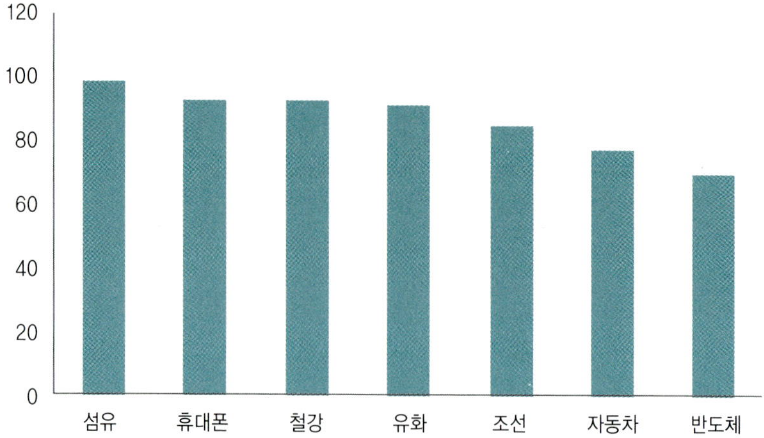

주: 한국의 산업경쟁력을 100으로 볼 때, 중국의 경공업은 한국과 대등한 수준이고 휴대폰, 철강 등도 이미 한국의 90% 수준까지 치고 올라왔다.
자료: 대한상의(2012. 11)

〈표 6-8〉 한국의 지역별 수출비중

(단위: %)

지역별	2010	2011	2012
중국*(A)	30.5	29.7	30.5
미국 (B)	10.7	10.1	10.7
EU (C)	11.5	10.0	9.0
일본 (D)	6.0	7.1	7.1
주요 선진국(B + C + D)	28.2	27.2	26.8
A - (B + C + D)	2.3	2.5	3.7

주: 중국지역에는 홍콩이 포함되어 있다.
자료: 한국은행

〈표 6-9〉 주요국의 가공단계별 대중수출

(단위: %)

가공단계	한국	미국	독일	일본
1차산품	1.8	36.3	4.2	5.1
중간재	76.3	35.2	44.5	59.3
최종재	21.9	28.5	51.3	35.6

주: 이 표는 2010년 기준으로 작성되었다.
자료: KIEP

합기술은 양국 간 기술 격차가 사라졌고, 항공우주 분야는 오히려 중국에 기술이 뒤처진 것으로 평가되었다.

한국의 수출시장에서 중국 비중은 갈수록 높아져 이미 30% 선을 돌파하였다. 반면 미국·EU·일본 등 3대 선진 경제권 비중은 최근 3년 동안 매년 1%p 정도씩 하락하고 있다. 이에 따라 중국과 선진국그룹 간의 격차가 빠르게 확대되고 있다. 다만 한국의 대중수출은 중간재(76%)가 대종을 이루고 있어 최종재(51%) 비중이 현저히 높은 독일 등과 대조를 이루고 있다. 또한 한·중 양국이 신성장동력으로 육성하는 미래전략산업이 상당부분 겹치고 있으며, 중위 기술산업을 중심으로 수출품목별 경합도도 꾸준히 높아지고 있다.

한편 앞서 살펴본 바와 같이 중국은 12차 5개년 계획에서 내수주도형 성장전략을 채택함에 따라 기존의 제조업을 뛰어넘어 금융·의료·관광·교육서비스 등에서 새로운 사업기회가 열리고 있다. 또한 방대한 국토에 걸친 거대한 소비시장을 아우를 수 있는 전자상거래, 홈쇼핑 등 신 소비채널과 소셜 마케팅, 신흥 고소득층을 겨냥한 타깃 마케팅 등 유통·물류산업도 급성장할 것으로 기대된다.

〈표 6-10〉 중국의 내수확대에 따른 유망산업

유망산업	시장 여건	시장 규모 및 진출분야
금융	금융허브 구축을 위한 금융 개방 가속화	자동차보험 중심 손해보험 시장 연평균 30% 성장
의료	2020년 전 국민 의료보험 확대 의료시장 개방, 의료기기 수출	베이징 SK병원 등 진출개시
관광	소득증대로 관광수요 폭증	관광매출 2.6조 위안(2012) 관광객 국내 29억 명 해외 8천만 명 (전년대비 15% 증가)
교육	소황제를 위한 사교육시장 발전 가능성	한국 기업식 교육서비스 진출
웨딩	80년대 출생자 결혼 적령기 진입	향후 10년간 매년 1,200만 쌍 결혼 한국식 토털웨딩 시스템 진출
화장품	한류 및 한방화장품 활용 동부 고급 및 중서부 중급시장 개척	과거 10년간 연평균 16% 성장 향후 5년간 연 15% 성장 예상
홈쇼핑	홈쇼핑을 방송통신업으로 규제 규제완화로 시장여건 개선 기대	2011년 대비 2020년 10배 이상 성장 예상

자료: 鄭哲鎬 (2013.3); 金寅圭 (2013.3)

한국 제조업, 어떻게 대응할 것인가?

중국에 진출한 한국 기업인들의 의견을 들어보면 중국시장에 명운을 거는 것을 당연시한다. 그 이유는 EU와 일본의 경기가 추세적으로 위축되고 있는 반면 중국은 급속한 경제성장에 따른 중산층 확대와 서부 대개발에 따라 세계 최대의 소비시장 형성이 가시화되기 때문이다. 또한 광대한 국토에서 경제발전 단계가 상이한 동서부에 걸쳐 다단계시장이 발달하고 있어 제품수명주기가 군소국가의 2~3배 정도로 긴 점도 중국시장의 큰 장점으로 꼽히고 있다. 한 제품을 동부에서 중부로, 다시 서부로 순차적으로 팔 수 있다는 이야기다.

다만 최근 중국의 임금이 빠르게 상승하여 동남아의 2~4배 수준으로 오르는 것을 문제로 지적한다. 또 중국의 경제성장도 추세적으로 둔화되고 있다. 산업연구원(2013. 9)에 따르면 중국의 GDP 성장률이 1%p 떨어지면 디스플레이(-5%)와 자동차(-3%)를 중심으로 한국의 수출이 1.3%p 위축되는 것으로 분석된다. 아울러 중국의 경제정책 기조가 수출과 투자주도형에서 소비주도형으로 점차 전환됨에 따라 경제사회적 흐름을 파악하는 것이 더욱 긴요해지고 있다. 이런 변화는 한국경제에 다양한 시사점을 던져준다.

첫째, 한국이 중국을 제조업 기지로 계속 유지할 것인가, 아니면 소비시장으로 인식을 전환해야 할 것인가 하는 문제이다. 중국의 임금이 크게 오른 만큼 이제는 중국을 소비시장으로 보아야 한다고 답할 것이다. 실제로 중국의 1인당 노동비용은 2009년까지만 해도 4,107달러로 태국(4,449달러)과 말레이시아(4,197달러)를 하회하였으나 2012년 현재 6,734달러까지 상승하였다. 한국·홍콩·싱가포르를 제외하고는 아시아 신흥국 중에서 가장 높은 수준이다. 이에 따라 중국 노동비용의 40% 내외에 불과한 베트남·미얀마 등이 새로운 투자 대상국으로 부상하고 있다. 한국의 대표기업인 삼성전자가 베트남의 수도 하노이 근교 옌빙에 연산 1억 2천만 대 규모의 제 2 휴대폰공장을 건설하고 있다. 제 2 공장이 완공될 경우 베트남에 연산 2억 4천만 대 규모의 세계 최대 핸드폰 생산기지가 생기게 된다. 이 역시 중국의 노동비용 상승을 감당할 수 없기 때문에 내린 결단일 것이다.

그러나 상당수 재중 기업인들은 한국의 자동차·조선·화학 등 장치산업은 소비시장이 중국 위주인 경우 중국에서 제조해서 중국에 판매하는 것이 불가피한 것으로 판단한다. 한국의 단위당 노동비용이 오름세를 지속하고 있는 상황에서 중국에서의 임금상승 압박에도 불구하고 물류비용을 감안할 때 현지생산 이외에는 마땅한 대안이 없기 때문이다. 다만 핸드폰 같은 경박 단소한 전자제품은 삼성전자의 경우처럼 임금이 상대적으로 저렴한 베트남 등 아시아에서 생산하여 중국으로 수출하는 구조가 유리한 것으로 본다.

둘째, 한국은 중국의 최종소비재 시장에 수출역량을 집중해야 한다는 것이다. 앞서 지적한 바와 같이 중국의 성장패턴이 수출주도형에서 내수주도형으로 전환되면서 수출용 중간재가 대중수출의 주류를 이루는 한국이 선진국에 비해 상대적으로 불리한 상황이다. 중간재의 경우 내수시장은 한국·일본·독일이 경쟁구조를 형성하고 있다. 한국의 주력 수출품목인 화학원료 플라스틱 부문에서는 한국·타이완·일본이 정립구조를 보인다.

반면 한국 대중수출의 22%에 불과한 최종재의 내수시장은 일본·미국·독일 등 선진국 간에 경쟁구도를 형성하고 있다. 한국은 섬유·의류, 중소형자동차, 선박 등에서 시장점유율 1위를 보일 뿐이다. 따라서 향후 한국의 수출기업은 중국을 가공무역기지로 활용하는 차원에서 벗어나 고급소비재 등 최종재 시장을 집중적으로 파고들어야 할 것이다.

셋째, 판매·투자지역 면에서는 도시화와 서부 대개발의 진전과 함께 시장이 급성장을 거듭하고 있고 공장 등의 입지조건이 유리한 중서부지역을 집중 공략해야 할 것이다. 최근 한국의 일부 대기업의 낸드플래시 및 상용차 공장을 서부개발의 전초기지에 해당하는 시안과 청두에 각각 건설하는 것이 그 좋은 본보기가 될 것이다. 아울러 환보하이만 중심의 대중 진출구도에서 탈피하면서도 이미 고급 소비시장이 형성된 상하이·푸젠·광둥 지역 등 현재 일본계 기업의 진출이 활발한 남부지역에 대한 시장개척에도 힘을 쏟아야 하겠다.

한·중 FTA 협상 대응은?

한·중 FTA는 2012년 5월 협상을 시작한 이래 2013년 9월 7차 협상을 끝으로 1단계 협상을 마쳤다. 협상구조는 1단계로 먼저 민감품목 보호를 위한 협상지침을 채택하여 합의한 후 2단계로 전면적인 품목 협상을 추진하는 방식이다.

한국과의 교역에서 2012년 중 무역수지와 서비스수지에서 각각 535억 및 38억 달러의 적자를 나타낸 중국으로서는 한·중 FTA를 통하여 경제적 이득을 보기는 쉽지 않다.

그보다 중국은 자국을 세계의 FTA 허브로 삼겠다는 원대한 구상을 가지고 FTA 협상에 임하여 왔다. 중국은 남쪽으로 아세안과의 FTA를 이미 발효시켰다. 또 서쪽으로는 중앙아시아, 북쪽으로는 러시아와 각각 FTA를 구상하고 동쪽으로 한·중 FTA를 추진함으로써 아시아의 강국인 일본의 참여를 압박하는 전략을 쓰고 있는 것이다. 한·중 FTA가 중국의 유라시아 전략의 일부라는 이야기다.

한·중 양측은 1단계 협상 결과 상품분야에서 일반, 민감, 초민감품목으로 삼분한 후 품목의 90%(수입액 기준 85%)에 대해 관세철폐에 합의하였다. 당초 한국이 우려했던 쌀을 비롯한 채소·화훼·축산물 등은 1,200개 초민감품목에 포함되어 사실상 자유화 대상에서 제외되었다. 또 서비스와 투자, 지적재산권·경쟁·투명성·위생(SPS)·기술무역 장벽(TBT)·전자상거래·환경 등 규범분야와 경제협력분야에서 높은 수준의 협정을 체결하기로 합의하였다.

중국에 진출한 한국기업의 의견을 들어보면 자동차, 건설, 화학 등은 FTA 효과가 기대되는 분야이다. 자동차는 현재 22%인 중국의 수입관세가 철폐되면 한국산 자동차의 대중 수출이 크게 확대될 것이다. 그러나 벤츠나 아우디 등 중국에서 생산된 글로벌 브랜드의 수입이 확대될 가능성도 배제할 수 없는 실정이다. 건설의 경우 중국의 거대한 건설시장을 공유할 수 있는 데다 중국의 값싼 노동력을 이용한 중동, 아프리카 등 제 3국으로의 공동 진출도 가능할 것으로 보인다. 화학부문은 한국의 최대수출시장인 중국의 수입수요 확대로 FTA의 효과가 크게 기대된다.

그러나 전자, 철강, 의약품, 유통 등의 분야에서는 우위를 확보하기가 쉽지 않을 것으로 평가된다. 전자산업의 경우 이미 중국 현지생산이 본격화되어 있어 FTA 효과가 크지 않으며, 중국이 공급과잉 상태에 있는 철강도 한국이 신기술을 전수하는 정도가 될 것이라는 분석이 주류를 이룬다. 의약품은 약품 허가기준의 상호 불인증으로 중국의 국제기준 수용 여부가 관건이 될 것이다. 아울러 유통과 물류분야에서도 규제나 경쟁정책 측면에서 의미 있는 협상이 진전되어야 하겠다.

한 · 중 금융,
어떻게 협력할 것인가?

한 · 중 금융교류 어디까지 왔나?

한 · 중 양국은 1992년 수교를 계기로 상업은행이 상호 진출하여 기업활동을 지원하고 원화와 위안화 무역결제 확대, 국채 상호투자 등 다양한 분야에서 금융협력을 증진해 왔다.

중국정부가 1990년부터 외국은행의 중국 진출을 허용하고 1996년부터 위안화 영업을 용인하면서 한국계 금융기관도 앞다투어 중국에 진출하였다. 2013년 6월 말 현재 한국계 은행은 하나 · 우리 · 신한 · 국민은행이 베이징에, 외환 · 기업은행이 톈진에 각각 현지법인을 두고 중국시장을 개척하고 있으며, 산업 · 부산 · 대구은행이 지점 형태로 영업하고 있다. 증권회사는 현재 11개 현지법인을 개설하고 시장을 개척하는 단계이고 보험회사는 5개 현지법인이 영업하고 있다. 최근에는 캐피탈회사도 진출하고 있다.

중국에 진출한 한국계 금융회사의 영업현황을 보면 은행의 경우 예대율 규제(75% 이하)가 엄격히 유지되는 가운데 글로벌 금융위기의 여파에 따른 부실 증가 등으로 수익성이 나빠지고 있다. 또 총자산 규모

〈표 6-11〉 한국계 금융기관의 중국진출 현황

업종별	현지법인	지점	사무소	합계
은행	6	77	3	86
증권	11	1	16	28
보험	5	10	12	27
캐피탈	5	-	1	6
합계	27	88	32	147

주: 이 표는 2013년 6월 말 기준으로 작성되었다.
자료: 금융감독원

도 각 은행이 30억 달러 미만으로 중국은행에 비해 미미한 수준이다. 보험회사는 중국 보험업이 2000년 이후 연평균 25%씩 성장하면서 2011년 기준으로 세계 6위 규모로 확대되고 성장잠재력도 큰 것으로 평가되지만, 한국계 선발 보험회사의 시장 점유율은 0.1% 수준에 불과한 실정이다.

또한 영업행태도 베이징·상하이 등 한국기업 및 교민 밀집지역에 편중되어 주로 한국인을 대상으로 영업한다. 한국계 은행이 중국 현지화에 성공하려면 현지 중소은행 M&A, 도시·농촌 상업은행에 대한 지분투자와 업무제휴, 중서부지역으로의 영업망 확장 등이 긴요할 것이다. 또 도시화와 소득증대에 대응한 프라이빗 뱅킹(PB)과 신용카드 업무기반을 확충하는 것도 필요할 것이다.

특히 신용카드 업무는 중국의 중상위층 고객 공략, 중국계 은행보다 선진화된 상품개발 등을 발판으로 중국 신용카드에 만족하지 못하는 소비자계층과 틈새시장을 개척해야 할 것이다. 소비자의 구미에 맞는 맞춤서비스 제공을 통하여 소비자의 충성도와 소비 규모를 높임으로써 카드시장의 질적 성장을 유도한다면 상당한 성과가 있을 것이다.

아울러 외국보험회사에 대한 교통사고 제 3자 책임보험 허용(2012. 5), 합작 증권회사에 대한 규제 완화(2012. 8) 등 최근 금융개방이 점차 빨라지고 있는 만큼 이에 대응한 증권·보험업의 시장선점 대책도 서둘러 마련해야 할 것이다.

한편 중국계 금융기관은 중국공상은행, 중국건설은행, 중국은행, 교통은행 등 4대 국영은행이 한국에 지점을 개설하여 주로 중국인을 대상으로 영업하고 있다. 또 중국농업은행도 최근에 사무소를 개설하였다.

한국의 중국 금융시장 투자

중국은 2013년 6월 말 현재 200여 개 외국기관에 대해 QFII 자격을 부여하고 투자한도로 1,500억 달러를 배정하였다. 초기에는 투자상품이 권익형으로 제한되어 있었으나 최근 투자범위가 확대되고 거래소별 위탁기관을 1개사에서 3개사로 늘리는 등 규제도 점차 완화하고 있다.

한국 금융기관의 QFII 투자를 보면 2008년부터 2012년 말까지 17개 기관이 약 22억 달러를 승인받아 중국 A주식에 투자하고 있다. 중국 자본시장에서 외국인 비중은 10% 미만으로 개방도가 높지 않고 국가별로 보면 한국은 2~3%에 그친 반면 미국과 유럽은 각각 20%를 넘어서 금융통합이 주로 역외 선진국과 이루어져 있다.

한편 국제금융 전문가들은 QFII 투자 실적이 중국 주식시장의 1~2%에 불과하여 자본시장 개방속도가 느린 것으로 평가하고 있다. 또한 중국은 해외의 유수한 글로벌기업과 레드칩기업의 중국 내 주식 발행을 허용함으로써 자본시장의 경쟁력을 강화하기 위해 해외기업 전용 상하이 국제판 개설을 추진하고 있다. 그러나 중국정부가 여러 차례 조속한 도입을 천명했음에도 불구하고 법률·회계·감독상의 이유로 국제판 설립이 계속 지연되고 있다. 채권시장의 경우에도 은행간 채권시장이 전체 채권시장의 97%를 점유하고 있으며, 거래소의 중개비중이 3%에 불과하여 유통시장 활성화가 긴요한 상황이다.

중국의 한국 금융시장 투자

중국은 대규모 외환보유액의 운용을 다원화하기 위해 2013년 4월 말 현재 약 20조 원을 한국에 투자하였다. 종류별로는 그동안 한국 국공채에 주로 투자하였으나 최근에는 주식시장에도 적극적으로 투자하고 있다. 2013년 1분기에만 주식에 1.9조 원을 집중적으로 투자하였다. 그래서 4월 말 현재 한국 주식시장에 7.6조 원을 투자하여 외국인 주식투자(총 399.4조 원)의 1.9%를 점유함으로써 세계 11위를 기록한 것이다. 그러나 무역규모에 비해서는 상대적으로 투자규모가 작은 편이다.

반면에 채권의 경우는 2012년 5월에 한·중·일 3국 정부와 중앙은행이 상호 국채투자 확대계획을 발표하는 등 정부 간 협력강화에 힘입어서 2013년 4월 말 현재 한국채권 보유액이 12.0조 원(투자비중 12.3%)에 달하였다. 한국 채권시장에 진출한 지 3년 만에 3위를 차지한 것이다.

〈표 6-12〉 한국의 국가별 외국인 주식투자 추이

(단위: 십억 원)

국적	2011년 말	2012년 말	2013년 4월 말	전년말비증감률	비중
미국	144,068	164,291	155,449	△ 5.4	38.9
영국	37,865	45,876	37,723	△17.8	9.4
룩셈부르크	23,572	26,941	26,188	△ 2.8	6.6
중국	4,036	6,233	7,636	22.5	1.9
홍콩	3,542	4,007	6,625	65.3	1.7
합계	351,455	411,573	399,382	△ 3.0	100.0

자료: 금융감독원

〈표 6-13〉 한국의 국가별 외국인 채권투자 추이

(단위: 십억 원)

국적	2011년 말	2012년 말	2013년 4월 말	전년말비증감률	비중
미국	16,369	18,742	20,465	9.2	21.0
룩셈부르크	12,971	13,645	16,260	19.2	16.7
중국	10,230	10,792	11,967	10.9	12.3
홍콩	2,559	4,572	1,314	△71.3	1.3
합계	83,027	91,016	97,392	7.0	100.0

자료: 금융감독원

중국이 국내 주식 및 채권시장에 투자한 잔액은 2008년 4,700억 수준에서 2013년 6월 말 현재 19조 9천억 원으로 4년 반 만에 42배나 폭증하였다. 이른바 차이나머니는 앞으로 더욱 늘어날 것으로 예상된다. 그 이유는 중국정부가 자본시장 개혁의 일환으로 해외투자를 권장하면서 한국 자본시장에 대한 투자가 국가기관 위주에서 민간 기관투자자까지 확대되고 있기 때문이다.

한·중 중앙은행 간 통화협력 가속화

아시아 각국은 1997년 외환위기를 계기로 급격한 자본 유출입에 대응한 국제공조가 긴요하다는 인식을 가지게 되었다. 이에 2000년 태국의 치앙마이에서 열린 제 2차 ASEAN 및 한·중·일 재무장관회의에서 회원국 상호 간에 긴급 유동성을 조달할 수 있게 한 치앙마이 이니셔티브(CMI) 체제가 출범하였다. 이어 2010년에는 회원국 간 위기대응능력을 강화하기 위해 다자간 스왑협정을 발효시킴으로써 치앙마이 이니셔티브 다자화 협약(CMIM)으로 발전하였다. CMIM체제는 동아시아 최초의 지역 금융협력기구라는 점에서 큰 의미가 있다. 그러나 유동성 지원규모가 크지 않고 자금을 지원할 때 IMF와의 협의를

〈표 6-14〉 통화스왑 체결 현황

<table>
<tr><th colspan="2">구분</th><th>상대국</th><th>스왑통화 및 규모</th><th>비고</th></tr>
<tr><td colspan="2" rowspan="4">평상용</td><td>중국</td><td>원 / 위안
64조 원 / 3,600억 위안</td><td>2014. 10월 만기 시
3년 연장 합의(2013.6)</td></tr>
<tr><td>인도네시아</td><td>원 / 루피아 10.7조 원</td><td>만기 3년, 연장가능</td></tr>
<tr><td>UAE</td><td>원 / 디르함 5.8조 원</td><td>만기 3년, 연장가능</td></tr>
<tr><td>말레이시아</td><td>원 / 링깃 5조 원</td><td>만기 3년, 연장가능</td></tr>
<tr><td rowspan="2">CMI
위기용</td><td>다자간
(CMIM)</td><td>ASEAN+3
회원국 간</td><td>달러 / 자국통화
192억 달러</td><td>한국 분담금
(192억 달러, CMIM 전체
1,200억 달러의 16%)</td></tr>
<tr><td>양자간</td><td>일본</td><td>달러 / 원-엔
100억 달러</td><td>-</td></tr>
</table>

주: 2013년 10월 말 기준으로 작성되었다. CMIM은 협정 개정 시 384억 달러로 증액될 예정이다.
자료: 한국은행

강제한 연계비율 문제가 지적되어 왔다. 이에 따라 2012년 중에 IMF 비연계비율 확대, 위기예방기능 도입 등으로 지역금융 안전망으로서의 역할을 크게 제고하였다.

한편 한·중 양국은 양국 경제관계가 갈수록 긴밀해지면서 한 나라의 금융불안이 타국으로 전염되는 부정적인 효과에 선제적으로 대응할 필요성을 인식하였다. 이에 2011년 10월 한국은행과 중국인민은행 간 통화스왑규모를 32조 원에서 64조 원으로 확대하였다. 아울러 박근혜 대통령의 중국 방문을 계기로 2014년 10월 통화스왑이 만기될 때 3년을 추가 연장하고 필요한 경우 그 규모도 확대하기로 합의하였다. 반면 2013년 6월 한·일 통화스왑(30억 달러)을 연장하지 않게 되면서 한·중 통화스왑이 CMIM 체제를 통한 위기시의 통화스왑을 제외한 평상용 통화스왑의 대종을 이루게 되었다.

또한 한국은행은 2012년 3월 3억 달러의 QFII 투자한도를 받아 중국 주식시장에 투자하고, 200억 위안의 은행 간 채권시장 투자한도를 받아 채권시장에 투자하였다.

로컬통화 결제 활성화

우선 양국은 원화와 위안화 간 무역결제를 확대함으로써 달러화에 대한 지나친 의존도를 줄여 나가고 있다. 중국은 위안화 국제화의 일환으로 위안화 무역결제에 주력하고 있으나 원화와 위안화는 다른 선진국 통화와는 달리 국제화가 되지 않아서 무역거래 결제에 제약을 받고 있다. 예를 들면 한국의 경우 현재 무역거래의 원화결제 비중이 수입은 3~4%, 수출은 2% 내외에 불과한 실정이다. 따라서 로컬통화에 의한 무역결제 확대는 자본시장 개방 및 통화 국제화와 병행 추진되어야 한다.

이러한 관점에서 한국은행과 중국인민은행은 2013년 1월부터 한중 통화스왑자금을 한국기업의 대중 위안화 결제 및 중국기업의 대한 원화 결제에 지원하는 제도를 도입했다. 이로서 양국통화 표시 교역이 촉진되고 한・중 통화스왑이 사실상 상설화되는 효과가 기대된다. 그러나 2013년 6월 말 현재까지는 양국 기업이 환리스크가 낮은 것으로 평가하는 미 달러화 결제를 선호함으로써 로컬통화 수요가 부족하여 거래실적이 1억 위안 미만으로 아직은 많지 않다. 또 한국기업이 위안화 결제를 이용할 경우 중국의 시장금리를 기준으로 금리를 설정하기 때문에 시중금리보다 높은 점도 대출수요가 부족한 원인으로 작용하고 있다.

한 · 중 금융협력이 긴요한 이유

한국은 수출주도형 성장으로 인한 높은 대외의존도 때문에 역외수요 충격에 취약한 경제구조를 가지고 있다. 따라서 거액의 외환 보유에도 불구하고 해외부동자금의 급격한 유출입에 따라 금융외환시장이 불안해지기 쉬운 실정이다.

한·중 양국은 실물부문에서 한국의 대중수출 비중(홍콩 포함 31%)이 미국·일본·EU 등 선진 3대 경제권을 합친 수준(27%)을 상회할 정도로 그동안 교역과 투자 증대로 긴밀한 관계가 형성되어 왔다. 그러나 대외거래가 미 달러화로 주로 결제되다 보니 금융통합은 선진국과 이루어지면서 실물과 금융통합 간에 심각한 불일치 현상이 발생하고 있다. 실제로 한국 자본시장에서 외국인 비중이 20%에 달한다. 그러나 국가별로 보면 2013년 4월 말 현재 미국(35%)과 유럽(30%)이 대종을 이루고 중국 비중은 4%에 불과하다. 또한 금융시장의 상대적인 미발달로 저축이 역내에서 환류하지도 못하고 있다. 따라서 한·중 간 금융협력이 진전되면 역내수요를 자극하여 성장이 촉진되고 해외충격도 더 쉽게 흡수할 수 있게 되는 만큼 양국 간 금융협력을 강화하는 것이 긴요하다 하겠다.

둘째, 미국의 양적완화, 일본의 아베노믹스 등으로 인해 발생할 수 있는 부정적 파급효과에 공동으로 대응할 필요성이 크기 때문이다. 현재 글로벌 유동성 수준이나 변동성은 선진국 통화정책에 좌우되고, 이는 한·중 양국을 포함한 신흥국에 급격한 자본이동 요인으로 작용할 뿐만 아니라 유가와 원자재가격을 자극하여 양국경제에 부정적 영향을 초래할 수 있다. 따라서 선진국 통화정책의 부정적인 효과를 최소화하기 위해서도 한·중 간 금융협력 강화가 절실한 실정이다.

한국경제에 주는 시사점은?

중국의 신 지도부는 금융개혁과 자본시장 개방이 지지부진하다는 국내외 시각을 반영하여 금리·환율 자유화를 가속화하고 있다. 아울러 국경 간 위안화 사용 확대와 홍콩을 역외위안화 시장으로 육성하여 자본계정 태환성을 실현해 나감으로써 삼화 개혁을 완성한다는 포석이다.

중국의 삼화개혁은 실물경제가 긴밀하게 연계된 데다 최근 들어 주식 및 채권투자가 크게 늘어나는 한국에 상당한 영향을 미칠 것이다. 아울러 양국은 글로벌 경제의 우등생으로서 국제부동자금의 투자처로 주목받는 만큼 글로벌 금융이슈에 공동으로 대응하는 것이 필요하다 하겠다. 한국에게 제조업 부문에서 중국과의 경합관계를 극복하는 것이 관건이라면, 양국 모두 상대적으로 금융의 발달이 늦은 만큼 금융부문에서 협력을 우선하는 것이 더욱 중요하다.

중국의 금융개혁 가속화가 우리 경제에 주는 첫 번째 시사점은 양국통화 표시 무역결제를 촉진해야 한다는 것이다. 위안화 무역결제는 중국이 최우선적으로 추진하는 국정과제의 하나이다. 최근 급성장하고 있는 양국 간 교역을 로컬통화로 결제하면 기업의 환리스크 헤지 및 거래비용 절감에 따른 교역촉진 효과가 나타날 것이다. 게다가 미달러화 의존도 축소에 따른 대외취약성을 완화하는 효과가 따라온다. 또 양국 간 실물과 금융 간 불일치 현상을 타개하고 양국 통화의 국제화에도 기여할 것이다. 양국 간 로컬통화 결제를 촉진하려면 환리스크 헤징수단의 개발과 원/위안 외환시장 개설이 필요할 것이다.

둘째, 중국의 외환보유액 누증과 해외투자 자유화에 따라 한국 자본시장에 대한 투자가 빠르게 늘어나면서 한국 입장에서는 이른바 차이나머니가 한국의 금융시장을 교란할 수 있다는 점에 유의해야 한다. 특히 채권시장의 경우 중국이 한국시장에 진출한 지 3년 만에 3대 채권보유국으로 부상하면서 거대한 자금력을 바탕으로 한국의 통화 정책을 교란시킬 가능성을 배제할 수 없다.

셋째, 자본시장을 이미 개방한 한국이나 단계적으로 개방하는 중국은 모두 금융위기 방지를 위한 공동대응 체제를 공고히 하는 것이 필요하다. 따라서 CMIM과 같은 아시아의 금융안전망이나 IMF 및 G20을 중심으로 한 글로벌 금융안전망의 확충을 위해 양국의 정책 공조를 강화해야 한다. 한편 2013년부터 한국은행과 중국인민은행이 64조 원 규모의 통화스왑자금을 한국기업의 대중 위안화결제 및 중국기업의 대한 원화결제에 지원하는 제도를 도입했다. 한·중 통화스왑이 상설화되는 효과를 겨냥한 것도 양국 간 금융협력의 좋은 본보기가 될 것이다.

넷째, 한국 금융회사의 중국 진출과 관련해서는 선별적인 대응이 필요하다. 중국의 금융부문은 은행, 보험, 증권업 순으로 대외개방을 추진하여 은행업은 이미 시장이 대부분 개방되어 있다. 이에 따라 은행업의 경우 한국의 거의 모든 상업은행이 중국에 현지법인을 설립하고 전방위 영업을 하고 있다. 이미 과당경쟁 우려까지 제기되는 만큼 추가 진출에는 신중한 접근이 요구된다.

한편 증권업의 경우 중국의 자본시장 개방이 늦어지고 있어 당분간 수익창출이 쉽지 않은 상태이다. 다만 보험업은 자동차보험 등 손해보험 시장이 빠르게 성장하고 있다. 또 인구 고령화가 진행되면서 실버산업의 시장규모가 팽창하는 만큼 한국의 앞선 금융기법을 바탕으로 시장개척을 서두르는 것이 긴요할 것이다.

다섯째, 중국은 상하이 자유무역지대 출범으로 위안화 자유태환과 금리자유화를 실험하고 있으며, 외국 금융회사의 진입과 업무규제도 크게 완화되고 있다. 그동안 금융후진국으로 여겨왔던 중국의 발 빠른 개혁에도 불구하고 한국의 대응은 여전히 희미하다. 세계경제포럼(WEF)의 국가경쟁력 지표 중 금융시장 성숙도에서 한국은 81위로 세계 1위를 기록한 홍콩은 물론 54위인 중국에 비해서도 갈수록 뒤처지고 있다. 한국이 세계 금융허브는커녕 경제력에 상응하는 금융 중심지로서의 위상을 유지하기 위해서라도 금융개방과 원화 국제화에 박차를 가하는 것이 절실한 시점이다.

마지막으로 양국은 금융협력 차원에서 상호 금융개방 노력을 꾸준히 확대해 나가는 것이 필요할 것이다. 중국의 경우 금리자유화와 금융하부구조 개혁은 생산성 향상을 통하여 경제발전을 촉진할 것이다. 또한 역내 저축 - 투자 갭 해소와 소비자금융 발전을 가능하게 만들어 내수 활성화에도 도움이 될 수 있다. 그렇게 되면 실물경제가 중국과 긴밀하게 연계된 한국으로서는 중국과 더불어 경제발전의 새로운 장을 열어나가는 데 결정적인 도움이 될 것이다.

제2부

중국인

7

중국의 금융거물들

세계의 금융패권은 오랫동안 영미를 중심으로 한 앵글로색슨계가 장악해 왔다. 미국의 대표적인 경영학자 피터 드러커가 세계금융자원의 70%를 미국이 주무르고 있다고 진단한 적이 있을 정도다.

그러나 중국경제의 약진과 함께 중국금융이 무섭게 커지고 있다. 급기야 2012년에는 순이익규모에 있어 세계 1~4위를 전부 중국 은행이 휩쓸지 않았는가. 혹자는 값싼 공산품으로 상품시장에 데뷔한 중국이 첨단 서비스산업인 금융에서는 감히 서구를 넘볼 수 없다고 생각할지도 모르겠다. 그러나 중국의 금융경제학자들은 서구 금융이 중국을 앞선 것은 불과 몇백 년에 불과한 것으로 평가한다. 서구의 화폐가 아직도 무게로 가치를 결정하던 10세기경에 중국에서는 이미 비칭량(非稱量) 화폐인 개원통보(開原通寶)가 널리 유통되는 사회였다는 것이다. 중국은 이제 금융대국을 넘어 세계의 금융강국을 꿈꾸고 있다.

금융이란 공장이나 생산설비가 불필요한 대표적인 인적사업이다. 정교한 금융이론으로 무장한 전문인력의 노하우와 질 높은 정보가 경쟁력을 좌우하는 것이다. 중국금융을 선도하는 중앙은행, 외환보유액을 운용하는 국가외환관리국, 세계 최대의 상업은행인 공상은행(ICBC)의 리더, 그리고 벤처캐피털과 금융투자업계의 떠오르는 신성들을 통하여 중국 금융의 속살을 들여다보자.

세계최고의 중앙은행 총재, 저우샤오촨

저우샤오촨 중국인민은행 총재는 그를 들먹이는 것이 이미 식상할 정도로 세계적인 영향력을 가진 인물이다. 특히 중국이 실물경제의 강자로 부상하자마자 유로존 채무위기가 확산되면서 저우 총재의 일거수일투족이 미 연방준비제도이사회의 버냉키 의장보다 훨씬 더 주목을 받게 되었다. 채무위기로 상당수 유럽국가가 흔들리자 세계 최대의 외환보유대국인 중국을 향하여 국제사회가 손을 벌리면서 중국인민은행과 저우 총재가 슈퍼파워로 떠오른 것이다.

저우 총재는 1948년 장쑤성에서 기계공업부 장관을 역임한 저우젠난(周建南)의 아들로 태어났다. 부친이 장관으로 재임하던 시절, 중국의 3대 지도자인 장쩌민이 그의 부하 직원이었다. 저우 총재는 문화대혁명 때 농촌 하방을 거쳐 칭화대에서 기계공학 박사 학위를 받았다. 1984년 당시 칭화대 경영대학원장으로 재직하던 주룽지 전 총리와 그 밑에서 박사과정을 밟던 시진핑 주석과 인연을 맺고 2년 후 대외경제무역부 차관보(部長助理)로 발탁된다. 1986년 국무원의 경제체제개혁 영도소조의 멤버를 겸직하면서 이중가격제 폐지에 앞장선 것이 주룽지 총리에게 강한 인상을 남겼다.

저우샤오촨 중국인민은행 총재는 세계에서 가장 영향력 있는 중앙은행 수장으로 꼽힌다. 소탈한 이웃집 할아버지 같은 인상을 풍기는 그는 공산당과 국무원의 복잡한 권력구조와 국제금융계의 거친 풍랑을 헤치며 11년간 중국경제의 조타수 역할을 능숙히 수행했다. 자료: 百度

그 인연으로 1991년 국무원 부총리로 발탁된 주룽지가 중국은행 부행장으로 추천하면서 공학을 전공한 저우는 금융인으로 변신하여 승승장구한다. 인민은행 부총재가 겸임하는 국가외환관리국 국장과 건설은행장, 증감위 주석을 차례로 거쳐 2002년 마침내 인민은행 총재에 오른다.

저우 총재와 중국인민은행의 힘은 어디에서 나오는가?

우선 인민은행의 자산규모가 4.5조 달러로서 미국 연방준비제도이사회(QE3 이전, 3조 달러)이나 유럽중앙은행(ECB, 3.5조 달러)을 능가하는 세계 최대이다. 게다가 인민은행의 자산도 자국의 종이화폐를 찍어내기에 바쁜 서구의 중앙은행과는 달리 85%가 외화와 금 같은 알짜로 구성되어 있다. 이에 따라 스탠더드차타드은행은 미 달러화의 영향력을 과소평가한다는 일각의 반론에도 불구하고 “글로벌 유동성을 좌우하는 세계의 중앙은행은 이미 미 연방준비제도이사회에서 인민은행으로 바뀌었다"라고 평가한다.

특히 2012년 6월 IMF가 유로위기 수습자금 마련에 나서자 제 코가 석자인 유럽과 미국이 주저하는 사이에 인민은행이 430억 달러를 쾌척하겠다고 치고 나갔다. 이때 인민은행은 저우 총재의 의중에 따라 IMF의 지분 개혁을 함께 촉구하며 국제적인 영향력 확대에 박차를 가하는 것도 잊지 않았다.

인민은행의 금리와 지준율 조정 같은 정책 변경은 이미 미 연방준비제도이사회의 움직임을 능가하는 국제금융시장의 핫 이슈로서 각국에 실시간으로 영향을 미치고 있다. 이러다 보니 〈포린 어페어즈〉(*Foreign Affairs*)가 매년 발표하는 세계 100대 경세가 중에서 저우 총재를 2010 ~2011년 연속 '세계경제의 풍향을 한손에 쥔 가장 힘 있는 중앙은행 총재'로 뽑았다. 〈유로머니〉(*Euromoney*)도 저우 총재를 '올해의 중앙은행 총재'로 선정한 바 있다. 이제 저우 총재는 중국경제의 조타수에서 세계금융의 소방수로 그 역할이 격상되었다. 저우 총재의 말 한마디에 세계 주식시장이 요동함으로써 그 영향력이 우리네 평범한 가정에까지 미치는 지경에 이른 것이다.

저우 총재와 인민은행에 대한 비판적 시각도 없지 않다. 서구의 경제학자들은 인민은행의 중립성이나 통화정책의 전문성을 문제 삼고 있다. 대다수 선진국에서는 행정부의 간섭이 배제된 상태에서 중앙은행이 통화정책을 중립적으로 수립하고 집행한다. 그래서 서구에서는 미 연방준비제도이사회를 금융 교황청이라고 부르며 대통령마저도 섣불리 간여하지 않는다.

그러나 중국의 경우 인민은행이 금리나 환율을 결정할 때 국무원의 사전 승인을 얻어야 한다. 따라서 정책결정이 지연되거나 비전문가의 견해가 끼어들 소지가 있다. 또 국무원 승인 과정으로 인해 통화정책의 내부시차가 길어져서 경제상황 변화에 선제적으로 대응하기 곤란

하다는 지적도 있다. 통화정책이 경기흐름과 물가변동에 후행할 수도 있다는 것이다. 뿐만 아니라 통화의 긴축과 같은 비인기 정책은 실업이나 농산물 작황과 같은 민생 문제나 정치 논리에 휘둘려 시행이 미루어질 가능성도 있을 것이다. 그만큼 저우 총재가 정책을 결정하는 데 어려움이 배가될 수 있다.

한편 중국의 경우 정권이 수시로 교체되는 서구와 달리 정치권력이 안정되어 있어 인민은행이 정부부처의 하나인데도 서구 중앙은행 못지않은 정책 일관성을 유지한다. 또한 오늘날에는 중앙은행이 물가안정만이 아니라 국민경제의 안정까지 도모해야 한다는 논리가 힘을 얻고 있다. 이런 관점에서 보면 국무원 차원에서 경제전체를 조망하여 정책을 펴 나간다는 중국식 논리를 결코 가볍게 보아서는 안 될 것이다.

여하튼 저우 총재는 2002년 이후 만 11년을 장수하면서 '미스터 런민비'로 불리는 국제금융계의 거물이 되었다. 저우 총재는 2001년 WTO 가입으로 중국이 서구세계에 데뷔한 이래 금융시장 개방과 위안화 국제화를 진두지휘해 왔다. 먼저 2005~2010년 중 공상은행 등 5대 국영은행을 홍콩과 상하이 증시에 상장시켰다. 아울러 2005년 위안화의 고정환율제를 폐지하고 주요 교역상대국의 통화바스켓을 반영하여 시장 수급에 따라 환율이 결정되도록 바꾸었다.

2009년부터는 위안화 무역결제를 도입하고 2008년 한국과의 통화스왑을 필두로 총 23개국과 2조 6천억 위안 규모의 통화스왑망을 구축함으로써 중국이 금융대국으로 전진하는 데 앞장서고 있다.

저우 총재는 2012년 11월 제 18차 전인대에서 공산당 중앙위원에서 배제되면서 은퇴가 유력시되었다. 그러나 2013년 3월 국가 지도자급이 맡는 정협 부주석으로 지명되면서 일반의 예상을 깨고 인민은행 총재에 유임되었다. 지난 20여 년간 국제금융계에서 중국의 위상을 오늘날까지 키워온 저우 총재를 대신할 마땅한 거물이 없다는 이야기다.

저우 총재가 해결해야 할 최우선 과제는 중속 성장기에 접어든 중국 경제가 순항하도록 통화정책을 미세조정하는 일이다. 중국은 현재 경제성장세 둔화로 중소기업의 경영이 위축되면서 도처에서 자금난을 호소하고 있다. 그러나 다른 한편으로 대도시를 중심으로 부동산가격이 지속적으로 상승함으로써 통화정책의 어려움이 가중되고 있다. 또 미국이 양적완화를 마무리하고 출구전략을 모색하면서 인도, 인도네시아 등 아시아 신흥국의 금융시장이 흔들리는 등 대외여건도 만만치 않다. 그런 가운데서 중국은 7%대의 안정적인 성장세를 유지하면서도 경제구조를 개혁해 나가는 적절한 균형점을 찾아야 한다. 비록 저우 총재가 만 11년 동안 재임하여 신선의 경지에 들어섰다 하더라도 공산당과 국무원의 복잡한 권력구조의 틈바구니에서 최적의 정책조합을 구사하는 것은 결코 쉬운 과제가 아닐 것이다.

저우 총재는 또 위안화를 이른 시일 내에 국제화해야 한다. 중국은 현재 IMF 쿼터 비중이 4%(투표권 비중 3.81%)이나 곧 6% 수준으로 증액되어 세계 3위로 높아질 것이다. 그러나 중국은 경제력 비중에 걸맞도록 IMF 쿼터의 추가 증액을 요구하고 있으며, IMF SDR의 바스켓통화에도 위안화가 포함되어야 한다고 주장한다.

저우 총재는 2013년 들어서도 여전히 중국의 통화금융을 반석 위에 올려놓기 위한 발걸음을 재촉하고 있다. 2013년 7월 대출금리 하한을 완전히 철폐하여 금리자유화를 한걸음 더 진전시켰다. 또 미국에 이어 세계 2위로 성장한 주식시장과 수년째 세계 1위를 고수하고 있는 기업공개(IPO) 시장도 점검하고 있다.

인민은행의 정책 변화는 이미 한국의 수출, 주가와 환율에 직접적인 영향을 미친다. 그만큼 향후 거대한 중국시장 선점을 통해 미래의 성장동력을 창출하려면 저우 총재의 행보를 주목하지 않을 수 없다.

중국경제는 이제 원하든 원치 아니하든 세계경제 선순환의 발원지로 지목받고 있다. 성장통을 앓는 중국경제가 되살아나야 한국경제도 순항할 수 있다. 저우 총재가 과연 화타(華陀)와 같이 썩은 곳을 도려내고 중국경제를 살리는 명의로 건재할 수 있을지 주목할 따름이다.

4천조 원 주무르는 국제금융계 영파워, SAFE 주창홍

죽(竹)의 장막 속에 머물렀던 중국에도 국제금융계의 스타가 혜성과 같이 나타났다. 중국의 외환보유액 3조 7천억 달러(약 4천조 원)를 주물러 국제금융계의 큰 손으로 떠오른 중국 외환관리국(SAFE)의 해외투자 최고책임자(CIO)인 주창홍(朱長虹)이 바로 그다.

주창홍은 1970년 안휘성 루장(盧江)에서 가난한 집안의 아들로 태어났다. 안휘는 명나라를 건국한 주원장의 고향으로 명나라 말기 상인과 선비를 겸하는 유상(儒商)의 산실인 휘주상방(徽州商幇)의 근거지였다. 당시 휘주는 독특한 상인문화를 형성하며 엄청난 부를 축적한 것으로 유명하다. 그러나 신중국의 근대화 과정에서 바다를 접하지 못한 내륙에 위치하여 동부 연안지역에 비해 경제가 낙후되어 있었다.

주는 일찍부터 물리, 수학 등의 방면에 천재성을 발휘하여 1989년 19세의 어린 나이에 이미 중국 과학기술대 물리학과를 졸업하고 궈모뤄(郭沫若) 장학금을 받고 도미하였다. 궈모뤄는 당대의 저명한 학자요 사회운동가로서 이 장학금을 받는 것은 과학기술계 최고의 영예로 여겨졌다.

1989년은 톈안먼사태로 중국이 도전에 직면한 시기였다. 국제적으

세계 최대의 외환보유국인 중국의 해외투자 CIO로서 3조 7천억 달러(약 4천조 원)를 주무르면서 있는 듯 없는 듯 처신하여 '투명인간'으로 불리는 중국 SAFE의 해외투자 CIO인 주창홍.
자료: 百度

로는 고르바초프의 페레스트로이카(개혁)와 글라스노스트(개방)로 촉발된 사회주의 변혁운동이 물결쳤다. 또 중국 국내에서는 1978년 이래 10여 년간 진행된 개혁개방 과정에서 잉태된 민주화 요구가 점차 거세지던 시기였다. 주창홍은 또래 대학생들이 톈안먼 앞에서 단식농성을 하다가 장갑차에 치여 숨지는 유혈사태가 발생하는 바로 그 시기에 자본주의의 메카인 미국으로 유학을 결심한 것이다.

주는 1994년 24세에 세계적인 명문 시카고대에서 양자물리학으로 박사학위를 취득해 장학금을 대준 국가의 기대에 부응하였다.

그러나 그의 사회 진출은 뜻밖에도 미국의 상업은행에서 시작하였다. 탁월한 수학실력을 바탕으로 아메리카은행(BOA)에서 금리리스크와 모기지대출 모형, 대출금리 결정방식 등을 연구한 것이다. 그러다가 1999년 월가의 채권왕 빌 그로스가 운영하던 PIMCO로 전직하면서 인생의 전기를 맞았다.

PIMCO에서 빌 그로스의 오른팔로 국채 투자와 파생상품 거래로 명성을 쌓다가 2005년 35세에 사장에 오르는 기염을 토했다. 230억 달러에 달하는 거액의 자금을 굴리면서 이미 국제금융계의 무서운 아이로 성장한 것이다. 그런 그를 눈여겨보던 이강(易綱)의 스카우트 제의를 받는다.

중국인민은행 부총재로 SAFE CEO를 겸직하던 이강은 미국 일리노이대에서 경제학박사 학위를 받았다. 그 후 인디애나대와 퍼듀대 교수를 역임했고 인민은행 통화정책국 부국장으로 특채되었다. 그 역시 소리 없이 중국의 국부를 최일선에서 방어하는 21세기 중국의 애국자다.

여하튼 주창홍은 중국정부의 '해외두뇌 1000명 유치 프로젝트'에 따라 2009년이 저물어갈 즈음에 SAFE에 파생금융상품 전문가로 스카우트되었다.

1990년대 중반 소련이 무너지면서 냉전시대가 종식되자 미 항공우주국(NASA)에 근무하던 로켓과학자들의 역할이 축소되면서 새로운 일자리를 찾아 대거 월스트리트로 쏟아져 들어온 적이 있었다. 그들은 로켓이나 미사일을 쏘던 고등수학을 활용하여 파생금융상품을 설계하면서 월가에서 가장 임금이 높은 금융인으로 변신하는 성공스토리를 썼다.

SAFE에 안착한 주창홍도 중국 과기대에서 고등수학을, 시카고대에서 양자물리학을 파고들던 실력과 미국에서 20년을 살면서 몸에 밴 합리적 사고를 바탕으로 중국의 외자운용시스템을 개혁해 나갔다. 40세에 SAFE의 CIO로 임명된 직후인 2010년 6월 당시 외환보유액의 45%를 미국 국채에 투자해 오던 SAFE의 투자성향을 획기적으로 바꾸기 시작한 것이다.

정확하게 2년이 지난 2012년 6월 중국의 외환보유액 중에서 미국자산 비중이 70%에서 50% 아래로 뚝 떨어졌다. 특히 미국 국채에 대한 투자 비중을 35%까지 끌어내리고 그 빈자리를 미국의 주식·회사채·부동산, 그리고 구제금융을 받는 가운데 유럽안정화기금(EFSF)이 발행한 채권을 헐값에 사들여 발 빠르게 메워나간 것이다.

또 2012년 하반기에는 일본 증시가 급등하기 직전에 동물적인 감각으로 거액을 배팅하는 승부사적 기질을 발휘했다. 때마침 아베노믹스의 입김으로 일본 증시가 수직 상승하면서 주는 중국의 국부를 크게 늘리는 혁혁한 성과를 거두었다. 글로벌 금융위기 이전까지만 해도 중국은 서구의 금융자본 앞에서 금융국경을 지키기에 급급하면서 잔뜩 주눅이 들어 있었다. 글로벌 금융위기의 와중에도 중국의 국부펀드를 운용하는 중국투자공사가 거액의 손실을 입는 뼈아픈 경험을 했었다.

그런데 주창홍의 등장으로 미국과 유럽의 금융자본과 싸워서 승전을 거듭하다 보니 주는 어느새 중국의 젊은이들 사이에서 영웅으로 떠올랐다. 2013년 들어 중국 언론에서도 그를 외자운용의 일등공신이라고 대서특필하기 시작하였다. 주가 거둔 전과는 스페인과 이탈리아까지 구제 금융을 받아야 한다는 논란이 일고 있던 지뢰밭 한 가운데서 거둔 것이라 더욱 값지게 느껴진다.

주창홍은 공격적인 투자 판단 그 자체보다 어쩌면 국제금융계의 흐름에 둔감할 수 있는 상급 지도부를 설득하는 것이 더 어려웠을지도 모른다. 3~4년 전 중국투자공사가 서브프라임모기지 사태를 맞아 월스트리트에서 거액을 날린 기억이 생생하지 않는가! 그런 상태에서 주창홍이 돈이 될 만한 먹잇감을 발견하는 것보다 돌다리도 두드려보고 건너려는 윗사람들로부터 리스크를 감수하는 투자에 대해 '오케이' 사인을 받아내는 정치력을 발휘하는 것이 어찌 쉬웠겠는가?

중국인들은 주를 투명인간이라고 부르며 자랑스러워한다. 그 이유는 주가 4천조 원을 주무르면서도 있는 듯 없는 듯 겸손하게 처신하기 때문이다. 60여 년 전 마오쩌둥을 도와 신중국을 건설한 불세출의 전략가이면서도 언제나 자신을 낮추었던 린바오(林彪)를 연상케 한다. 린바오는 중국 역사상 제갈공명에 비유되는 책사이면서도 언제나 마오쩌둥 앞에서 낮은 자세로 국사에 임해 문화대혁명의 질곡을 비껴 나갔다. 게다가 주창홍이 캘리포니아의 대저택 두 채와 라스베이거스에 있던 콘도를 뒤로 한 채 안락한 미국생활을 포기하고 조국을 위해 헌신한 것을 중국 국민들은 잊지 않고 있다.

국제금융시장에서도 이제 중국이라면 전족을 한 여인의 서투른 걸음걸이가 아니라 고등수학으로 무장한 주창홍의 정밀타격을 먼저 생각하게 될 것이다. 주창홍을 아끼는 중국인들은 그런 날이 멀지 않았다고 기대하고 있으리라!

〈그림 7-1〉 중국 국가외환관리국의 미국자산 비중 추이

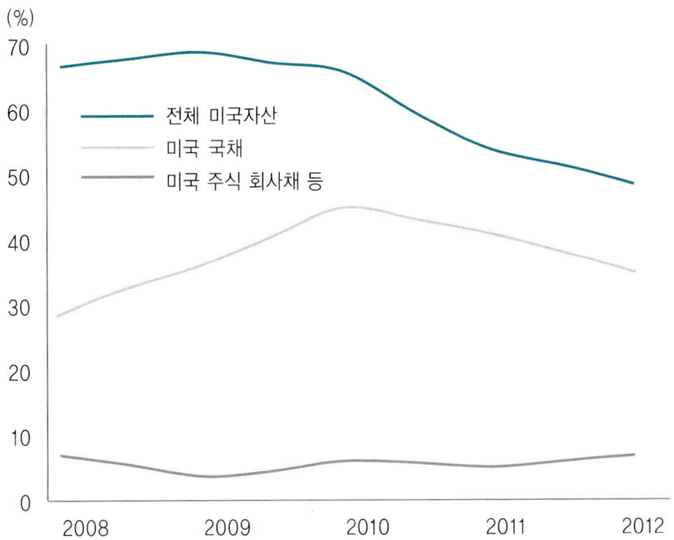

주: 주창홍은 SAFE CIO를 맡은 지 2년 만에 미국 국채 투자비중을 45%에서 35%로 대폭 낮추는 대신 채무위기에 시달리던 유럽과 일본에 거액을 투자하는 승부사 기질을 발휘했다.
자료: WSJ

탄광에서 세계최대 은행장으로, 공상은행 장젠칭

영국의 금융전문지 〈더 뱅커스〉(*The Bankers*, 2013. 7)은 중국공상은행이 2013년 기본자본 규모와 당기순이익에서 각각 세계 1위에 올랐다고 발표하였다. 부채성 자본을 제외한 순자본이 1,606억 달러로 전년보다 15% 늘어나면서 미국의 JP 모건체이스와 아메리카은행을 제치고 세계 1위로 등극한 것이다.

공상은행의 세계 재패는 특별한 의미가 있다. 중국의 제조업은 값싼 노동력을 이용한 이른바 인해전술로 세계의 공장이 될 수 있었다. 그러나 정교한 금융이론이 지배하는 금융산업에서는 미국이나 영국 같은 앵글로색슨국가가 오랫동안 세계의 강자로 군림하여 왔다. 그런데 바야흐로 공상은행을 필두로 건설은행, 농업은행, 중국은행이 당기순이익 규모에서 세계 1~4위를 휩쓸어버린 것이다. 그 선두에 공상은행의 회장이자 은행장인 장젠칭(姜建清)이 우뚝 서 있다.

장젠칭은 1953년 상하이에서 출생하여 1970년 문화혁명의 급류 속에서 17세에 장시성의 한 농촌으로 하방되었다. 곧이어 허난성의 탄광에서 3년간 석탄 먼지를 뒤집어쓰다가 1979년 26세가 되어서야 공상은행에 입행하게 된다. 학문적 배경이 별로 없었던 장은 그날부터 주경야독을 시작하여 상하이 재경대를 거쳐 40세가 가까운 나이에 마침내 상하이 교통대에서 금융관리학 박사학위를 취득한다. 이후에도 미국 컬럼비아대에서 연수하면서 통화금융 이론을 연마하여 수많은 저서와 논문을 써 내는 입지전적인 인물로 성장하였다.

그는 10년간 농촌과 탄광에서 밑바닥 생활을 하면서 단련된 정신력과 남다른 학구열이 뭉쳐서 탁월한 능력을 발휘하기 시작하여 1993년 공상은행 상하이분행 부행장으로 발탁된다. 이후 마치 화산이 폭발하듯이 그의 능력이 터져 나오기 시작하였다. 1995년 상하이 합작은행장, 1999년 공상은행 부행장을 거쳐 2000년 공상은행장에 오르는 숨가쁜 승진행진을 거듭하였다. 불과 21년 만에 초급행원에서 세계최대 은행의 회장에 오른 것이다.

필자가 그를 여러 차례 만나본 바, 그는 직원 40만 명과 지점 1만6천여 개를 거느린 초대형 은행의 회장이면서도 늘 겸손하고 무게 있는 대인의 풍모를 지녔다. 험상궂은 외모와는 달리 항상 미소를 띠면서 중국의 금융업이 규모의 확대보다는 수익 창출능력을 높여야 한다는 지론을 조곤조곤 설파하곤 하였다. 실제로 그는 은행장 취임이후 업무강도가 느슨한 후선인력을 과감하게 줄여서 영업점에 전진 배치함으로써 상당한 성과를 보았다. 장 회장은 은행을 개혁하기 위해서는 인력과 영업점 정비, 그리고 해외진출 전략 등이 유기적으로 결합되어야 한다고 본 것이다.

그는 또 영업 현장에서 잔뼈가 굵다 보니 다양한 금융실무에 정통하다. 언론에서는 장 회장이 개혁성향도 겸비한 것으로 평가하고 있다. 예를 들면 2006년 공상은행을 홍콩과 상하이 증시에 동시 상장하는 결단을 내리고 이를 진두지휘한다. 그리고 시가총액 1조 위안의 세계 5대 상장사로 육성함으로써 중국 자본시장 발전에도 크게 기여한 것으로 평가받고 있다. 이러한 은행개혁 노력에 힘입어 그는 2009

년과 2011년 두 차례나 '올해의 은행가'로 선정되기도 하였다.

오늘날 중국 상업은행들이 짊어진 과제는 무겁다. 은행이 무려 3,747개나 난립해 있다. 또 주식시장을 육성해야 한다는 구호에도 불구하고 은행이 전체 자금조달의 75%를 담당한다. 지방정부와 국영은행, 그리고 국영기업이 톄싼자오(鐵三角, 철삼각)라 불릴 정도로 사실상 한 통속이다. 지방정부와 국경기업이 대규모 투자 사업을 벌이면 국영은행은 무위험 사업으로 간주하고 무조건 대출하는 식이다.

그러나보니 기업의 입장에서는 투자정보가 투명하게 공개되고 사업타당성을 까다롭게 따져서 주가가 좌우되는 증시보다 은행대출을 선호하기 마련이다. 또 채권시장이 낙후된 데다 민영기업의 경우 채권 발행을 시도했다가 좌절될 경우의 '낙인효과'를 두려워하여 은행대출에만 목을 매는 분위기이다. 게다가 예금금리 상한 규제로 자금조달비용이 싸다 보니 대출금리가 턱없이 낮은 만큼 신용도를 갖춘 기업의 경우 은행자금을 마다할 이유가 없다.

그러나 기업부문의 레버리지 상승은 장기적으로 투자를 위축시키고 은행의 자산건전성과 수지에도 부정적인 영향을 미치는 것은 자명한 이치이다. 또 대형 국영기업들이 국영은행의 자금줄을 독차지하는 사이에 중소기업으로 흘러 들어가는 금융통로는 갈수록 좁아지고 있다. 2013년 5월에 개최된 한·중 금융협력세미나에서 중국 중앙재경대 궈톈융(郭田勇) 은행연구소장은 은행대출이 어려운 중소기업들이 그림자금융에 매달리는 현실을 우려하였다. 중국의 그림자금융 규모는 2012년 말 현재 어느새 24조 위안에 달하여 중국 GDP의 45% 내외에 이른다. 그 세미나의 사회자이자 패널리스트로 참석한 필자가 궈 소장에게 끈질기게 파고들자 그는 "중국의 중소기업은 겨우 3%가 은행대출을 받고 있을 뿐"이라고 토로한 바 있다.

중국의 금융을 보는 서구의 시각은 차갑다. 정확한 규모를 추정하기 어려운 지방정부 부채와 설비과잉, 그로 인한 은행의 잠재적인 부실여신을 우려의 눈으로 바라본다. 또 중국경제의 위험스러운 뇌관으로 떠오른 그림자금융, 기업공개를 기다리는 엄청난 수의 기업이 압박하는 주식시장. 이처럼 하나같이 쉽지 않은 난제들이 서로 엉켜 있는 것이 중국 금융의 현실이다.

또 최근 은행예금의 75%까지만 대출할 수 있도록 한 예대율 규제를 회피하기 위해 은행 간 대출로 위장된 기업대출 규모가 2조 위안에 달하는 것으로 파악되었다. 은행 예대시장의 왜곡도 여전하다는 이야기다. 아울러 미 연준의 양적완화 축소로 채권시장이 출렁이면서 미국 채권을 대량 보유한 중국정부와 은행계의 시름도 깊어지고 있다.

장 회장과 경쟁하던 중국은행의 샤오강(肖鋼) 행장이 증감위 주석으로 옮긴 지금, 중국 상업금융계를 이끌 인재는 장 행장이라는 데에는 이론이 없는 듯하다. 탄광노동자에서 일약 세계최대 은행의 지휘관에 오른 장젠칭 회장의 활약을 기대해 본다.

중국의 조지 소로스,
벤처 캐피털리스트 에릭 리

사회주의 국가인 중국에도 벤처 캐피털이 성업하고 있다. 특히 45세의 에릭 리(李世默) 가 이끄는 청웨이(成爲) 캐피털이 서방 언론의 주목을 받고 있다. 중국은 은행시장이 90% 이상 개방되었다면 보험시장은 50 ~60% 정도, 증권시장은 30 ~40% 정도 개방되었다고 보면 될 것이다. 그리고 파생금융상품은 지금도 인민은행이 허가를 하지 않고 있다. 그러다 보니 금융개방 확대를 고대하고 있는 서구에서는 에릭 리와 청웨이 캐피털의 거침없는 성장세에 배가 아플지도 모른다.

에릭 리는 1968년 상하이에서 대학교수였던 지식인 부모에게서 태어났다. 할머니는 문화대혁명의 한 가운데서 첫손주인 리의 울음소리를 총성과 함께 들었다고 한다. 리는 공산주의가 중국에 지상낙원을 가져다 줄 것이라는 교육을 받다가 갑자기 개혁개방으로 전환하는 혼란기에 청소년기를 보냈다.

리는 공산주의를 지향하던 중국의 믿음이 실패하고 말았다는 환멸 속에서 고등학교를 졸업하자마자 미국 서부의 명문 UC 버클리대로 유학을 간다. SAFE의 주창홍이 톈안먼 사태를 뒤로 하고 도미했던 것처럼 에릭 리도 자본주의 본고장인 미국에서 히피 생활을 하면서 에릭 리는 2013년 6월 스코틀랜드에서 개최된 TED 컨퍼런스에서 공산당이 이끈 중국이 다당제를 채택한 서구 민주국가들보다 빈곤퇴치에 우월한 정치시스템이라는 평가를 내렸다. 리의 연설에 중국의 젊은 이들이 열광하면서 그는 새로운 중국의 우상으로 떠올랐다.
자료: Google

학업에 정진했다. 버클리대 경제학과를 졸업한 후 곧바로 스탠퍼드대에 진학하여 MBA학위를 취득한 것이다.

그는 1989~1993년까지 IT서비스와 기업용 솔루션을 주업으로 하는 미국의 페로 시스템스에서 실무를 익힌다. 이 회사는 미국의 억만장자요 1992년 미국 대선에 단기필마로 출마했던 로스 페로가 창업하였다. 페로는 대선에서 19%를 득표하는 이변을 일으켜서 공화당 조지 부시 후보의 표를 잠식해 빌 클린턴의 당선에 기여하기도 했다. 여하튼 페로는 1962년 일렉트로닉 데이터 시스템스(EDS)를 설립하여 1984년 GM에 거액을 받고 매각함으로써 거부의 반열에 오른다. 이어서 1988년 설립한 페로 시스템스는 곧바로 의료서비스와 금융보험 분야의 강자로 떠오른다. 페로는 2009년 PC제조업계의 큰 손이었던 델(Dell)이 IT서비스 분야를 보강하기 위해 손을 내밀자 39억 달러(4조 2천억 원)의 거금을 받고 주저 없이 회사를 팔아넘긴다.

또 에릭 리는 세계적인 투자은행 JP 모건에서도 지분투자와 M&A 업무의 속살을 맛보며 내일을 기약한다.

IT서비스 시장의 흐름과 기업을 사고파는 빅딜의 현장을 체험한 에릭 리는 덩샤오핑이 남순강화로 개혁개방의 고삐를 다잡은 직후 자신을 낳아준 고향 상하이로 돌아온다. 리는 당시 중국에서는 낯선 벤처 캐피털업계에 뛰어들어 중국 금융의 새로운 장을 열게 된다. 그는 먼저 난야(蘭亞) 캐피털의 파트너로서 중국과 아시아태평양의 다양한 국가에서 수많은 업종의 지분투자를 취급하면서 중국의 금융 관행과 투자 분위기를 숙지하였다. 그리고 2000년에 마침내 청웨이 캐피털을 설립한다.

청웨이의 기금규모는 이미 5억 달러를 상회하여 그 식욕이 자못 왕성하다. 사업분야가 인터넷, 무선통신, 하드웨어와 응용소프트웨어, 반도체 등의 IT 분야와 신매체, 소비재와 음식료, 건강의료서비스 등을 넘나든다.

주요 투자기업을 보면 중국 최대의 인터넷 동영상 공유사이트로 중국의 유튜브로 불리는 유쿠(優酷, Youku)와 중국의 소득수준 향상에 따라 매년 20% 이상씩 급성장하는 온라인 명품 쇼핑몰의 강자 샹핀(尙品, ShangPin.com)에 투자하여 돌풍을 일으켰다. 베이징, 상하이, 항저우 등 전국에 1,100여 개의 호텔을 가진 중국 제 2의 호텔체인 한팅(漢庭)과 중국인들의 교육열에 주목한 온라인 교육기업인 원스마트에도 투자하여 잭팟을 터뜨렸다. 그는 IT나 서비스분야뿐 아니라 석유 등 에너지, 광학기기와 같은 제조업분야에도 수익창출 기회가 있으면 어디든지 들어간다.

중국에서 벤처 캐피털은 무슨 의미를 지니는가? 국영기업과 국영은행이 끈끈하게 연계되어 중국경제를 좌지우지하는 사회주의 국가 중국에서 자본주의의 상징이라 할 수 있는 벤처시장이 활개를 치는 것은 아이러니가 아닐 수 없다. 신용위험이 전무한 것으로 간주되는 국영기업에 대한 대출만을 선호하는 은행권이 금융을 장악하고 있는 중국의 풍토에서 벤처 캐피털은 자금을 조달할 수 없는 기술 기업에 대하여 살 길을 열어주는 것 이상의 의미가 있다.

벤처기업이 성행하는 것은 중국경제의 공유부문이 줄어들고 민간의 창의가 꽃필 공간이 확대된다는 측면에서도 상당한 시사점을 던져준다. 예를 들면 한국의 의료산업이 사회주의화되어 간다는 우려가 있는 상황에서 중국의 헬스케어 부문에 대한 활발한 벤처 투자는 한국경제에 던지는 메시지가 작지 않다.

중국에서 벤처 투자가 발아한 것은 불과 20여 년 전이다. 1990년대 말부터 성장하기 시작하여 후진타오 주석 집권 10년 동안 중국의 GDP가 연평균 10.5%씩 성장하면서 벤처 캐피털도 급성장하였다. 특히 중국 국가발전개혁위원회는 2006년부터 벤처 캐피털에 대해 최소 투자규모와 최소 자본금 규모를 각각 1백만 위안 및 3천만 위안으로 낮추어 진입장벽을 해소해 주었다. 또 지방정부가 벤처 캐피털업체에 대해 직접투자, 대출, 채권보증 등을 제공할 수 있도록 함으로써 중소기술기업들이 자금을 조달할 수 있는 벤처 생태계를 조성했다.

현재 중국의 벤처기업은 40만 개를 넘고, 벤처기업에 모험자본을 공급하는 벤처 캐피털회사는 2,200여 개에 이른다. 벤처펀드의 결성규모도 지난 10년간 연평균 20%씩 성장하여 2012년 벤처펀드 투자규모가 1,500억 위안(약 27조 원)을 상회하고 있다. 한국의 벤처 캐피털회사와 벤처펀드 투자규모가 각각 27,000개와 1조 4천억 원인 것과 비교하면 각각 20배 수준이다. 실로 놀라운 규모가 아닌가! 또 한국이 주로 정부 재정에 의존하여 벤처를 지원하는 데 반해 중국은 연기금, 기업, 국부펀드 등 다양한 투자자가 예비 창업자나 창업초기단계 기업에 대해 투자하는 엔젤투자는 물론 지분투자와 차입의 중간적인 성격인 메자닌(*mezzanine*) 투자에까지 참여하고 있다.

한편 중국에서 엔젤투자의 개념조차 불명확하던 시절 골드만삭스, 인텔캐피털, IDG 등 외국기업이 초기 벤처 캐피털 시장을 선도하였다. 이후에도 해외 벤처 캐피털회사를 적극 유치함으로써 지금도 500

여 개 회사가 벤처투자의 70%를 담당하고 있다.

에릭 리는 벤처 캐피털의 CEO로 동분서주하는 가운데서도 중국 지식인의 한 사람으로서 중국의 현실을 서방에 알리고, 사회참여를 통하여 중국의 꿈을 실현하는 데 앞장서고 있다.

에릭은 중국본토 최고의 경영대학원으로 평가되는 CEIBS의 출판부 주석을 맡아 다양한 사회과학 및 경영도서를 출판하고 있다. 그는 또 명연설가로도 유명하다. 특히 그가 2013년 6월 스코틀랜드에서 개최된 테드(TED) 컨퍼런스에서 중국의 정치시스템을 변호한 연설로 중국 젊은이들의 우상으로 떠올랐다. 칼 맑스와 북한의 김정은 국방위원장까지 등장한 파워포인트를 넘기며, 공산당이 이끈 중국이 다당제를 채택한 서구 민주국가들보다 빈곤 퇴치에 우월한 성과를 가져왔다고 거침없는 평가를 내렸다. 공산당이 세계에서 가장 가난한 농경사회였던 중국을 세계 2위의 경제대국으로 급성장시켰으니 서구식 민주주의를 함부로 중국에 들이대지 말라고 반박하였다. 투표를 통한 국민의 정당 선택권 보장과 자유 민주주의가 절대선이라고 주장하는 것 자체가 서구의 오만이라고 일갈한 것이다.

아마도 중국의 원로그룹들도 그를 흐뭇하게 바라보았을 것이다. 중국은 그동안 서구로부터 정치를 개혁하고 인권을 개선하라는 요구를 수없이 받아왔으나 당당하게 대응하지 못했다. 그런데 에릭 리가 속시원하게 중국의 국가 권력구조와 정치시스템의 우월성을 대놓고 주장한 것이다. 에릭 리는 식상한 이데올로기의 종언을 고하고 세계를 향한 중국의 도전을 편견 없이 바라봐 달라고 자신만만하게 요구한다.

중국에서도 금융회사는 단연 인기 직장이다. 그러나 금융업에 도전하는 수많은 중국 젊은이들은 4대 상업은행의 평균 직원 수가 36만 명에 달한 정도로 견고한 기성의 장벽에 절망하고 있다. 게다가 그 상층부는 힘 있는 태자당들이 장악한다고 생각하는 부류도 많다.

그런 상황에서 아이디어와 기술력만으로 창업한 벤처인들이 죽음의 계곡(*death valley*)을 넘어 사업 아이템의 상업화에 성공할 수 있도록 기회를 제공하는 벤처 캐피털리스트에게 묘한 동질감을 느끼는 듯하다. 수십만 명의 SNS 팔로워들이 에릭 리의 한마디 한마디에 열광하는 것을 보면 중국 젊은이들이 그에게 자신을 꿈을 투영하고 있는지도 모른다.

베이징대를 중퇴한 태자당 금융투자업계의 대니

대니 왕은 중국 중부에 있는 한 성의 베이징주재관을 거쳐 현재 성의 부성장인 아버지와 국가기관 간부로 재직하는 어머니 사이에서 외아들로 태어났다. 이른바 바링허우(1980년대 출생자) 세대이다. 중국의 고위관료나 고급 장성의 자제들을 지칭하는 태자당으로서 금 수저를 물고 태어난 것이다.

각 성의 베이징주재관은 웬만한 크기의 나라에 상당하는 성을 대표하여 황도(皇都) 베이징에 머무는 대사와 같은 직책이다. 비록 중앙정부에 대해서는 '을'의 위치에 있지만 그 지방에서는 막강한 권한을 가진 요직인 셈이다. 최근 중국 남부 한 성의 베이징주재관을 부패 혐의로 수사했을 때 그의 집에서 수천만 위안의 현금과 수백 개의 골드바가 쏟아져 나온 것만 보아도 그 위세를 짐작할 수 있다.

대니는 부모님의 기대를 한 몸에 받으면서 엘리트 교육을 받았다. 학업에 정진하여 중국의 최고명문 베이징대 경제학부에 입학하였다. 그러나 그해 겨울 부모님과 함께 유럽을 여행하면서 낙후된 중국의 경제 현실에 눈을 떴다. 대니는 가족회의 끝에 어렵사리 입학한 베이징대를 한 학기만 다니다가 중퇴하고 영국 유학길에 올랐다. 베이징대를 졸업하고 관계에 진출한다면 그의 앞길에는 탄탄대로가 열릴 것이다. 그것을 포기할 만큼 유럽여행은 그와 그의 부모에게 엄청난 충격을 준 것이다.

런던에서 학부와 MBA 과정을 마친 그의 전공은 놀랍게도 중국 정부가 의혹의 눈으로 바라보고 있는 파생금융상품이다. 대니의 가족은 글로벌 시대를 맞아 천지에 널린 돈을 보고, 베이징대를 졸업하여 공산당 간부나 국무원의 관리가 되기보다 금융계에 베팅한 것이다. 필자가 만난 대니는 실제로 사회주의라는 이데올로기는 개인이나 중국 국가에도 큰 의미가 없다고 조심스럽게 털어 놓았다.

귀국 후 대니는 중국의 유수한 증권회사의 법인영업부에 자리를 잡았다. 그는 중국 내는 물론 유럽과 미국을 넘나들면서 이제 막 국제금융시장에 얼굴을 내민 중국의 돈줄을 흔들며 세계시장에 도전하고 있다. 수년 전 그는 홍콩에서 태어나 서양식 교육을 받은 미모의 여성을 만나 결혼하였다. 그의 아내는 글로벌 투자은행의 중국 담당데스크에서 근무하다가 곧바로 독립하여 투자자문회사 사장이 되었다. 그녀의 고객은 주로 다국적기업들로서 지금은 수천억 위안을 주무르는 상하이 국제금융시장의 젊은 실력자로 부상하였다. 서구의 국제투자은행들이 중국 거대 국영기업의 기업공개를 주선할 때에도 자문회사로 참여하여 떼돈을 번다.

대니와 그의 아내는 중국의 신흥자본가 계층이다. 1949년 마오쩌둥이 신중국은 세울 때 무산계급인 프롤레타리아의 혁명을 통한 절대평등의 실현을 건국이념으로 삼았다. 그때 타도대상이었던 금융자본가 계층이 다시 살아나는 것이다. 역사의 아이러니라고나 할까!

시진핑의 유일한 처남이자 중국의 영부인이며 인민해방군예술학원 총장으로서 현역 장군인 펑리위안(彭麗媛)의 남동생도 중국국제무역센터(CWTC) 내에서 투자자문회사를 운영하고 있다.

중국의 최대 전자상거래 업체인 알리바바의 창업자 마윈은 중국 젊은이들의 우상이다. 알리바바가 2013년 말 홍콩증권거래소 상장을 추진하는 데다 장쩌민 주석의 손자 장즈청이 설립한 사모펀드 보위가 알리바바에 투자하고 보위도 알리바바 지분을 6% 매입하면서 비상한 주목을 받았다. 자료: Google

장쩌민 전 주석의 손자인 장즈청(江志成)도 예외가 아니다. 상하이 자오퉁(交通)대를 거쳐 미국 하버드대에서 경제학을 전공하고 골드만삭스에 잠깐 근무하다가 홍콩에서 약관 24세에 사모펀드인 보위(博裕) 캐피털을 설립했다. 그는 2010년 1차로 10억 달러를 모집하여 전자상거래, 금융, 유통 등에 투자한 데 이어 2013년 7월부터 15억 달러(1조 7천억 원)에 달하는 2차 펀드를 모집하였다. 1차 펀드에 중국의 최대 온라인상거래업체인 알리바바(alibaba.com)가 투자하고 보위도 알리바바 지분을 6% 가까이 매입하면서 언론을 주목을 받게 된 것이다. 〈월스트리트저널〉(2013. 7. 9)는 시진핑 지도부 출범 후 연일 부패척결과 기득권 타파를 외치는 가운데서도 부모의 권력을 등에 업고 거대한 부를 축적해 나가는 태자당의 행태는 계속될 것이라고 비꼬았다.

이밖에도 금융투자업계에 투신한 관얼다이(고관의 2세)들이 유독 많다. 조세피난처 케이먼군도에 사모펀드 New Horizon Capital을 설립하여 세계적인 투자은행 JP 모건, 도이치뱅크 등의 자본을 긁어모은 원자바오 전 총리의 아들 원원쑹(溫雲松) 위성통신그룹 회장, 중신(中信)산업기금이라는 사모펀드를 운영하는 정치국 상무위원 류윈산의 아들 류러페이(劉樂飛)가 눈에 띈다. 리펑(李鵬) 전 총리와 2007년 전인대에서 시진핑을 발굴하여 그의 후견인 역할을 해온 쩡칭훙(曾慶紅)의 자녀들도 중국의 인맥을 뚫어보려는 서구와 홍콩자본 등과 연계하여 천문학적인 사모펀드를 운영하고 있다.

금융투자업계에 투신한 태자당들은 더 이상 부모세대처럼 관계에 머물러 있기를 원하지 않는다. 틀에 얽매어 있는 관계보다는 자유분방하고 자신이 흘린 땀만큼 수확의 기쁨을 누릴 수 있는 직업을 선호하다 보니 중국의 금융자본과 거대기업을 빠르게 장악해 나가고 있는 것이다.

이들은 부모가 형성한 정치인맥을 통해 사실상 중국경제를 지배하

〈표 7-1〉 중국 고관자녀의 사모펀드 운영 현황

주요 인사	자녀	관여한 사모펀드
장쩌민 전 주석	손자 장즈청	홍콩 보위캐피털 설립
장쩌민 전 주석	아들 장멘헝	뉴마진벤처캐비털 이사
원자바오 전 총리	아들 원원쑹	New Horizon Capital 설립 차이나밸류캐피털 설립
류윈산 상무위원	아들 류러페이	중신산업기금 설립
리펑 전 총리	딸 리샤오린	중국전력공사 CEO
쩡칭훙 전 부주석	아들 쩡웨이	하이쓰커(海思科) 부사장
우방궈 전인대 상무위원장	사위 펑샤오둥	중과허그룹 사업투자기금 대표 광둥원자력홀딩펀드 운용
리창춘 전 정치국원	딸 리퉁	홍콩 중은국제 산하 사모펀드 대표
허궈창 전 기율서기	아들 허진타오	네포크캐피털 설립

자료: 百度

는 초대형 국영기업의 상층부와 관계를 맺으면서 새로운 자본가 계층으로 급성장하고 있다. 이른바 금융 권력을 장악한 신 홍쓰아(紅色) 귀족층(선대의 후광에 힘입어 귀족처럼 부와 명예를 누리는 특권계층)이 탄생하고 있는 것이다. 대니 왕이 금융투자업계의 거물로 등극할 날도 머지않은 것으로 보인다.

8

중국의 부자와 중산층

부(富)는 이 세상의 물질은 물론 때때로 사람까지도 지배한다. 또 지위나 명예를 손쉽게 얻도록 도와줄 수도 있다. 특히 물질을 근본으로 보고 마음이나 정신을 부차적인 것으로 치부하는 유물론에서 출발한 중국에서야 말해 무엇하겠는가!

부의 흐름을 파악하는 것은 그 사회를 이해하는 지름길이 될 수 있다. 우리에게 〈위대한 개츠비〉란 소설의 작가로 잘 알려진 피츠제럴드는 "부는 은행에 쌓인 돈이 아니라 그것을 소유한 사람이 세상을 바라보는 관점이나 삶의 방식을 좌우한다"라고 갈파했다. 또 관념론의 대가 헤겔은 일찍이 "부자가 혼자 향유하던 것을 나누면 자신의 실체를 발견하고, 모두가 행복해진다"라고 피력했다. 부자와 빈자 간의 소득 불균형이 중국경제의 아킬레스건이 된 지금 중국 부호들의 실체를 해부해 보자.

중국 부호는 어떻게 벌어서 어디에 쓰나?

중국의 사치품 조사회사인 후룬(胡潤, 2013)은 자산이 10억 달러(1조 1천억 원)를 능가하는 세계 억만장자 1,453명 가운데 367명이 중화권 부호로서 미국(409명)에 이어 세계 2위를 차지한 것으로 밝혔다. 중국의 부호가 급증하는 것은 경제가 고도성장을 거듭하는 것과 직결된다 하겠다.

역시 부동산 재벌이 가장 많다.

중국의 부호를 주력 업종별로 보면 역시 부동산 재벌이 전체의 28%를 차지하여 가장 많다. 중국 본토의 최고 갑부로 손꼽히는 완다(万達) 그룹의 왕젠린은 부동산 가격 폭등에 힘입어 2013년 자산이 1,350억 위안(약 24조 원)에 달하였다. 지난해에 비해 무려 108%가 불어났다. 이밖에도 헝다(恒大) 그룹의 쉬자인 등 부동산 거부들이 부자 서열의 상위권을 차지하고 있다.

왕젠린은 최근 들어 영화 사업으로 눈을 돌리고 있다. 그는 미국의 양대 극장 체인의 하나인 AMC 그룹을 인수하였다. 또 국가 채무위기로 경제가 크게 흔들린 유럽과 러시아의 극장들을 싹쓸이하여 2020년까지 전 세계 박스오피스 매출의 20%를 장악한다는 원대한 꿈을 꾸고 있다. 이와 함께 영국의 호화요트 제작회사인 선시커도 사들여 사업영역을 다각화해 가고 있다.

부동산 다음으로는 제조업(15%), 금융(13%), IT(8%), 도소매(5%)의 순으로 부호들이 많다. 제조업 부호로는 식음료회사인 와하하(娃哈哈) 그룹의 창업자인 쭝칭허우(宗慶后)의 재산규모가 1,150억 위안으로 2위를 차지하였다. 와하하는 1987년 저장성 항저우에서 창업하여 국유기업을 잇달아 합병하면서 매머드 기업으로 급성장하였다. 와하하는 중국사람들이 박장대소하는 웃음소리에서 따온 의성어로서 쭝칭허우는 봉이 김선달처럼 냉차와 에너지음료를 팔아서 중국의 최고 갑부로 등극하였다.

그는 마오쩌둥을 숭배하며, 마오의 군사전략과 부하를 다루는 용병술에 정통하여 이를 기업경영에 접목함으로써 큰 성공을 거두었다고 한다. 중국의 내수시장 활성화 바람을 타고 식음료를 판매하는 소비업종에서 드디어 큰 부자가 나온 것이다.

와이어로프와 봉재 등을 생산하는 사강(沙鋼)철강의 선원룽(沈文榮) 회장(270억 위안)도 눈에 띄나 근래 들어 철강경기가 위축되면서 재산이 줄어들고 있다.

금융 부호로는 민성(民生)은행과 롄화(聯華)은행의 대주주인 류융하오(劉永好), 핑안(平安)보험에 투자하여 대박을 터뜨린 정쩌량(鄭澤良)이 억만장자 그룹에 속한다. IT부문에서는 인터넷 종합서비스와 온라인 게임으로 떼돈을 번 텅쉰의 마화텅(馬化騰) 회장, 중국 최대의 인터넷포털 바이두의 리옌훙(李彦宏), 중국 최대의 전자상거래기업인 알리바바의 마윈(馬云) 회장 등이 억만장자로 널리 알려져 있다.

〈표 8-1〉 중국의 부호 순위

순위	성명	주력 회사	주요 업종
1	왕젠린 (王健林)	완다 (万達)	부동산, 유통, 도소매
2	쭝칭허우 (宗慶后)	와하하 (娃哈哈)	식음료
3	마화텅 (馬化騰)	텅쉰 (騰訊)	IT, 인터넷
4	웨이젠쥔	창청 (長城)	자동차
5	양후이옌	비구이위안 (碧桂園)	부동산

자료: 騰訊, 2013.9

여성 부호들의 기세도 만만치 않다. 천만장자는 여성비율이 30%, 억만장자는 10%를 넘어서고 있다. 부동산 재벌 비구이위안(碧桂園)의 상속녀인 양후이옌이 회사를 홍콩 증시에 상장하면서 일약 부호 순위 5위에 올라 7억 명의 중국여성 중에서 가장 돈이 많은 것으로 평가되었다. 부동산 재벌 푸화궈지(富華國際)의 회장이자 50세에 근육질의 30대 톱 스타인 연하남과 결혼하고 자단목 박물관을 지어서 화제를 뿌린 천리화(陳麗華)가 여성 부호 3위를 기록했다. 또 마카오의 도박왕으로 불리는 스탠리 호(何鴻燊)의 37세 연하인 넷째 아내 량안치(梁安琪)도 2조 원대의 돈방석에 올라앉아 있다.

후진타오 전 주석의 딸 후하이칭(胡海青)도 부호의 반열에 들어 있다. 그녀가 중국 최대 포털사이트인 SINA(新浪網)의 CEO였던 거부 마오다오린(茅道臨)과 결혼하자 권력과 돈이 결합한 사례로 인구에 회자되면서 세상을 떠들썩하게 하였다. 여성 부호들은 경제가 가장 개방된 광둥성 출신이 많으며 바이오, 제약, 고철업 등 다양한 업종에서 두각을 나타내고 있다.

부호들은 어디에 살고 무엇에 돈을 쓰나?

부호들의 지역별 분포를 보면 역시 수도인 베이징에 밀집해 있다. 재산이 1억 위안 이상인 억만장자 64,500명 중에서 베이징 거주자가 가장 많고 상하이, 선전 순이며, 홍콩과 타이베이에도 부자가 많다. 홍콩의 거부로는 개인자산이 2천억 위안(36조 원)을 넘어 아시아 최고 갑부로 알려진 창장실업의 리카싱 회장이 단연 돋보인다.

재산이 1천만 위안(약 20억 원) 이상을 보유한 동네 부자인 천만장자들의 분포를 보더라도 베이징(18.4만 명)이 가장 많고, 광둥성(17.2만 명), 상하이(14.7만 명), 저장성(13.2만 명), 푸젠성(7.6만 명) 순으로 대부분 동부 연안지역에 밀집해 있다.

부자들의 씀씀이는 고급품을 파는 기업들의 중요한 관심사이다. 중국의 상류층을 겨냥한 잡지 〈후룬바이푸〉(胡潤百富)를 보면 중국 부호들은 주택이나 별장 같은 부동산 투자에 열을 올리고, 여행을 하면서 여유시간을 보낸다. 베이징 부호들은 리궁(麗宮)의 별장이나 싱허완(星河灣) 아파트를 최고의 주거지로 꼽으며, 하이난다오의 싼야(三亞)나 호주를 최고의 휴양지로 생각한다.

스포츠로는 골프(38%), 수영(36%), 요가(25%) 등을 즐기며, 최근에는 승마가 격조 있는 취미로 각광 받으면서 승마용품이 날개 돋친 듯이 팔린다고 한다. 부가 축적되면서 중국 억만장자의 1/3이 3년 내에 자가용 비행기를 구입할 계획이며, 요트도 구매 리스트의 상단에 올라와 있다고 한다.

또 중국 부호들은 화목한 가정과 자녀들의 성공을 행복의 조건으로 인식하면서 교육에도 돈을 쏟아 붓는다. 재산 20억 내외의 천만장자만 되도 80%는 자녀를 해외에 유학 보내고 있다. 그들은 주로 미국(43%)과 영국(34%)에 유학하여 선진지식 습득에 열을 올린다. 또 국내 명문인 칭화대나 상하이 CEIBS EMBA 과정의 학비는 50만 ~ 60만 위안(1억 원)으로 베이징대 최고경영자과정 학비(3.9만 위안)의 무려 15배에 이른다. 최근에는 건강에 대한 관심이 높아지면서 기업 CEO의 15% 이상이 주치의를 두고 있다. 또 최고의 의료진을 갖춘 병원이 출시한 연회비가 1천만 원을 호가하는 맞춤형 건강관리 패키지가 인기몰이를 하고 있다. 이와 함께 예술품에 대한 수집 붐이 불면서 너도나도 고가의 도자기와 미술품을 찾는다.

한편 중국은 1인당 국민소득이 6천 달러 내외의 중소득국인데도 2012년 사치품 소비가 3,060억 위안으로 전 세계의 25%를 차지하는 세계 최대의 명품 소비국이다. 중국 GDP가 세계에서 차지하는 비중이 12% 안팎인 점과 비교해 보더라도 중국인들이 사치품을 좋아하는 사실은 틀림없는 듯하다.

중국인들의 외제차 선호는 유별나다. 변변한 국산 명차가 없는 이유도 있겠지만 웬만한 부유층은 롤스로이스, 벤틀리, 벤츠, 포르쉐, BMW 등 명차를 여러 대씩 갖고 있다. 관용차를 아우디로 일괄 구매한 결과 너도나도 아우디를 구입하여 공직자 행세를 하려는 유행이 번진 적도 있다. 또 파텍필립이나 까르띠에 같은 명품시계를 4~5개씩 가지고 있으며, 헤네시와 루이 13세 같은 최고급 양주를 즐긴다. 심지어 병당 37만 위안(7천만 원)을 호가하는 1982년산 희귀 와인 Chateau Lafite-Rothschild도 공급이 달릴 정도라고 한다.

또 루이뷔통 매출의 50%가 중국에서 일어나고 최고급 화장품인 로레알의 매출도 십수 년째 두 자리 수 증가세를 유지할 정도로 세계적인 명품 브랜드들이 중국시장에 갈수록 집중하고 있다. 은퇴 후에 매년 300만 위안(5억 원)을 쓰는 부자가 6만 4천 명에 이를 정도이다 보니 그 시장이 가히 무궁무진하다 하겠다.

중국의 빈부격차, 사회불안의 뇌관이 될 것인가?

중국의 빈부격차는 실로 심각한 수준이다. 중국에는 지금도 월수입이 500달러 이하인 빈곤층 가계 인구가 1억 명이 넘는다. 그러나 다른 한편에서는 등 뒤에 보이지 않는 부모들의 튼튼한 인맥이 뒷받침하고 있는 이른바 홍쓰아 귀족들은 이 시간에도 서구에서 배운 신지식을 바탕으로 금융투자업계나 IT업계 등에서 급속하게 부를 장악해 가고 있다. 퇴근 시간에 몽블랑 같은 날렵한 서류가방을 들고 벤츠나 아우디를 타고 미끄러져가는 30~40대 청년 기업인들은 누구인가?

그들은 대체로 해외유학을 통하여 첨단지식을 습득한 후 인맥을 통한 알짜배기 사업기회 획득, 금융투자회사 설립 또는 대형 국영기업의 고위직 취임의 수순을 밟는다. 그런 풍토에서 우수한 두뇌와 성실한 자세를 가진다 한들 개천에서 나온 서민의 자녀들이 그들을 대적하기란 결코 쉽지 않을 것이다.

미국의 노동부 장관을 역임하고 버클리대에 재직하는 로버트 라이시 교수는 2010년에 출간한 저서 《위기는 왜 반복되는가》(*After Shock: The Next Economy and America's Future*)에서 미국 대공황의 원인을 소수의 상류층이 부를 독점하면서 유효수요가 부족했던 데서 찾고 있다. 1929년 대공황 발발 직전 미국의 상위 1% 계층이 국민총소득(GNI)의 23%를 점유하였다. 대공황의 결과는 실로 참혹하였다. 1932년에는 공업생산이 3년 전에 비해 44%가 감소하고 주식시장이 폭락하면서 억만장자들의 자살이 이어졌다.

그런데 중국은 어떤가? 국립 베이징대 경제학과의 샤예량(夏業良) 교수는 중국의 상위 1% 부유층이 중국 국부의 41% 점유하고 있다고 개탄한다. 시진핑 지도부가 소득 불평등을 축소하는 것이야말로 지속적인 경제성장의 바탕이 된다는 현대경제학의 주장을 귀담아 들어야 하는 이유가 바로 여기에 담겨 있다.

홍콩의 랑셴핑(《부자 중국 가난한 중국인》, 2011) 교수는 중국은 GDP 세계 2위, 외환보유액 세계 1위로 국가는 부가 흘러넘치지만 중국 서민들의 호주머니는 가난하다고 지적하였다. 그는 주문자상표를 부착하는 수출방식(OEM)으로 인해 외국 대기업의 하청업체로 전락해버린 중국 기업의 비참한 실태와 세계의 쓰레기 하치장이 되어가는 환경문제를 꼬집었다.

> 미국 완구업체 마텔의 수익률은 첨단반도체 기업의 수익률과 비슷한 40% 선이다. 그러나 정작 마텔은 24위안에 파는 완구를 생산하는 중국 둥관 공장에는 완구 1개당 1마오(18원)를 줄 뿐이다. 미국의 노동자가 연소득이 4만 달러를 웃돌 때 중국 노동자의 연봉이 2천 달러에 불과한 이유가 바로 여기에 있다.

수년 전 애플의 아이폰을 생산하는 하청업체인 팍스콘의 홍하이 공장에서 저임금과 열악한 근로조건에 절망한 중국 노동자 13명이 연쇄 자살을 하여 큰 파문을 일으킨 것도 같은 맥락으로 볼 수 있겠다.

실제로 중국에 거주하는 외국인 기업가들은 중국 첨단제품 수출의 80% 이상을 외국기업이 담당하고 있다고 판단한다. 기술이 부족하다

애플의 하청업체로 노동자 연쇄자살 소동을 빚었던 팍스콘 공장의 작업 모습.
자료: Naver

보니 고수익을 창출할 수 있는 고급제품은 외국기업이 대부분 장악하고 있다는 것이다. 외국기업에 고용된 중국인들 중에서 허드렛일을 하는 직원이라면 화려한 사무실에 근무하지만 월급은 외국기업 주재원들의 1/10 수준을 밑도는 경우도 허다하다.

중국은 더 이상 평등을 지향하는 국가가 아닌가?

오늘날 중국의 국민들이 평등하다고는 아무도 믿지 않는다. 필자와 깊은 친분관계를 유지했던 중국 공산당 중앙당교의 원로 교수의 고뇌어린 비판은 중국의 고민을 엿볼 수 있다.

그는 중국 공산당 이념의 산실이며, 국가지도자 시진핑이 교장으로 있었던 중앙당교의 교수로 30년을 근무한 자신의 월급이 6천 위안(110만 원)인데 태평양보험회사의 CEO 연봉이 6천만 위안(110억 원)이라며 세태를 한탄한 적이 있다. 도대체 무엇이 중국을 끌고 가는 기본 이념이냐는 것이다. 그는 현재의 50대는 국가가 과거에 주택을 제공했기 때문에 그럭저럭 살 수 있지만 새로이 사회에 진출하는 젊은 세대들이 3천위안 내외의 월급을 받고 어떻게 살아갈 수 있겠느냐고 필자에게 반문하였다. 그런 사회 현실 속에서 천문학적 보수를 받는 금융가들이 과연 보수에 합당한 성과를 창출하여 사회에 기여하는가를 묻는 것이다.

실제로 금융업의 임금수준은 상당히 높은 편이다. 〈베이징첸바오〉(北京晨報)의 보도에 따르면 수도 베이징시의 근로자 연평균 임금은 62,677위안으로 월평균으로는 5,223위안(95만 원)이다. 2011년보다 12% 인상되었다. 업종별로 보면 금융업의 연평균 임금이 184,612위안(3,300만 원)으로 단연 가장 높으며, 전 산업 평균임금의 2.2배에 달한다.

필자가 만난 한 증권회사의 부사장은 연봉이 450만 위안(8억 원)이라고 했다. 그는 40대 초반의 중국계 미국인이었다. 캘리포니아에서 중국인 이민자의 후예로 태어나 MBA 학위를 취득한 후 기회의 땅 중국에 왔다. 또 다른 친구는 산둥성 출신 한족으로 한국에 유학하여 경영학을 공부하고 한국의 증권회사에서 실무를 익혔다. 그는 한국인 여성과 결혼하여 아들을 낳고 중국으로 돌아와 대형 증권회사에서 법인영업을 하고 있다. 이런 직장인의 임금 수준은 중국에서 대학을 나와 착실하게 직장생활을 하는 친구들에게 좌절감을 줄 만큼 엄청난 보수를 챙긴다.

중국에 진출한 한국계 은행이나 증권회사의 지점장급 간부들도 한국에서 은행 지점장들이 받는 임금과 이미 비슷한 수준까지 올라와 버렸다. 훈련받아서 쓸 만해지면 임금 인상을 요구하거나 뜻이 관철되지 않을 경우 다른 회사로 미련 없이 옮겨 버린다.

이처럼 금융업 임금이 높은 것은 금융기관이 규제의 보호 아래 땅 짚고 헤엄치기 영업을 할 수 있었기 때문이었다. 중국은 2012년 여름까지만 해도 은행에 대해 3%p의 예대마진이 보장됐다. 그러다 보니 순이익 세계 1~4위를 중국의 대형은행이 모두 휩쓸었지 않았는가!

한편 중국의 임금통계에서 보면 주민서비스 및 수리서비스업의 연평균 임금은 38,838위안(720만 원)으로 제일 낮아 평균의 46%에 불과한 실정이었다. 또 중소기업이 많은 사기업의 임금은 시장을 지배하는 국영 대기업의 64% 수준에 불과하다.

필자가 보기에는 중국은 한국보다 훨씬 자본주의적이다. 생산성이나 업종에 따라 임금격차가 엄청나다. 중국에 진출한 한국의 소프트웨어회사에서는 중국직원들 중에서 입사 동기 간 임금격차가 10배가 나는 경우도 있다고 한다.

놀라운 것은 직원들이 그 상황을 순순히 받아들인다는 것이다. 한국에서는 철탑 농성이 있을 법한 상황이지만 중국에서는 고액연봉을 받는 직원이 회사에 그만큼 기여한 것으로 인정하고 체념한다니 얼마나 자본주의적인가!

급속하게 확대되는 중산층

중산층이란 이론적으로 평균소득의 150~50%에 속하는 계층을 말한다. 맥킨지(2013)은 미국의 경우 전 인구의 73%(약 2억 3천만 명)가 이에 해당하는 것으로 분석하였다. 중국은 연 소득 1만 6천~3만 4천 달러인 계층을 중산층으로 보고 있다. 중국은 2012년 2.6억 도시가구의 약 14%(3,600만 가구)에 불과한 중산층이 2022년에는 3.6억 가구의 51%에 해당하는 1.9억 가구가 중산층에 진입하는 급격한 변화를 보일 것으로 전망한다. 서민층과 빈곤층이 중산층으로 빠르게 이동한다는 뜻이다. 여하튼 10년 후에는 중산층 인구가 총 인구의 45% 해당하는 6.3억 명으로 확대된다는 것이다.

중국의 중산층 연구에 천착한 헬렌 왕(Helen H. Wang, 2012)이나 〈맥킨지 보고서〉(*2012 Chinese consumer report*)에 따르면 중국 중산층의 소비패턴이 빠르게 변하고 있다. 2020년이 되면 중국 중산층의 소비시장 규모는 4.5조 달러에 달해 미국(4.3조 달러)을 추월할 것으로 추정된다. 중산층의 소득 증가에 따라 생활필수품에 대한 지출 비중이 현재의 25%에서 20%로 떨어지는 반면, 레저와 문화비 지출비중은 12%에서 18%로 높아질 것이다.

〈그림 8-1〉 중국 도시가계의 소득계층별 변화 추이

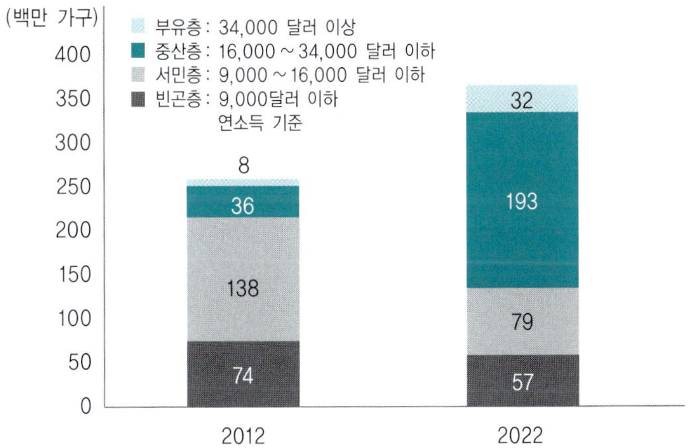

자료: Dominic Barton, *McKiney Quarterly* (2013.5)

중국의 중산층은 충동구매보다는 그 물건을 먼저 사용한 친구나 동료의 입소문을 중시한다. 또 젊은 세대를 중심으로 인터넷의 가격비교 사이트를 찾거나 세일을 기다리는 서구인들의 구매행태를 점차 닮아가고 있다. 베이징이나 상하이의 소비자는 여타 도시에 비해 자신만의 유니크한 취향을 중시하고, 내구성이나 기능성보다는 매력적인 디자인을 먼저 본다. 또 나라가 크고 상표가 난립하다 보니 믿을 수 있는 고급 브랜드에 대한 충성도가 매우 높다.

최근에는 동부 연안지역의 대도시뿐 아니라 중부 내륙의 2~3급 도시에서도 식료품 안전이나 환경오염에 대한 의식이 높아지면서 믿을 수 있는 브랜드를 찾는 경향이 더욱 강해지고 있다.

또 중국은 세계 최대의 전자상거래 시장이 이미 형성되었을 정도로 구매패턴도 빠르게 변하고 있다. 2012년 6월 말 현재 온라인 쇼핑몰을 통해 상품을 구입하는 중국인은 2억 1천만 명으로 미국(1억 8천만 명)을 훨씬 능가하고 있는 것으로 집계되고 있다.

중국의 부는 재편되고 있다

중국경제의 역동성을 반영하듯 부자가 재산을 지키기도 쉽지 않았다. 2003년 재벌 순위 20위 안에 들었던 부호들 중에서 10년 만에 20위권에 살아남은 갑부는 단 2명밖에 없을 정도이다. 양계업에서 출발하여 사료, 식품, 바이오로 영역을 확장하여 148개의 계열기업군을 거느린 류융싱 회장과 부동산업에서 출발하여 종합투자회사 스마오 그룹을 일으킨 쉬룽마오 회장이 바로 그들이다.

또 최근 들어서는 유학이나 해외 근무를 통하여 선진 지식으로 무장한 신흥 부유층이 빠르고 두텁게 형성되어 가고 있다.

해외유학파와 신흥 지식층

지금 중국에는 동서양의 지식을 아우른 수많은 신흥 지식층이 있다. 바야흐로 그들이 새로운 시대의 지배계층을 형성하고 있는 것이다.

마오쩌둥 시절, 문화대혁명을 거치면서 중국에는 지식인을 경시하는 풍조가 만연한 적이 있었다. 김하중(〈중국이야기〉, 2013)에 따르면, 당시 중국사회에서는 '지식이 많으면 많을수록 반동'이라는 인식이 팽배하였다. 또 노동을 신성한 것으로 인식하고 '수술 칼을 잡은 의사가 머리 깎는 칼을 가진 이발사보다 못하고 미사일이나 자동차를 제작하는 자가 택시를 운전하는 노동자보다 못하다'라고 보았다고 한다. 이처럼 지식인과 노동자의 지위가 역전되기도 했던 중국이 대외개방과 함께 순식간에 달라졌다.

1911년 신해(辛亥) 혁명으로 청나라가 몰락하고 쑨원(孫文)의 삼민주의 깃발 아래 중화민국이 탄생할 때 타락한 군벌과 부패한 관리들로 인해 중국의 앞길이 절망적이던 시절, 수많은 젊은이들이 해외로 나갔다. 일하며 공부하는 근공검학(勤工儉學) 운동이 퍼졌던 것이다. 중국의 제 2세대 지도자 덩샤오핑도 90명의 쓰촨성 검학생의 일원으로 프랑스에 유학하여 신문물을 습득한 후 개혁개방을 이끈 역사의 인물이 되었다. 덩샤오핑은 개혁개방 이후에도 선진국에 유학하여 첨단기술과 경영기법을 도입할 것을 적극 장려함으로써 오늘의 중국을 만든 20세기의 가장 위대한 인물로 꼽힌다.

중국의 초대총리로 27년간 재임했던 저우언라이도 일본 와세다대와 프랑스 파리대에 유학하였다. 중국 국민당을 이끌며 공산당에 맞서다가 패배한 후 타이완 총통으로 일생을 바친 장제스(蔣介石) 역시 선진 문물을 재빨리 받아들여 이미 강대국으로 부상한 일본에서 수학한 유학파의 한 사람이다.

한편 중국정부는 경제가 굴기하면서 2001년 WTO 가입을 계기로 중국 대학의 해외진출에 박차를 가하고 있다. 또 국내에 들어와 있는 외국인 유학생들을 적극적으로 지원하면서 안팎으로 교육을 통한 소프트파워 강화의 불을 댕기고 있다. 이들이 중국경제를 이끌 차세대 주역으로 성장하고 있는 것이다.

중국의 화려하고 풍요로운 신세대. 청년 농민공들은 그들이 부모의 부를 물려받아 풍요를 누린다며 불만이 가득한 눈으로 바라본다.
자료: 百度

신세대 부자들, 체형과 매너도 달라졌다.

덩샤오핑의 한 가정 한 자녀 정책 실시 이후 1980년대에 태어난 바링허우, 그 중에서도 금수저를 물고 태어난 신세대들은 더 이상 꾀죄죄한 중국인들이 아니다. 국제무역센터에서 만나는 중국의 젊은이들을 보자. 신체조건이 뛰어나고 스포츠나 예술에도 상당한 조예를 가진 젊은이들이 자주 눈에 띈다. 외국에 유학을 했거나 부모를 따라 외국에 체류한 경험이 많고 외국기업이나 외국인들을 자주 상대하다 보니 매너도 세련되어 있다.

그들의 입맛과 취향도 급격하게 서구화되고 있다. 필자의 사무실이 있던 베이징의 중국국제무역센터에는 서양식 패스트푸드점인 맥도날드에서는 햄버거 세트가 80위안(1만 5천 원)이나 한다. 그런데도 어쩌다 들러보면 자리가 거의 없다. 역시 빌딩 내에 있는 스타벅스 커피숍에는 커피 한 잔이 30위안(5,400원)이다. 중국의 비싼 부동산가격으로 인해 임대료가 판매가격의 1/4를 차지한 것도 커피 값이 급등한 이유의 하나가 되었을 것이다. 여하튼 중국 샐러리맨의 소득수준에 비추어 보면 분명히 부담스러운 가격일 것이다. 그러나 출근시간이나 점심 때 커리어 우먼처럼 보이는 세련된 아가씨들이 중국의 전통 음료인 차가 아니라 너도나도 스타벅스 커피를 한잔씩 들고 엘리베이터를 탄다.

중국사회에는 체면을 중시하는 문화가 있다. 점심을 초대해도 기본이 적어도 여덟 가지 요리와 탕 하나(八菜一湯)는 주문해야 체면이 서는 사람들이다. 샐러리맨들이니 점심은 싼 것으로 때우더라도 커피는 스타벅스의 최고급 커피를 먹어야 자신이 가치 있는 사람으로 보이는 것인지? 그러나 다른 한편으로는 서구화된 식습관을 가진 신세대들은 더 이상 중국의 체면문화에서 얽매이지 않는 모습도 눈에 띈다. 신세대들에게서 일정한 정형을 찾으려는 것 자체가 무의미한 것인지? 필자가 관찰해 본 바로는 뉴욕의 맨해튼에서나 봄직한 자신 있고 당당한 중국의 젊은이들이 갈수록 늘어나고 있다.

9

농민공

그들은 정녕 중국의 이등국민인가?

중국국가통계국의 발표(2012년 농촌출신 도시취업자 조사보고서)에 따르면, 2012년 말 현재 농민공 수는 2억 6,261만 명으로 전년보다 4% 증가하였다. 지역별 분포를 보면 베이징, 상하이, 톈진 등 동부 연안지역이 1억 7천만 명(65%)으로 가장 많았으며, 중부지역과 서부지역은 각각 4천 7백만 명(19%)과 4천 5백만 명(17%)으로 비슷한 수준을 보였다. 전체 농민공 중에서 성 밖으로 이주한 취업자는 1억 6천만 명이었으며, 이주하지 않은 취업자는 약 1억 명으로 조사되었다.

중국 본토지역 농민공의 월급은 대체로 2,300위안(40만 원) 내외로 집계된다. 홍콩, 마카오, 타이완으로 이주한 농민공의 평균수입은 본토보다 2배 이상 높다. 업종별로는 교통운수, 창고, 배송, 건축업 종사자의 수입이 상위권이었으며 서비스업과 숙박, 식당, 제조업 종사자의 수입은 상대적으로 낮은 실정이다. 대도시의 웬만한 하급 샐러리맨들의 월급도 4천 위안을 넘는 지금 아직도 2천 위안 전후에 머무는 농민공의 수입만 보더라도 그들은 분명 중국의 이등국민이라고 부를 수 있다.

농민공 밴드 쉬르양강의 눈물

중국에서는 춘절이 1년 중 가장 큰 명절이다. 춘절에는 1년 내내 외지에서 일하던 농민공들이 고향으로 돌아가 몇 주씩 머물면서 가족들과 재회한다. 특히 섣달 그믐날 저녁 8시를 전후하여서는 온 가족이 만두와 찹쌀떡으로 만찬을 즐긴 후 텔레비전 앞에 모여앉아 〈춘절완회〉를 시청하는 것이 살아있음을 확인하는 낙으로 여길 정도이다. 완회는 노래와 만담이 곁들여져 우리나라의 1970~1980년대 버라이어티 쇼를 연상케 하는 프로이다.

2011년 12월 마지막 날 시청률이 가장 높은 프라임타임에 방영된 〈춘절완회〉에서 쟁쟁한 가수들 속에 농민공 그룹사운드 쉬르양강(旭日陽剛)이 가슴을 저미는 민중의 노래로 14억 중국인의 심금을 울렸다. 아마도 설날을 맞아서도 비행기는 삯이 비싸서, 기차는 왕복 1주일 이상 걸리는 긴 시간 때문에 고향에 가지 못한 농민공들은 저절로 흐르는 눈물을 삼켰을 것이다.

언론을 뒤져서 찾아낸 이들 스토리는 농민공의 애환이 너무도 잘 그려져 있었다. 쪽잠을 자야할 정도로 좁은 방 안에서 머리를 빡빡 깎은 두 남자가 웃통을 벗고 새까맣게 탄 손으로 기타를 치며 절규하듯 노래를 부른다. 중국의 유명한 록가수 왕펑(汪峰)의 〈봄날에〉(春天里)라는 노래이다. 빈 술병이 나뒹굴고 두 남자의 눈가는 취기로 불그스레하게 물들어 있었다. 44살의 왕쉬와 29살의 류강이 부자가 되겠다는 꿈을 품고 베이징에 올라왔으나 도시 호적(戶口)이 없는 이들에게는 호적이라는 사회보장제도의 벽이 높게만 느껴졌을 것이다.

2010년 9월 어느 날 함께 술을 마시던 친구들이 두 사람이 기타를 치면서 노래하는 모습을 핸드폰으로 촬영하여 인터넷에 올렸다. 다음 날 무려 20만 명이 이 희미하고 초라한 삼류 '뮤직비디오'를 클릭하면서 난리가 났다. 인터넷에는 이들 농민공의 노래를 듣고 애간장이 끊어진다는 내용의 갖가지 사연들이 쇄도하였다.

언더그라운드에서 유명인사가 된 두 사람은 그해 11월 중국 국영중앙텔레비전(CCTV)에서 개최한 경연대회 〈싱광다다오〉에 출연하여 시청자들의 폭발적인 지지를 받으며 당당히 1등을 차지했다. 며칠 후에는 자신들이 흉내 냈던 진짜 가수 왕펑의 콘서트에도 초대받았다. 8만 명의 관중이 열광하는 가운데 왕펑과 함께 〈봄날에〉를 불러 극장 전체를 울음바다로 만들어 버렸다.

한국의 〈슈퍼스타 K〉에서 배관공 출신 허각처럼 무명 짝퉁가수 쉬르양강이 일약 전국구 인물로 떠오른 것이다.

왕쉬는 십수년 전 중국의 중원에 위치하여 황허문명의 발상지로 유명한 허난성의 상치우(商邱)에서 태어났다. 덩샤오핑이 개혁개방을 내세우면서 중국경제의 중심이 중원에서 동부 연해지역으로 빠르게 이동하면서 쇠락한 고향을 떠나 서른이 넘은 나이에 그야말로 먹고살기 위해 베이징에 올라왔다. 그는 보일러공이나 과일 행상과 같은 온갖 잡일을 하다가 제약회사 물류창고에 취직이 되어서 한 달 1,500위안(약 26만 원)을 벌어 아들과 함께 살고 있었다. 아내는 생활고를 견디다 못해 집을 나가 어디에선가 외국인의 저택에서 가정부로 일하

쉬르양강이 2평짜리 쪽방에서 〈봄날에〉를 열창하는 모습.

고 있는 것으로 전해졌다.

왕쉬는 젊은 시절 밴드부에서 활동했던 경험을 바탕으로 일이 없는 주말에는 베이징의 중국국제무역센터가 있는 10호선 지하철역 등에 나가서 노상 공연을 했다.

류강은 헤이룽장(黑龍江)성 출신으로 2002년 군대를 제대한 뒤 아파트 경비원으로 일하다가 록 뮤지션이 되겠다는 꿈을 품고 베이징으로 올라왔다. 록음악을 좋아했던 그는 2003년 용기를 내어 지하철역 통로에서 연주를 하기 시작했다. 때때로 노점상을 단속하는 공상관리소 직원에게 쫓기면서 행인들이 노래를 듣고 던져주는 돈으로 생활하였다. 그러나 월 300~400위안의 방값을 내기에도 벅차서 아내와 세 살짜리 아들을 결국 고향으로 돌려보냈다.

그렇게 눈물어린 빵을 먹고 있던 두 사람은 2005년 지하철역 귀퉁이에서 나란히 연주를 하다가 의기투합하였다. 마침내 자기들의 이름을 한 자씩 따서 자칭 쉬르양강이라는 록그룹을 결성하여 함께 음악을 하게 된 것이다.

중국의 빈부격차는 상상을 초월한다. 도농 간의 소득격차는 1983년 처음 측정될 당시 1.8 : 1에서 경제개발이 도시 중심으로 진행되면서 30년이 지난 지금 2.5 : 1로 도시지역의 소득이 월등하게 높아졌다. 앞서 지적한 바와 같이 중국은 소득 상위 1% 계층이 국부의 41%를 소유하여 한국(12%)은 물론 대표적인 소득 불평등 국가인 미국(23%)의 두 배로 벌어져 있다.

여하튼 심각한 빈부격차 문제로 고민하던 중국정부도 감동의 대열에 합류했다. 후난성 공산당 서기 저우창(周强, 2013년 우리의 대법원장에 해당하는 최고인민법원장으로 영전)은 이들의 노래를 들을 때마다 눈물범벅이 된다면서 "관리들은 쉬르양강의 노래와 같은 민중의 소리에 귀를 기울여야 한다"라고 말했다.

8,000만 명의 당원을 가진 중국 공산당의 중앙위원회 기관지인 〈런민르바오〉(人民日報)도 "이들의 노래가 대중의 마음을 감동시키는 것은 사회 밑바닥에 있는 농민공의 적나라한 삶이 사람들의 심금을 울리기 때문이다"라고 풀이하였다. 〈봄날에〉는 확실히 왕펑보다는 14억 중국 보통사람의 땀과 꿈이 절어있는 쉬르양강이 부를 때 더 큰 감동으로 다가온다.

〈봄날에〉의 원문과 뜻을 음미해 보자.

> 还 记得 许多 年前 的 春天, 那 时的 我 还 没 剪去 长发
> 오래전의 봄날을 아직 기억하고 있어, 그때의 나는 긴 머리를 자르지 않았었어
> 没 有 信用卡 没 有 她, 没 有 24 小 时 热 水 的家
> 신용카드도 없고 그녀도 없었어, 24시간동안 뜨거운 물이 나오는 집도 없었어
> 可 当初的 我是 那么 快 乐 虽 然 只有一 把 破 木 吉 他
> 그렇지만 그때 나는 무척 즐거웠어, 낡은 기타 하나뿐이었지만
> 在 街上, 在 桥 下 在 田野中, 唱着 那无人 问律的 歌谣
> 거리에서 다리 아래에서 들판에서, 아무도 귀 기울이지 않는 노래를 불렀어

在 这 阳光 明媚 的 春天里, 我的 眼泪 忍 不住的 流淌
이 아름다운 봄날에, 내 눈물은 참을 수 없을 정도로 흘러내렸어
也许有 一天 我 老 无所依, 请把 我留在 在 那时光里
아마 어느 날 내가 늙어 의지할 곳이 없게 되겠지, 과거 행복했던 시간 속에 머물게 해 줘
如果有 一天 我 悄 然 离去 请把 我埋在 在 这 春天里
어느 날 내가 소리 없이 떠나게 되면, 나를 봄 안에 묻어줘
如果有 一天 我老 无所依, 请把 我留在 在 那时光里
아마 어느 날 내가 늙어 의지할 곳이 없게 되더라도, 봄 안에 머물게 해 줘
如果有 一天 我 悄 然 离去 请把我埋在 在 春天里
어느 날 내가 소리 없이 떠나게 되면, 나를 봄 안에 묻어줘

还 记得 那 些寂 寞的 春天, 那时的 我还 没 冒起 胡须
외로웠던 봄날을 아직 기억하고 있어, 그때의 나는 아직 수염이 자라지 않았어
没 有 情人 节 没 有 礼物, 没 有 我 那可 爱 的 小 公主
발렌타인데이가 없고 선물도 없었어, 아주 귀여운 작은 공주님도 없었어
可我觉得 一切 没 那 么 糟 虽 然 我只有 对 爱 的 幻想
그렇지만 모든 게 그렇게 나쁘지 않았어, 사랑에 대한 환상뿐이었지만
在 清晨 在 夜晚 在 风中, 唱 着 那无人 问 律的 歌谣
어슴푸레한 새벽에 밤중에 바람 중에, 아무도 귀 기울이지 않는 노래를 불렀어
也许有 一天 我 老 无所依, 请把 我留在 在 那 时光里
아마 어느 날 내가 늙어 의지할 곳 없게 되겠지, 과거 행복했던 시간 속에 머물게 해 줘
如果 有 一天 我 悄 然 离去, 请把 我埋在 在 这 春天里 春天里

어느 날 내가 소리 없이 떠나게 되면, 나를 봄 안에 봄 안에 묻어줘
凝视 着此 刻烂 漫的 春天, 依然 象 那时 温溢的 模样
아름다운 지금의 봄날을 바라보며, 여전히 그때의 따스한 모습을 흉내내고 싶어
我剪去 长发 留起了 胡须 曾经的 苦通 都 随 风而去
긴 머리를 자르고 수염을 길렀어, 지난날의 고통은 모두 바람을 따라 사라졌어
可我 感觉却是 那么 悲 伤, 岁月留 给 我 更 深的 迷惘
그렇게 슬프지만은 않아, 세월은 나를 더 곤혹스럽게 하고
如果有 一天 我老 无所依, 请把 我留在 在 这 春天里
아마 어느 날 내가 늙어 의지할 곳이 없게 되더라도, 봄 안에 머물게 해 줘
如果有 一天 我 悄 然 离去, 请把 我埋在 在 这 春天里 春天里
어느 날 내가 소리 없이 떠나게 되면, 나를 봄 안에 봄 안에 묻어줘

"신용카드도 없고 그녀도 없다. 24시간 뜨거운 물이 나오는 집도 없다"는 가사에 고달픈 농민공의 삶의 애환이 그대로 녹아 있다. 때로는 애절하게 때로는 절규하는 이 노래를 들으면 들을수록 눈물겹다.

벼락스타가 된 쉬르양강이 자기들만의 노래로 취입한 〈베이징 베이징〉이라는 노래도 호소력이 예사롭지 않다.

내가 이 거리를 걸을 때면 마음은 항상 편치 않았지
발동기와 전기소리 그리고 그의 거친 심장소리를 듣는 듯했지
여기에서 웃다가 여기에서 울다가 여기에서 살다가 여기에서 죽겠지
여기 베이징에서~
어느 날 내가 여기에서 어쩔 수 없이 떠나게 된다면
나를 그냥 이곳에 묻어 주오
여기에서 나는 내 존재를 느꼈지, 그리고 많은 그리운 것들이 있었지

여기에서 웃다가 여기에서 울다가 여기에서 살다가 여기에서 죽겠지
여기에서 기도하고 여기에서 헤매다 여기에서 찾다가 여기에서 죽겠지
이곳 바로 베이징에서~

쉬르양강은 완회 출연 이후 몸값이 무려 30배 이상 뛰어 한동안 잘 나갔다. 그러나 몇 번 불러주다가 중국의 경제발전 속도만큼이나 바삐 살아가는 대중들에게 서서히 잊혀지면서 두 사람은 여전히 가난한 농민공의 삶으로 되돌아갔다.

왕쉬는 중국 언론과의 인터뷰에서 "나의 가장 큰 소원은 노래 가사처럼 더 많은 사람들이 늙어서 의지할 곳 없는 처지가 되지 않는 것"이라고 했다. 류강은 "다른 이들은 노래를 부르지만 우리는 진짜 고단한 농민공의 세상살이를 목청껏 토해내기 때문에 많은 사람들이 관심을 가지는 것 같다"고 고백하였다.

절망한 회사원이 늙은이의 후처로

필자의 중국어 교사였던 쭈리(가명)는 중국 중남부 곡창지대의 하나인 장시성 난창(南昌) 출신이다. 난창은 중국에서 가장 길고 수량이 많은 창장을 끼고 있으며, 천연자원도 풍부한 지역이다. 또 매우 더워서 충칭, 우한, 난징과 함께 중국의 4대 화로로 꼽힐 정도이다. 이 지방에서는 하도 더워서 웃통을 벗고 다니는 것이 공식 복장이라는 우스개가 있을 정도이다.

난창은 경제발전에 적당한 천혜의 조건을 갖추고 있는데도 내륙이라는 한계 때문에 다른 지방에 비해 경제개혁과 개방이 늦어졌다. 그 결과 1인당 GDP가 전국 평균(2012년 6,076달러)을 크게 밑도는 3천 달러 내외에 머물러 빈곤지역으로 분류될 정도로 경제가 낙후됐다.

나와 과외를 하던 쭈리가 어느 날 이른 아침 공부시간에 갑자기 눈물을 펑펑 쏟으면서 들려준 자기 이야기는 바로 오늘날 중국 농촌출신 젊은이들이 도시생활에서 겪는 고통을 대변하는 농민공 문제의 전형을 보여준다.

쭈리는 난창에서 100여 ㎞ 떨어진 지방에서 택시 운전을 하는 아버지와 공장노동자인 어머니 사이에서 외동딸로 태어났다. 한국과 마찬

중국의 100위안권 지폐 뒷면에 실린 공산당의 성지 징강산

가지로 자녀를 위해서는 물불을 가리지 않는 부모님의 교육열 덕분에 쭈리는 명문 난창대 어문계열에 입학하였다. 쭈리는 근동에 소문난 미인이었던 어머니를 닮아 단정하면서도 육감적인 대학생이었으며, 학구열이 높아 성적도 우수하였다.

대학 재학 중에 부모님과 떨어져 자취를 하던 쭈리는 같은 학교 2년 위의 남자친구와 주거비를 아끼기 위해 동거를 하게 되었다. 중국에서 결혼 전 동거는 천정부지로 치솟는 집값 때문에 이제 더 이상 화젯거리가 아닐 정도로 젊은이들에게 흔한 일상이 되어 버렸다.

대학 졸업반 때 임신을 한 쭈리는 어쩔 수 없이 부모님께 그 사실을 알렸다. 남자 친구는 창장 서부 산악지대인 징강산(井岡山) 자락에서 찢어지게 가난한 집안의 아들로 태어났다. 징강산은 1927년 중국의 국부 마오쩌둥이 혁명동지 1천여 명과 함께 공산당 활동의 근거지로 삼아 국민당 정부와 투쟁하던 요새로서 농촌혁명의 첫 번째 시험대가 되었을 정도의 벽촌이다.

쭈리의 부모는 이미 대학을 졸업한 지 2년이 지났는데도 변변한 자리에 취직을 하지 못하고 아르바이트를 하면서 빈둥거리던 사내는 미래가 불투명한 것으로 판단했다. 그래서 외동딸의 뱃속에 있던 아이를 강제로 유산시키고 졸업과 동시에 쭈리를 고향집으로 데려갔다. 절망한 쭈리는 스물셋 꽃다운 나이에 인생에서 "돈이란 무엇인가"를 생각하며 자살까지 시도하면서 눈물로 몇 달을 보냈다. 중국의 남부인들이야말로 재물을 숭상하는 독특한 문화로 유명하지 않은가!

이처럼 첫사랑이 돈 때문에 깨져버린 쭈리는 2010년 가을 중국의 중심에서 성공해 보겠다는 독한 마음을 품고 아버지 몰래 어머니가 마련해 준 얼마의 돈을 가지고 베이징으로 올라왔다.

일자리가 많은 베이징에서 누구나 호감을 가질 만한 외모에다 성실한 쭈리는 바로 조그만 의류회사에 취직이 되었다. 베이징은 사고 싶은 것도 많고 먹고 싶은 것도 많은 정말 낙원과 같은 도시였다. 그러나 2, 500위안(45만 원)의 월급으로는 물가가 비싼 베이징에서 고단한 몸 하나 눕힐 수 있는 잠자리를 구하기가 어려웠다. 허름한 방 한 칸에 9명이 몰려들어 각자 월 200위안(3만~4만 원)씩 내고 출입문 쪽을 제외한 3면에 3층으로 쌓아올린 침상 하나를 달랑 차지한 베이징 생활에서 쭈리는 또다시 돈의 위력을 절감하게 되었다.

그러던 어느 주말 쭈리와 친구들은 베이징 인근 협곡인 롱칭시아(龍慶峽)에 놀러갔다가 50대 아저씨를 만나 서로 사진을 찍어주면서 친해졌다. 그가 베이징 생활의 어려운 점에 대해 묻자 쭈리는 베이징의 살인적인 물가 특히 집값 때문에 살기가 어렵다고 대답하였다. 이에 그 아저씨는 자신을 독신이라고 소개하고 신문기자라서 지방 취재차 자주 집을 비우니 집 청소만 잘해 준다면 방 한 칸을 그냥 내줄테니 들어와 살아도 좋다고 하였다.

순진한 쭈리는 아저씨의 선의에 감동하여 그 집에 들어갔다. 그러나 한 달도 지나지 않아 꿈에도 그리던 자동차를 사주면서 덮치는 아저씨와 마침내 동거하게 되었다. 그 아저씨는 이미 교사 과정을 이수한 쭈리에게 3개월간 중국어 과외교사 훈련을 시켜 자격을 따게 해 밤낮으로 과외를 하게 만들었다. 그 아저씨는 쭈리가 모르는 사이에 월 6천 위안(110만 원)에 달하는 주택대출 할부금과 그녀가 타는 자동차의 할부금을 스스로 벌어서 갚도록 하는 수지맞는 장사를 하고 있었다.

연애에 한 번 실패한 쭈리는 자기 인생을 제대로 살아보겠다는 일념으로 늙은 남편을 믿고 낮에는 낮대로, 밤에는 밤대로 시달리면서도 밝고 씩씩하게 살았다.

그러나 운명은 어찌 그리 야속한지! 남편은 대학에 들어간 딸의 장래를 상의한다는 이유로 수시로 전처를 만나 외박을 하고 급기야는 전처가 쭈리의 집까지 찾아와 본처 행세를 한다는 것이다. 스물다섯 여린 쭈리가 눈물을 쏟은 그날도 전날 남편이 새벽에 전처와 같이 들어와 자는 것을 보고 과외를 하러 나왔다가 분을 이기지 못해 나 같은 외국인에게 하소연을 한 것이다.

쭈리가 그 남자와 사는 단 한 가지 이유는 베이징에 호적이 없는 자신이 24시간 뜨거운 물이 나오는 따뜻한 집에서 살 수 있기 때문이란다. 필자로서는 도저히 이해할 수 없는 이유였지만 쭈리는 실제로 그렇게 생각하면서 살고 있었다.

전처 문제로 남편과 헤어지느냐를 놓고 심각하게 고민하던 쭈리가 궁리 끝에 생각해낸 해답은 이혼 대신 남편의 사랑을 되찾기 위해 아이를 갖는 것이었다. 나는 중국어를 배우는 시간의 중간 중간에 남편이 베이징 호적을 가졌기 때문에 자기가 자식을 낳으면 정부의 혜택을 받아 자녀를 잘 양육할 수 있다고 주장하는 쭈리를 보면서 농촌 출신 젊은이들의 삶의 무게를 절감할 수 있었다.

친정어머니 또한 본인보다도 늙은 사위의 능글스러움과 남편과의 사랑을 지키겠다고 결사적으로 임신하려는 딸을 보고 통곡하였으나 결국 자식을 이기지 못했다. 그래서 임신에 좋다는 보약을 지어 베이징을 들락거린 끝에 드디어 쭈리가 임신하게 되었다. 모친은 쭈리를 데리고 난창에 돌아가서 예쁜 손녀딸을 낳게 하였다. 쭈리의 출산으로 인해 중국어 공부를 할 수 없어 헤어진 후 여러 달 만에 스마트 폰으로 승리의 V자를 그리며 딸과 함께 찍은 사진 한 장을 필자에게 전송하여 왔다.

이것은 농촌 호적을 갖고 도시에서 생활하는 농민공으로서 삶에 절망하던 한 회사원이 늙은이의 후처가 된 실제 스토리다.

왜 내 딸은 유치원비를 6배나 내야 하나?

자오는 중국의 헤이룽장성 밀산 출신이다. 헤이룽장성은 우리나라의 고대 숙신, 부여, 고구려 등을 거쳐 발해에 속해 있던 중국 동북의 광활한 지역이다. 한민족의 영산인 백두산에서 발원하여 중국 동북을 흘러내려 온 쑹화강과 시베리아 남부를 횡단해 온 헤이룽강이 만나는 싼장평원은 유기물질이 풍부한 흑토지대가 펼쳐져 있다. 전국 최대의 경지면적을 자랑하며 '북방의 거대한 곡창'(北大倉)이라 불릴 정도로 성별 수출 1위를 차지하는 쌀을 비롯하여 콩, 옥수수, 밀, 해바라기 등을 대량으로 재배하고 있다. 그 중에서도 미산은 러시아와의 국경이 멀지 않는 최북단에 위치하여서 겨울에는 영하 30도를 밑도는 혹한이 몰아치는 지역이다.

농부가 아침에 트랙터에 올라앉아 오전 내내 논을 갈아서 점심때가 되면 준비한 도시락을 먹고 트랙터를 되돌려서 오후 내내 논을 갈면서 돌아올 정도로 상상을 초월하는 경지면적을 자랑하고 있다. 트랙터가 한나절 내에 갈 수 있는 데까지가 농장의 경계가 되는 셈이다.

자오는 협동농장의 농부인 아버지와 기업소에 다니던 어머니 밑에서 장녀로 태어났으며, 아래로 남동생 하나를 두고 있다. 중국 정부가 1979년부터 한 가정 한 자녀 정책을 고수해 왔으나 변방인 미산이야어떠랴 하는 심정으로 부모님은 상당한 모험을 걸고 둘째인 아들을 얻었단다. 부모님은 산아제한 규정을 위반한 벌금으로 당시 부부의 6개월치 급여에 해당하는 거금을 물고도 아들이 일곱 살이 되어서야 비로소 호적에 올리는 혹독한 대가를 지불하였다. 지금은 벌금이 올라서 베이징에서 산아제한을 초과하여 자녀를 출산할 경우 10만 위안(약 1천 8백만 원)을 물어야 한다.

공부를 잘한 자오는 3년제 미용전문대학에 진학하였으며, 놀기를 좋아했던 남동생은 아들인데도 학업을 계속하지 못하고 화물을 싣고 몇백 킬로미터를 오가는 장거리 트럭 운전기사가 되었다.

자오는 20대에 결혼하였으나 초혼에 실패했다. 중국은 급속한 경제성장으로 젊은이들의 사고방식도 빠르게 변하면서 성적 개방과 함께 이혼율이 가파르게 올라가고 있다. 그녀는 러시아인의 피가 섞여서 키가 170cm를 넘고 농구선수 같은 우람한 체격을 가진 전형적인 북방인 체구를 타고났다. 남편이 임신하여 만삭이 된 자오를 향해 이혼해 달라고 조를 때 자오는 작고 여성스럽게 생긴 남편의 새 여자를 이기기 어렵다고 판단하고 결국 이혼에 동의할 수밖에 없었다고 토로했다.

인생을 바꾸어보기 위해 베이징으로 올라온 자오는 베이징 동쪽 허베이성에 위치한 위성도시 엔지아오에 미장원을 차려 죽기 살기로 일했다고 한다. 그러나 현대식 장비를 갖춘 대형 미장원이 속속 개업하면서 손님이 점차 줄어 견디다 못해 미장원을 접고 궁리 끝에 중국어 과외교사가 되었다고 한다.

자오의 하루는 새벽 5시 조금 넘어 엔지아오의 집을 나오면서 시작된다. 두 시간을 꼬박 걸려 베이징 시내 사무실 밀집지역에 도착하여 새벽과외를 한 후 보통 아홉 번 또는 열 번의 중국어 교습을 마쳐야 일과가 끝난다. 오후에는 주로 한국인 집단거주 지역인 왕징에서 자전거를 타고 이동하며 사무실이나 가정에서 중국어 교습을 한다. 그러다가 자투리 시간이 나면 자녀를 위해 쇼핑을 하거나 서점 같은 곳에 쪼그리고 앉아 잠깐씩 휴식을 취한다. 마지막 밤 10시 수업을 끝내고 집에 가면 항상 자정이 넘는다고 한다. 길바닥에서 매일 20시간 가까이 헤매면서 자오는 월 7천~8천 위안(130만 원 이상)을 번다. 수입은 대졸 신입사원의 2배에 가까울 정도로 만족스럽지만 타고난 건강 체질인 자오도 나이 마흔을 넘기면서 날마다 여기저기가 아파온다고 한다.

자오가 이런 생활을 견딜 수 있는 것은 자기가 낳은 1남 1녀를 어떻게든 잘 키우겠다는 일념이 있기 때문이다.

이런 자오에게도 호적제도는 영롱한 꿈을 가로막는 거대한 장애물이다. 자오의 최대 골칫거리는 6년 전 재혼한 남편이 아무것도 하지 않고 빈둥거리는 것이다. 또 중학교에 들어간 아들과 재혼한 남편과의 사이에서 태어난 딸의 유치원 학비도 문제이다. 자오의 남편은 중국의 55개 소수민족 중의 하나인 조선족으로 대학을 졸업한 인텔리이다. 그러나 농민공 신분으로는 베이징에서 노동 이외에는 할 일이 없다는 이유로 자오와 결혼한 이래 6년째 좋은 일자리만을 찾고 있어 자오의 속을 끓이고 있다.

자오는 아들의 장래를 위해 베이징 시내에 있는 고급중학교에 진학시키는 것이 소원이었다. 그러나 그녀는 아직도 헤이룽장 호적을 가졌기 때문에 그것은 그림의 떡일 뿐이다. 자오의 아들도 엔지아오의 시골 중학교는 시설이 낙후되고 친구들도 삼류라고 불평을 해댔다. 그즈음에는 머리가 굵어지면서 의붓아버지와 위태롭게 대치하면서 공부를 하지 않는다고 했다. 어머니인 자오가 새벽에 나가 자정이 넘어 들어오면서 죽도록 고생하는데도 빈둥거리기만 하는 의붓아버지와 더욱 사이가 벌어졌다. 이제는 둘이서 대놓고 으르렁거리는 것이 자오의 고단한 일상을 더욱 짓누른다. 더욱이 중학교에 진학할 무렵 유일한 친손자를 찾겠다는 친할아버지와 연락이 닿으면서 핏줄을 느끼게 된 후로는 자오에게 아무런 경제적 도움도 되지 않는 의붓아버지와 헤어지라고 소리치고 다닌다.

한편 어디 앉을 곳도 없이 오직 몸 하나로 하루 종일 일해서 벌어온 피 같은 돈이 어이없이 새나갈 때 자오는 중국의 사회시스템에 대한 노골적인 반감을 드러냈다. 여섯 살이 된 딸이 다니는 유치원은 강 건너 베이징 퉁저우(通洲) 구에 위치한, 영어도 가르치는 고급유치원이다. 자오는 비싼 유치원비가 부담이 되지만 딸 리리만은 두 번씩 결혼하면서 어렵게 살고 있는 자신과 달리 좋은 교육을 받고 행복하게 살기를 바라는 마음으로 그 부담을 감수한다. 그러나 베이징 호적을 가진 주민들은 월 200위안만 내지만 자오는 딸을 위해 매달 1,200위안(22만 원)이라는 거금을 지출할 수밖에 없다면서 분통을 터뜨렸다.

자오에게는 호적제도가 양반과 노예처럼 베이징 호적을 가진 일등국민과 기타 지역 출신의 이등국민을 가르는 일종의 신분제도로 각인되어 있는 것이다.

농민공 문제의 진실

농민공이란 농촌 호적을 가지고 도시지역에서 노동집약적 산업에 종사하는 근로자를 말한다.

중국에서 농민공이 생긴 이유는 여느 개발도상국들과 마찬가지로 산업화가 진행되면서 직장을 찾아 농촌인구가 도시로 이주한 데서 찾을 수 있다. 그러나 최근 동부 연해지역을 중심으로 농민공 부족현상이 발생하면서 경제이슈로 부각되고 있다. 저장성의 경우 약 80만 명, 광둥성은 약 1백만 명의 추가인력이 필요한 실정이다.

한편 농민공들은 주로 중서부의 후베이, 쓰촨성 출신으로 동부지역으로 직장을 찾아 이동하는데 최근에는 동부에서 중서부로의 농민공 환류도 심심치 않게 일어나고 있다. 예를 들면 후베이성에서 다른 성으로 유출되던 농민공이 최근에는 연간 1백만 명 이상 줄어들고 있다.

농민공의 불이익과 애환

중국에서는 원칙적으로 호적을 이전할 수 없다. 한국의 경우 내가 이주하는 곳이 바로 나의 주소지가 되지만 중국에서는 부모로부터 호적을 물려받는다.

농민공이 받는 불이익은 어떤가?

첫째, 농민공은 도시민이 누리는 각종 권리와 혜택에서 소외된다. 농민공은 노동조합에 가입할 수 없으며 교육이나 공공주택, 사회보험 수혜 등에서 차별을 받는다. 결혼을 해서 자녀를 낳으려면 호적지에 가서 허가서를 받아야 한다. 호적지를 벗어나서는 30년을 살아도 의료보험 혜택에서 차별을 받으며, 심지어 운전면허증을 갱신하려 해도 큰돈을 들여 호적지에 갔다 와야 한다. 요즘 같은 세상에도 인터넷으로는 아예 접수도 되지 않는다고 한다. 여하튼 도시주민에게 주어지는 각종 혜택을 농민공에게 동등하게 부여하기 위해서는 막대한 예산이 들기 때문에 도시주민과 농촌 호적자를 격리시키는 것이다.

둘째, 농민공들은 턱없이 낮은 임금에 시달리는 한편으로 자녀양육 때문에 골머리를 앓는다. 중국부녀연합회가 조사한 바로는 농민공 부모의 30% 이상이 자녀를 농촌에 두고 5년 이상 도시에서 떨어져 살고 있다. 어떤 부모는 자녀의 얼굴을 잊어버릴 정도라 한다.

일주일에 두 번씩 필자의 가사를 도와주던 부인도 딸이 일곱 살 때 고향인 쓰촨성에 다녀 온 후 6년째 딸의 얼굴을 보지 못했단다. 비행기로 가자니 돈이 무섭고 기차로 가자니 한 달 월급으로 기차표를 사더라도 32시간을 꼬박 기차에서 시달려야하기 때문에 엄두가 나지 않는단다. 또 기차로 갔다 올 경우 일주일가량 걸려 직장에서 해고당할까 두려운 것도 선뜻 고향방문을 꺼리는 이유이다. 그러나 딸이 어느덧 중학생이 되어서 사춘기에 접어들면서 자신을 돌보는 이모 말도 듣지 않는단다. 어쩌다 전화를 해도 도대체 모녀 간에 제대로 대화가 되지 않는다고 애를 태우는 모습이 너무도 안타까웠다.

이처럼 농민공들이 고향에 두고 온 자녀가 약 5천 8백만 명이나 된다고 하니 자녀교육 문제 또한 심각한 실정이다. 만약 그 부인이 베이징 호적만 취득한다면 베이징에 있는 중학교(初中)로 딸을 전학시킬 수 있다. 중학교가 무상 교육이어서 그야말로 엄청난 횡재를 하는 셈이다.

그뿐이 아니다. 중국의 대학 입학시험으로 우리의 수능에 해당하는 가오카오는 호적지에 가서 봐야 한다. 이 현대판 신분제도 때문에 설사 베이징에서 고등학교(高中)를 다니더라도 수능은 쓰촨성 골짜기 어디로 돌아가서 봐야 한다. 대학시험도 베이징 출신과 지방출신은 전형이 다르다.

농민공이 중국의 이등국민이라는 데에 아무도 이의를 제기하지 않는 이유가 바로 여기에 있다.

동일노동 동일임금이 가능한가?

중국 국무원은 2013년 7월부터 노동자의 권익보호를 대폭 강화한 노동계약법(勞動合同法)을 개정하여 정규직과 임시직에 관계없이 모든 노동자에 대하여 동일노동에 대해 동일임금을 지불하도록 규정하였다. 이것은 동일한 가치를 지닌 노동에 대해서는 신분, 학력, 민족 등과 관계없이 동등하게 대우해야 한다는 원칙을 명문화했다는 데 큰 의미가 있다.

또 파견노동자의 고용비율을 정하여 일정비율 이상의 파견근로자 고용을 제한했다. 아울러 파견노동자와 정규직 간의 동일노동 동일임금을 명문화하고 노무자 파견의 허용범위도 엄격히 제한했다. 중국은 2008년부터 노동계약법이 정식으로 시행된 후 기업이 직접적인 노무관리 위험을 줄이기 위해 노무파견 제도를 앞다투어 채택했다. 이에 따라 파견노동자를 장기간 고용하는 현상이 보편화되고 있다. 파견노동자에 대한 규제 강화는 이러한 현상에 대한 대응조치인 셈이다.

중국의 민중화가가 그린 농민공의 모습. 한방에서 20여 명이 들어차 힘겹게 식사를 하고 있다. 3층 침대에서 때 묻은 이불을 덮고 담배를 피우며 내려다보는 농민공의 표정에 허탈감이 비친다. 자료: 百度

노무파견은 한국의 비정규직과 같은 제도로서 파견노동자는 정규직과 같은 보수와 복지혜택을 받지 못해왔다. 지금까지는 노동자 파견기업을 설립하는 데 자본금 50만 위안밖에 들지 않는 데다 행정절차가 단순하고 당국의 단속도 허술하였다. 그래서 노사분규가 발생하면 노동자 파견기업이 파견노동자의 임금을 횡령하고 도주하는 사례가 빈번히 발생해 왔다.

중국의 노동조합 전국조직이자 공산당 산하기관인 전국총공회에 따르면 지난 2011년 중국의 파견노동자 수는 3천 7백만 명으로 중국 전체 임금노동자의 13%를 차지하였다. 이 중 국영기업과 정부기관에서 근무하는 파견노동자가 대부분이며 해당 기관에서는 파견노동자와 정규직 간의 차별 대우가 심각한 것으로 나타났다.

이 조치에 대해 노동 전문가들은 중국의 소득 불균형이 날로 심각해져가는 현실 속에서 동일노동 동일임금 원칙을 시행하는 것은 반드시 필요하다고 보았다. 다만 노동 현장에서 이 조치가 실효성을 발휘하기 위해서는 구체적인 시행세칙이 긴요한데 아직은 세칙이 없는 상태이다.

그래서 노동계약법을 시행하는 데 상당한 시간이 필요하고 시행착오도 있을 것으로 보인다.

또 노동계약법 개정으로 노동자 파견기업은 중국 인력자원사회보장부에서 영업허가를 받아야만 회사를 등록할 수 있으며, 등록 자본금도 50만 위안에서 2백만 위안으로 대폭 상향조정 되었다. 이를 어길 경우 노동자 파견으로 벌어들인 소득을 전액 몰수하는 동시에 소득의 2~5배에 달하는 벌금을 징구하는 것으로 처벌조항을 대폭 강화하였다. 따라서 근로계약에 있어 '을'의 위치에 있는 파견근로자들을 보호하는 제도적 장치가 마련된 것이다.

한편 노동 전문가들은 기업이 파견노동자를 고용하는 것은 고용의 탄력성 유지와 인건비를 줄이기 위한 것인데 노동계약법이 발효됨에 따라 파견노동자의 일자리가 오히려 줄어들 것이란 우려가 있다. 한국에서도 유사한 조치가 시행되었을 때에 사회적 약자인 파견노동자의 일자리가 줄어든 사례가 있다. 이것은 모든 노동자에 대하여 동일한 임금을 지급하면 기업의 총 인건비 부담이 늘어나기 때문일 것이다. 또 노동계약법에서 정부가 기업의 파견노동자 수를 엄격히 제한함에 따라 기업은 파견근로자 정원 이외의 나머지 노동자를 정규직으로 전환하거나 아웃소싱으로 바꾸어야 할 것이다.

노동 전문가들은 파견근로자를 정규직으로 전환할 경우 기업의 비용 부담이 상당한 만큼 대다수 기업이 아웃소싱을 택할 가능성이 크다고 본다. 또 현행 규정상 파견근로자와 아웃소싱 근로자에 대한 구분이 명확하지 않아 새로 시행된 노동계약법의 취지인 노동자 권익보호가 실질적으로 효과를 거둘 수 있을지 의문이다. 사회적 약자인 농민공에 대한 지속적인 관심이야말로 문제 해결의 열쇠이지만 한국이나 중국이나 노동 현실은 언제나 그리 녹록치 않다.

청년 농민공, 사회안정을 위협하는 지뢰밭?

2013년 하반기 현재 중국의 농업인구는 아직도 전체 인구의 절반에 가깝다. 그런데 최근에 발생하는 집단시위의 약 60%가 농촌에서 발생함으로써 농민공이 사회안정을 위협하는 지뢰밭으로 떠오르고 있다. 빈부격차가 심화되면서 사회가 불안해지는 양상이 나타나는 것이다. 2013년 가을 본토 제 2의 거부인 와하하 그룹의 쭝칭허우 회장이 취직을 요구하는 농민공과 실랑이를 벌이다가 손가락이 잘리는 부상을 입었다. 이처럼 농민공 문제의 앞날은 결코 낙관적이지 않다.

시진핑은 "물은 배를 띄울 수도 있지만 뒤집을 수도 있다"(水能載舟亦能覆舟) 라고 강조하면서 민심의 흐름을 예의주시하고 있다.

이미 오십 줄에 접어든 1세대 농민공들은 생계를 해결하기 위한 절박한 심정으로 대도시로 향하였다. 그러나 1990년대에 출생한 지우링허우들은 인터넷과 모바일에 익숙한 세대들이다. 이들이 농촌의 답답한 현실을 박차고 화려하게만 보이는 대도시로 몰려들면서 마치 마그마를 품은 화산이 활동하기 시작한 것처럼 곳곳에서 터질 위험이 고조되고 있다.

필자가 만난 한 국제기구 인사는 "한국에서 1963년 박정희 대통령이 경제개발을 시작한 후 34년 만에 외환위기를 맞아 개발시대의 종언을 고하고 IMF로부터 구제금융을 받았다. 중국이 개혁개방을 시작한 1978년에서 34년을 더하면 2012년이다. 바야흐로 중국에서 개발시대에 누적된 부작용이 파열음을 낼 조짐을 보이고 있다. 화산이 끓어오를 때 지반이 약한 곳에서 터지듯이 만약 중국에서 사회 불만이 터진다면 4천만 명에 이르는 청년 농민공들이 도화선이 될 것이다"라고 경고한 적이 있다.

중국사회과학원의 보고에 따르면 중국의 청년 농민공들이 받는 임금은 대도시 직장인 평균급여의 30% 남짓하다. 이런 가운데 중국정부는 경제성장의 과실을 농민공들과 공유하기 위해 최근 수년간 최저임금을 매년 20%씩 올리면서 농민공 문제의 해법을 찾기 위해 골몰하고 있다.

그러나 상당수 외국기업들이 중국 노동자임금의 30~40%에 불과한 동남아시아 등으로 생산 공장을 이전하면서 임금 인상에도 한계를 느끼고 있다. 중학교를 간신히 졸업하고 16세 전후에 취업전선에 뛰어드는 지우링허우들은 그들만의 꿈을 이룰 수 있을까? 아니면 중국사회의 안정을 위협하는 새로운 불만세력으로 성장할 것인가? 그 귀추가 주목된다.

10

부동산 불패

언제까지 계속될 것인가?

칼 맑스에 지대한 영향을 끼친 초기 사회주의자 푸르동은 "재산은 도적질의 결과이다"라고 단정하였다. 그는 어떤 사람이 생산한 것은 그 사람의 몫이며, 재산 축적의 정당한 원천은 노동뿐이라고 보았다. 따라서 사회주의 국가에서 재산을 축적한다는 것은 노동자가 응당 가져야 할 몫을 도적질하는 것이다.

그러나 오늘날 중국에서는 부동산 투기로 인생역전에 성공한 수많은 바오파후(벼락부자)가 속출하고 있다. 또 부모가 자녀 명의로 수십 채의 주택을 매입함으로써 팡제(房姐, 주택을 여러 채 가진 돈 많은 누이)니 팡주(房族)니 하는 말이 생겨났다. 푸르동의 기준에 의한다면 부동산의 완전한 소유권이 인정되지 않는 중국에서 부동산 투기로 돈을 번 졸부들은 모두 누군가가 생산한 결과물을 도적질한 꼴이 된다.

부동산 부호 진대인

70대 후반의 진대인은 젊어서 관계에 투신하여 베이징의 구(區)정부 부구청장을 지냈다. 그는 첫 번째 부인과의 사이에 딸 하나를 두었다. 그 딸은 미국으로 유학하여 패션을 전공하였다고 한다.

30여 년 전, 당시 개발단계에 있던 토지를 장기 임차한 진대인은 미국 유학을 마치고 귀국한 딸의 끈질긴 요구에 못 이겨서 그 땅을 듣지도 보지도 못한 쇼핑몰을 짓도록 내어 주었다. 진대인이 뜨거운 목욕탕에서 필자에게 자랑삼아 하는 이야기에 의하면 처음에는 쇼핑몰이 분양되지 않아 큰 고생을 하였다고 한다. 그러나 몇 년 지나자 쇼핑몰은 중국 상류사회의 돈 많은 부인들이나 외국인들이 가장 좋아하는 쇼핑의 명소가 되었다. 진대인은 쇼핑몰을 모두 분양하고 큰 돈을 벌게 되었다.

토지의 국가 소유로 부동산이 상품으로 거래되지 않던 시절에 성장한 세대가 부동산에 눈뜨기 시작한 것은 불과 20여년 정도밖에 되지 않는다. 부동산이 상품으로 처음 거래되기 시작한 것이 1986년이기 때문이다.

여하튼 부동산 투자의 묘미를 터득한 진대인은 쇼핑몰 분양대금을

베이징의 고급아파트. 300㎡ 정도이면 약 30억 원, 월 임대료 1천만 원에 이를 정도로 소득수준에 비해 엄청나게 비싸다.
자료: Naver

종잣돈으로 하여 곧바로 2탄을 터뜨렸다. 베이징 최고의 주택가 중의 하나인 챠오양구에 건설하던 최고급 아파트 1개 동을 통째로 사들인 것이다. 그 아파트 1개 동은 25개 층에 양쪽으로 두 가구가 짝을 이루고 있어 총 50가구로 구성되어 있다. 현재 그 아파트는 가구당 약 1,500만 위안(약 27억 원)으로 진대인은 아파트 재산만 1,400억 원에 이르는 부동산 졸부가 되었다.

진대인은 비만과 지병 때문에 몸을 제대로 가눌 수 없다. 그는 십여 년 전 오랜 병고에 시달리던 아내와 사별하고, 아내를 간호하던 쓰촨성 출신의 중학교를 갓 졸업한 소녀를 둘째 부인으로 맞아 들였다. 50

진황다오 인근에 있는 산하이관(山海關). 만리장성의 동쪽 끝에 있으며, 과거 우리나라의 사절단이 중국 황제를 알현하려 갈 때 반드시 거쳐야 하는 관문이었다.
자료: 百度

년 이상 연하의 젊은 부인이다. 진대인이 연로한데도 둘째 부인이 딸 하나를 낳아서 늘그막에 그 재롱을 보면서 살고 있다. 처음에 진대인을 만났을 때 전속 간호사인지, 따님인지, 아니면 후처인지 몰랐던 필자에게 진대인이 먼저 둘째부인을 소개해 주었다. 그녀는 수영장이든 목욕탕이든 어디든지 진대인을 수행한다.

진대인은 쓰촨에 살고 있던 둘째 부인의 부모에게 아파트 한 채와 상가 하나를 따로 사서 역시 부동산으로 생계를 유지할 수 있도록 해 주었다고 한다. 둘째 부인의 부모라 해도 자신보다 30세 정도 젊은 장인 장모일 것이리라. 그리고 대학생이 된 처남이 청두에서 학업에 전념할 수 있도록 뒷바라지도 해 주고 있었다. 그러니 둘째 부인으로서는 진대인이 자신은 물론 자신의 전 가족을 사람답게 살 수 있게 만들어준 은인인 셈이다.

진대인은 필자를 만날 때마다 공직자로서 별 재산이 없던 자신이 뇌물이나 부정한 방법이 아니라 부동산 거래를 통하여 정당하게 부를 형성했다고 자랑하였다. 그리고 비만과 중풍으로 몸이 나빠진 지금 자신이 부동산으로 재물을 축적하지 않았다면 자신의 노후가 힘들었을 것이라고 여러 차례 이야기하였다. 물론 병든 자신을 보살피는 50여 년 연하의 젊은 부인을 얻은 것도 부동산 투자로 돈을 벌지 못했다면 당연히 불가능했을 것이다.

최근에 진대인은 진황다오(秦皇島)에서 3탄을 터뜨릴 준비를 차곡차곡 추진하고 있다. 진황다오는 베이징에서 동쪽으로 300㎞ 정도 떨어진 인구 3백만 명 규모의 연해도시이다. 기원전 221년 중국을 최초로 통일한 진시황이 전국을 다섯 차례 순시할 때 진황다오의 빼어난 산수에 매료되었다는 관광지이기도 하다. 현대에 들어서도 중국의 고관이나 부호들이 앞다투어 별장을 마련하면서 부동산 개발이 속속 진행되고 있다. 특히 1958년 이래 매년 여름 휴가철이면 중국 공산당 정치국원과 당 원로들이 진황다오의 보하이만에 있는 베이다이허(北戴河)에 모여서 국가 중대사를 토론하는 곳으로 유명하다. 14억 인구의 중국을 대표하는 최고지도부들이 총집결하다 보니 사회기반시설도 잘 갖추어져 있다.

진대인은 필자를 만날 때마다 날이 갈수록 규제가 심하고 가격도 크게 오른 베이징보다는 진황다오가 새로운 노다지가 될 것이라며 부동산 투자를 권유하곤 하였다.

한편 베이징 고급주택의 절반 이상이 1가구 다주택 소유자들이 차지한 것으로 파악되고 있다. 이 주택은 은행대출을 받을 수 있는 국영기업의 고위 관리자나 관료, 수도 베이징에 집 하나쯤 사두고 자녀를 교육시키기 원하는 지방의 유력 인사 등이 소유하고 있다.

부동산가격 안정에 힘써야 할 공직자들이 수십 채의 주택을 소유하고 있다가 들통이나 팡주로 불리며 여론의 질타를 당하기도 한다. 산시성 선무(神木)에 있는 농촌상업은행 부행장이 20여 채의 주택을 보유하고 여장부 행세를 하다가 적발되어 팡제로 불리며 국민의 공분을 산 사례가 있다. 허난성 정저우시 부동산관리국장도 31채의 주택을 보유하고 떵떵거리며 살다가 그 딸이 팡제로 인터넷에 알려지면서 쇠고랑을 찼다.

가끔은 서민들도 주택이나 상가에 투자하기도 한다. 그러나 부동산경기가 좋지 않을 때 빠듯한 자금 탓에 이자 부담을 이기지 못하고 매각했다가 부동산가격이 다시 오를 때 땅을 치고 후회하는 사례가 빈발한다고 한다. 결국 부유층이나 은행으로부터 대출 특혜를 받을 수 있는 권력자들처럼 돈줄이 튼튼한 일부 계층이 부동산경기의 열매를 따먹는다고 할 수 있다.

운전기사 덩의 인생역전

덩도 수년 전 친구들과 함께 상가를 지었다. 그는 동베이(東北) 출신의 조선족 농민공이다. 중국의 여느 조선족처럼 본인은 베이징에서 운전기사로, 부인은 11년째 한국의 평택에서 낮에는 식당에서 일하고 밤에는 치킨집을 운영하고 있다. 부인은 밤낮으로 무리하게 일한 나머지 하지정맥 치료를 받을 정도로 체력이 한계에 도달해 있었다. 그의 딸은 동베이 지방에서 천재로 소문이 났으나 농민공에게 불리한 입시제도 때문에 한국의 서울대에 해당하는 베이징대에 응시하였다가 낙방하고 말았다. 베이징 출신은 450점이 커트라인인데 동북지방 출신은 600점 이상을 득점해야 하는 이해할 수 없는 제도 때문에 어린나이에 깊은 좌절을 맛본 것이다. 분을 삭이지 못하던 부녀는 의기투합하여 막대한 비용을 감수하고 일본으로 유학을 가는 것으로 이 불합리한 제도에 항거하였다. 그 딸은 낯선 땅 일본에서 6년간의 각고를 거쳐 지금은 미국에서 박사과정에 들어간 지 수년이 흘렀다. 고단한 유학생활에서 만난 중국 청년과 결혼까지 하였으나 학비 때문에 공부와 일을 반복하다보니 아직도 학위를 받지 못했다고 한다. 아들은 서울에서 대학을 다니다가 한국어가 서툴러서 수업을 따라가지 못해 낙제를 했다. 평생을 자녀들만을 위해 살아온 부모님께 도저히 이야기할 수 없어 괴로워하면서 막노동으로 생활비를 벌고 있는 상황이었다.

이처럼 네 식구가 베이징과, 평택, 뉴욕, 그리고 서울이라는 타향에서 각각 외로움을 견디며 희미한 앞날을 바라보고 있었던 것이다.

꿈은 사람을 절망에서 일어나게 한다. 그래서 많은 사람들이 꿈을 찾아 괴롭고 험한 길을 돌고 돌면서 고생도 마다하지 않는 것이다. 그러나 한국이나 중국이나 이제 개천에서 용이 나오기는 갈수록 어려워지는 것이 현실이다. 특히 열에 아홉이 한족인 중국에서 0.1% 남짓한 조선족이 자신만의 찬란한 꿈을 이루기는 결코 녹록치 않다.

이처럼 고단한 일상에 시달리고 있던 덩에게 동베이에서 함께 베이징으로 일자리를 찾아 나온 조선족 친구들이 상가를 짓는다고 투자를 권유하였다.

덩은 한 달 이상 밤잠을 설치면서 고민을 거듭하였다. 결국에는 일생일대의 모험을 하는 심정으로 살고 있던 아파트를 담보로 은행으로부터 2백만 위안(3억 6천만 원)을 대출받아 상가 지분의 10%를 취득하였다. 2백만 위안이라는 돈은 부자들에게는 있어도 그만 없어도 그만인 금액일지 모른다. 그러나 5천 위안 남짓한 덩의 월급에 비추어 보면 30년 이상 저축해야 만질 수 있는 거금이다. 그의 근로소득과 한국에 가서 식당에 취직한 아내가 고생 끝에 모은 돈 80만 위안으로 수년 전 구입한 아파트가 그쯤 두 배로 오른 것이 종자돈이 되었다.

다행히 부동산경기가 순풍을 타면서 상가 건설이 순조롭게 마무리되어 월 5만 위안(약 900만 원)의 임대료를 받게 되었다고 한다. 자신이 한 달 내내 땀 흘려 일하고 근로소득으로 받는 월급 10배의 재산소득을 매달 얻게 된 것이다. 지분을 팔 경우 불과 3년 만에 1천만 위안(약 18억 원)은 받을 수 있을 것으로 평가된다.

상가가 완성되어 임대료가 들어오기 시작하자 지분을 사겠다는 사람이 여럿 나타났다. 임대료로 원리금을 갚아나가면 3년 내에 모든 부채를 청산할 수 있다. 중국에서는 국가가 모든 부동산의 소유권을 가진다. 그러나 법에 따라 최장 70년간 사용권을 인정하고 있다. 덩도 향후 70년 동안 매월 5만 위안을 임대료로 받을 수 있다. 그래서 덩은 외아들과 아직 태어나지도 않은 손자까지 매달 월급의 10배 가량을 임대료로 받아 유복하게 살 수 있다는 계산을 하게 되었다. 그는 상가 지분을 팔지 않고 원리금을 갚아 나가기로 결정하였다. 한 번의 짜릿한 부동산 투자로 보기 좋게 인생 역전에 성공한 것이다.

부동산가격 붕괴는 언제?

중국은 토지의 소유권을 정부가 가지는 사회주의 국가이다. 또 토지세가 부동산가격의 절반 이상을 차지하는 기형적인 부동산시장 구조를 가지고 있다.

토지의 개발·거래단계에서는 부가가치세, 취득세, 양도소득세 등이 매수자와 매도자에 대해 각각 부과된다. 반면 부동산 보유단계에서는 개인의 비업무용 부동산에 대한 토지 사용세가 면제된다. 보유세는 2011년 이후 충칭과 상하이의 2개 도시에서 부과되는 정도이다. 부동산 보유에 대한 세금 부담이 적은 것이 부동산 투기를 부추기는 요인으로 작용하는 셈이다.

다음으로 투자자금과 핫머니가 부동산시장에 흘러들어가는 것도 부동산가격을 부추기는 주요 요인이 되어 왔다. 부동산은 본래 생산성 자산이 아니다. 그런데도 앞서 살펴본 바와 같이 중국의 부동산가격은 1987년 이래 2년마다 2배로 상승하여 25년 만에 13배 올랐다. 주택거래가 자유화된 1998년 이후에는 대도시를 중심으로 부동산가격 오름세가 더욱 확대된 것이다.

중국 제조업의 자금흐름을 분석해 보면 2006년 하반기부터 제조업

〈표 10-1〉 중국의 부동산 세제

단계	종류	과세대상	세율	비고
보유 단계	부동산보유세 (房产税)	상업용 부동산 소유자	가격 70~90%의 1.2%, 임대료의 12% (법인) 및 4%(개인)	개인의 비업무용 면세(충칭, 상하이 2011년 과세 개시)
	도시토지사용세 (城镇土地使用税)	도시 토지사용 기업 및 개인	연 0.5~10위안/㎡	개인의 비업무용 면세
개발 및 거래 단계	경지 점용세 (耕地占用税)	경지에 주택, 비농업건물 건설자	0.5~10위안/㎡	점용면적 기준
	토지부가가치세 (土地增值税)	토지사용권 매수자	30, 40, 50, 60%	(취득금액 - 규정공제 금액) 기준
	취득세(契税)	부동산 매수자	3~5%	계약금액 기준
	양도소득세 (营业税)	부동산 매도자	5.5%	매입 후 5년 이상 경과 면세
	인지세(印花税)	부동산 매수자	0.005~0.4%	계약금액 기준

자료: 한재현(2012)

의 경영환경이 악화되면서 기업이 설비투자 대신 부동산투자에 자금을 쏟아부었다. 그 이유는 제조업 투자수익률보다 부동산가격 급등에 따른 수익률이 훨씬 짭짤했기 때문이다.

또한 위안화 절상추세에 편승하여 중국으로 대거 흘러들어온 외국인직접투자 자금이 중국 내 은행에 개설된 외화예금에 예치된 직후 위안화로 환전되어 부동산시장에 유입되기도 하였다. 중국 상무부는 2011년에 중국 부동산시장에 유입된 자금의 25%가 외국인 자금이라고 밝힌 바 있다. 외국인의 단기 부동자금 이른바 핫머니가 중국 부동산회사의 주식을 매입하거나 부동산회사가 해외 관련회사의 대출을 국내로 반입하여 부동산 및 외자기업 등에 투자하는 것이다.

부동산 전문가 중국 과학기술대(李海蓉·李政丹) 교수들도 2010년 중국 부동산시장에 유입된 외국인 자금은 전년보다 56% 늘어난 반면 제조업에 대한 투자증가율은 고작 2%에 불과한 것으로 분석하기도 하였다. 다시 말해 위안화 절상과 부동산가격 상승 기대에 따라 핫머니성 자금이 외국인직접투자 허가를 받아 중국에 들어와 회사를 설립하고는 자본금의 일부를 유출하여 부동산에 투자하여 차익을 남기는 수법을 구사하는 것이다.

규제가 허술한 것도 부동산가격이 오르기는 쉬워도 내리기는 어렵게 만드는 요인이다. 중국에서는 집이나 토지는 최장 70년을 기한으로 개인이 정부로부터 사용권을 취득하는 것으로 보면 된다. 완전한 소유권을 갖지 못한다는 측면에서 보면 부동산 붐을 선뜻 이해하기 어렵다. 그러나 실상은 그렇지 않다.

예를 들면 은행대출을 받아 아파트를 2채 구입한 사람이 2년만 잘 버티면 가격이 2배로 오르니까 1채를 팔아 대출금을 모두 상환하고도 아파트 1채가 고스란히 남는다. 정부나 조세당국이 가만히 놓아두느냐고 반문할 것이다. 그런데 중국은 전국적인 통합 부동산 전산망이 아직 갖추어지지 않았다. 그래서 베이징에서 부동산경기가 시큰둥해지거나 규제가 심해지면 투기자금이 북한의 신의주와 마주한 단둥, 신장웨이우얼 자치구의 성도 우루무치, 후난성 성도 창사 등 새롭게 떠오르는 2, 3급 지방도시로 옮겨간다. 통합전산망이 없다 보니 게릴라식으로 투자하는 부동산에 세금을 중과할 수 없는 사각지대가 도처에 널려 있는 것이다.

중국의 부동산가격을 소득수준과 비교하면 상당히 높은 수준이다. 소득 대비 주택가격 비율(PIR)을 보면, 대도시 PIR은 7을 상회하여 한국(7.7)과 비슷하다. 전국 PIR은 4.3로 미국(4.4), 일본(5.7) 등에 근접한다. 특히 중국의 5대 도시인 베이징(22.3, 2013년 IMF 기준), 상하이(15.9), 선전(12.7), 홍콩(12.6), 톈진(10.3) 등은 이미 도쿄(10.0), 서울(9.7), 런던(6.9), 뉴욕(6.2) 등을 제쳤다. 마치 얼간이가 운전하는 위험한 자동차처럼 PIR이 세계 최고수준까지 폭주하고 있는 것이다.

여하튼 중국의 부동산가격이 계속 오르는 것은 앞서 지적한 요인 외에도 중국경제가 꾸준히 성장하면서 주택에 대한 실수요가 증가하고 대체투자 수단이 부족한 것도 원인이 되고 있다.

중국 주식시장의 가장 영향력 있는 인물로 알려진 메이쿠이스 투자자문의 셰궈중(謝國忠, 2011, 《中國經濟預言》) 회장은 세 부류가 중국의 부동산가격을 떠받치고 있다고 분석하고 있다. 정부가 집값 하락을 용인하지 않을 것으로 확신하는 부류, 국영은행과 연계하여 부동산을 개발하는 업자, 부동산만이 인플레이션을 헤지할 수 있다고 믿는 부류가 그들이라는 것이다. 부동산가격은 적어도 당분간은 붕괴되지 않는다는 이야기다.

부동산은 관련 산업이 60여 개에 달하여 중국의 핵심 국가시책인 내수시장 활성화에 큰 영향을 미친다. 따라서 부동산 투자와 거래 활성화가 긴요하므로 중국정부로서도 부동산 안정시책을 다루기가 쉽지 않은 것이 사실이다.

〈그림 10-1〉 중국의 주택가격/소득비율

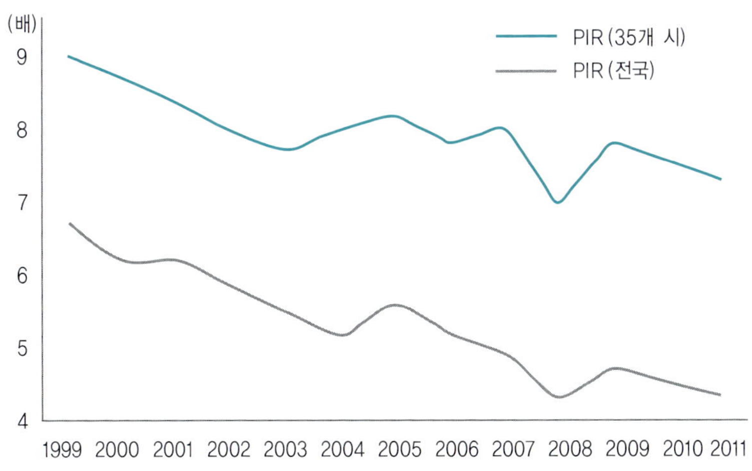

주: 85㎡ 주택가격 / (1인당 소득 × 가구당 인원)
자료: 중국 국가통계국

부동산시장, 어떻게 안정시킬 것인가?

중국은 몇 년 전부터 부동산시장 안정대책을 강구해 왔다. 대표적인 정책이 주택구매 제한명령이다. 중국정부는 수도 베이징, 상하이, 항저우, 닝보, 푸저우, 샤먼 등 6개 도시에서 1가구 1주택으로 제한하고 선전과 난징에서는 가구당 2주택까지만 구매를 허용하는 강경한 대책을 도입하였다.

중국 최고의 부동산 전문가로 꼽히는 중원부동산연구소의 장다웨이(張大偉) 원장은 시진핑 지도부가 부동산가격 안정정책을 유지할 것으로 전망한다. 중국의 원로계층이 소득불평등 심화, 부동산가격 고수준 유지 등으로 인해 낙심한 젊은 세대를 중심으로 사회불안이 야기될 가능성을 예의주시하고 있기 때문이란다.

베이징, 상하이, 충칭 등 대도시의 고층빌딩 숲은 뉴욕 맨해튼이나 도쿄를 능가할 정도로 정말 화려하다. 그러나 그 뒤편의 좁은 골목길인 후통(胡同)이나 리농(里弄)의 모습은 수백 년 전 모습과 별로 다른 것 같지 않다.

이들 도시 빈민들에게는 부동산으로 떼돈을 번 사람들이 딴 세상의 이야기로 들릴 것이다. 발을 겨우 뻗을 수 있을 정도의 작은 방 하나에 천정까지 닫는 3층 침대를 출입문 쪽을 제외한 3면에 하나씩 놓고 아홉 명이 자신의 옷 보따리를 베개 삼아 조심스럽게 숨을 쉬며 살아가는 젊은 농민공들을 상상해 보라. 그들이 정부의 부동산정책에 대해 불만이 폭발한다면 이는 실로 걷잡을 수 없을 것이다.

베이징대 경제학박사 학위논문을 도시화에 관해 쓸 정도로 도시문제 전문가인 리커창 총리도 부동산시장 안정이 장기 안정성장과 사회안정에 긴요하다고 여러 차례 천명한 바 있다.

중국 공산당 중앙당교의 기관지인 〈쉐시스바오〉(學習時報)의 부편집장을 하다가 중국의 지도부에 대해 세계의 '깡패국가'인 북한을 버려야 한다고 공개 비판한 후 해임된 덩위원(鄧聿文)도 중국의 사회안정이 깨질 수 있다고 우려하고 있다. 그는 소득 불평등에 절망한 청년 농민공이나 대학을 졸업하고도 취업과 집 마련이 불가능하다고 판단한 실업자들이 제 2의 톈안먼사태를 일으킬 수 있다고 경고한다.

이처럼 부동산가격 안정이 중국이 가장 중시하는 사회안정과 직결됨에 따라 다양한 대책들이 제시되었으나 2013년에도 부동산가격은 계속 올랐다.

중국정부는 2012년 부동산개발회사에 대한 신규대출을 금지하고 생애 최초 구매주택에 대한 세금감면도 대폭 축소하였다. 또 2013년 들어 3채 이상의 주택보유자에 대해서는 은행대출을 원천적으로 금지하고, 독신자는 여러 주택을 소유하지 못하도록 하였다. 그래도 주택가격이 계속 오르자 5월부터 양도차익의 1%에 불과하던 양도세를 20%로 단숨에 20배로 올리는 극약처방을 실시하였다. 그런데도 이러한 대책을 비웃기라도 하듯이 수도 베이징과 광저우의 경우 2013년 8월 주택가격이 지난해 8월에 비해 각각 23% 및 24% 폭등하였다.

필자에게는 충칭 당서기에서 실각한 보시라이가 제시한 충칭모델이 의미 있는 부동산가격 안정시책의 하나로 보인다. 보시라이의 부동산 안정대책의 핵심은 공공서민주택의 공급확대와 부동산 보유세 증과이다. 보시라이는 먼저 3,500만 충칭 인구의 절반에 가까운 1,500여만 명의 농업주민들에게 매년 3백만 명씩 도시호적을 주는 대가로 집단농지를 팔아 경제개발 자금을 충당한다는 원대한 계획을 세웠다.

그리고 약 1천억 위안이 소요되는 공공주택 개발자금의 30%를 토지를 판매한 대금으로 마련하려 했다. 나머지 70%는 사회보장기금에서 대출을 받고, 그 원리금은 공공주택을 임대한 자금으로 상환해 나간다는 청사진을 세운 것이다. 값싼 서민주택의 공급을 획기적으로 늘리면 적어도 서민주택의 가격은 안정된다는 구상이다.

다음으로 부동산 보유세의 도입이다. 주택구매 제한정책은 대도시의 부동산가격 안정에 기여한 면이 있다. 그러나 가구 쪼개기 등으로 규제를 회피하는 거래가 늘어나면서 실효성이 떨어지고 시장 왜곡도 야기하고 있다. 필자와 깊은 친분을 유지했던 중국 국영 인허(銀河) 증권 판시앙동(藩向東) 경제연구소장도 "주택구매 제한정책은 중국의 부동산전산망이 갖추어지면 더 이상 필요 없는 정책이 될 것"으로 전망했다. 누가 몇 채의 주택을 가지고 있는지를 손바닥 들여다보듯 다 알게 되면 투기자금이 다른 곳으로 옮겨가 버려서 결국 부동산 거래는 조세정책으로 다룰 수밖에 없다는 것이다.

그래서 충칭시는 2011년 초에 개인의 비업무용 부동산에 대한 부동산 보유세(房産稅)를 도입하였다. 보유세 부과대상은 별장, 평균 시가의 3배 이상 또는 일정면적(144~200㎡) 이상의 고급주택이 보유세 부과대상이다. 이 조치로 충칭시 전체 주택의 약 10%에 해당하는 양질의 주택은 시가의 0.5~3.0%를 보유세로 납부하게 된 것이다. 곧이어 상하이도 2채 이상의 다주택 보유를 억제하기 위해 개인이 신규로 주택을 구입하는 경우 1인당 70㎡ 혹은 가구당 200㎡ 이상의 면적을 보유한 주택에 대하여 시가의 0.4~0.8%의 보유세를 부과하고 있다.

충칭과 상하이의 개인에 대한 부동산 보유세 도입은 한마디로 말하자면 개발 및 거래단계에 집중된 부동산 관련 세제를 개혁하는 것이다. 부동산 보유단계에서 세금을 부담하도록 함으로써 가수요를 억제시킨다는 점에서 획기적인 정책으로 평가된다. 부동산 보유세가 가격안정에 도움이 될 것으로 평가됨에 따라 베이징, 선전, 난징, 항저우 등 부동산가격 거품을 우려하던 다른 대도시들도 부동산 보유세 도입에 기대려 하고 있다.

미국에서 보통사람들의 꿈은 나지막한 흰색 울타리로 둘러싸인 정원이 아름다운 자기 집을 갖는 것이라고 한다. 중국에서도 부동산가격이 안정되어 너도나도 내 집을 마련하고 단란한 미래를 가꾸어가는 것이 평범한 사람들의 중국몽(中國夢)이 아니겠는가!

참고문헌

[중문자료]

經濟參考報(2013. 3. 18), "國企改革意見惑上半年出台".

國家發改委宏觀經濟研究院(2012. 5. 24), "中國區域發展戰略与區域經濟結构".

國務院發展研究中心(2013. 4), "中國現代化進程的前景展望与'三大轉型'", 《中國經濟增長十年展望 2013-2022》.

______(2013. 10), "383改革方案總報告".

高海紅(2013. 5. 9), 《中國資本項目開放: 原則和次序》, 中國社會科學院.

郭田勇(2013. 5. 9.), 《中國金融結构的改革与变遷》, 中國中央財經大學銀行研究中心.

江飛濤(2013. 5), 王秀麗, "鐵剛産業競爭力", 《中國産業競爭力報告, No. 3》, 中國社會科學院.

博源基金會(2011. 7), 《人民幣國際化: 緣起与發展》, 社會科學.

付保宗(2012. 10. 18), "中國城市化發展水平及趨勢分析", 國家發展改革委員會, KIEP CSF.

徐奇渊, 何帆(2012. 6. 20.), "人民幣國際化對國內宏觀經濟的影響: 基于人民幣國境結算的分析", 中國社會科學院 Working Paper No. 2012.11.

徐奇渊(2012. 6. 20), "人民幣國際化對國內宏觀經濟的影響", 中國社會科學院國際金融研究中心 Working Paper No. 2012W11.

肖金成(2013. 4), "中國城鎮化戰略及未來發展預測", 中國社會科學院《中國投資發展報告2013》.

余永定(2013. 4. 11), 中國證券報 Interview.

______(2012a), "加快資本項目自由化很危險", 〈資本市場〉.

______(2012b), "從当前的人民幣匯率波動看人民幣國際化", 中國社會科學院國際金融中心, Policy Brief No. 2012. 006.

徐長文(2013. 7. 22), “錢荒”將推進中國金融体制改革步伐, 商務部國際貿易經濟合作研究院.
孫立堅(2013. 7. 8), “金融結构風險扭轉的可能性”, 三聯生活周刊 2013年 第27期.
謝洁玉(2012. 4. 15), “中國城市房价与居民消費”, 《金融硏究》.
謝九(2013. 7. 8), “中國金融的轉型時刻”, 三聯生活周刊 2013年 第27期.
邵思博(2012. 3), “中國服務業應該更加開放”, 鳳凰財經.
上海證券報(2013. 3. 14), “住建部部長 : 房價一定會往下走 允許取消經適房”.
楊華超(2013. 6), “宏觀決定行業”, 銀河証券汽車行業分析報告.
李迅雷(2012. 6. 27), “中西部, 未來經濟增長的主引擎?”, 《新財富》2012年第6期.
李長安(2013. 7. 19), “穩中求進穩中有爲跨過生產過剩陷阱”, 外經濟貿易大學, 〈上海証券報〉.
李 萌(2012. 8), “發展城市綠色經濟的戰略選擇”, 中國社會科學院, 《中國城市發展報告 No. 5》.
李偉(2013. 4. 11), “城鎮化建設重在質量”國務院發展研究中心, 〈中國經濟時報〉.
王大偉(2013. 1. 8), “城鎮化擴內需的關鍵推進農業轉移人口市民化”, 國家發展改革委員會, 中國經濟時報.
人民日報(2013. 3. 18), “習近平在十二屆全國人大一次會議上的講話”.
______(2013. 7. 30), “四万亿讓國有企業得到最多好處”.
劉利剛(2012. 4. 23), 資本賬戶開放“瀉火”房地産, 〈財經〉.
劉世錦(2012. 8. 22), “我國增長階段轉換与發展方式轉型”, 《國家行正學院學報》.
王宏利(2012. 8. 28), “中國城市化放緩的過程及其應對措施”, 《區域城市經濟》.
任澤平(2013. 4), “制造業 : 踏上升級之路質”, 《中國經濟增長十年展望 2013~2022》, 國務院發展研究中心.
閻學通(2013. 8. 15), 歷史的慣性 : 未來十年的中國与世界, 中國産經新聞.
張斌(2012. 3. 5.), “匯率与資本項目管制下的人民幣國際化”.
陳志龍(2013. 7. 5), “産能過剩与轉型陷阱”, 〈國際金融報〉.
中國工信部(2013), “關於加快推進重點行業企業兼並重組的指導意見”, 工信部聯産業.
中國人民銀行(2011. 1), “境外直接投資人民幣結算試點管理辦法”.
______(2012. 9), “協調推進利率匯率改革和資本帳戶開放”, 〈中國金融〉.
______(2012. 12), “前海跨境人民幣貸款管理暫行辦法”.
中國人民銀行 · 中國銀行業監督管理委員會 · 中國証券監督管理委員會 · 中國保險監督管理委員會 · 國家外匯管理局(2012. 9. 17), 《金融業發展和改革“十二五”規划》.

中國人民銀行 金融硏究所(2011. 10), 《人民幣匯率形成机制改革進程回顧与展望》.
中國社會科學院(2012. 8. 17), 《中國城市發展報告(2012)》.
______(2012. 8a), “2013年 中國人口紅利或將消失: 第二次人口紅利可能再來”.
______(2012. 8b), “中國邁向城市時代的綠色繁榮之路”, 《中國城市發展報告 No. 5》.
______(2013. 3), “城鎭化質量評估与提升路徑硏究”, 《中國城鎭化質量综合評价報告》.
中國經濟參考報(2012. 5), “溫家寶: 未明令禁入的服務領域都要向民資開放”.
中國國家統計局(2012), “中國統計年鑒2011”, 中國統計出版社.
中國商務部(2012. 1), “中國服務貿易發展報告2010”.
______(2012. 6), “要推動中國軟件貿易和信息服務外包健康快速持續發展”.
中國服務貿易指南網(2012. 6a), “2011年世界服務進出口增勢趨穩”.
______(2012. 6b), “2011年中國服務進出口總額首破四千億美元”.
中國 證券網(2013. 7. 18), “首席功臣朱長虹的最新相關信息”.
張智威(2012. 8. 20), “中國經濟增速放緩探源”, 《財經》.
張其仔, 李顥(2013. 5), “中國產業競爭力走勢分析”, 《中國產業競爭力報告, No. 3》, 中國社會科學院.
蔣玉姣(2013. 6. 26), “聚焦淸洁能源管材 高端制造核心材料等; 鋼鐵行業2013年下半年投資策略”, 中信証券.
朱琰(2013. 6. 26), “西風秋雨盡 花開總有時; 銀行業2013年下半年投資策略”, 中信証券.
證券日報(2012. 7), “10年調控堅持不懈 促房地產行業合理回歸”.
陳雨露(2012. 9. 27), “人民幣國際化戰略-全球化視角下的中國對外金融合作”, 한국은행 북경사무소 국제학술세미나 자료.
______(2013. 5. 25), Market watch.
______(2013. 6. 16), “2013年 人民幣國際化”, 人民大 國際貨幣硏究中心.
陳道富(2013. 1. 11), “審愼看待未來宏觀經濟運行三个特点”國務院發展硏究中心, 〈上海証券報〉.
蔡 昉(2013. 2. 5), “農民工市民化有利于提高勞動參与率”中國社會科學院, 人民日報.
卓 賢(2013. 4), “城鎭化: 質量重于速度”, 國務院發展硏究中心, 《中國經濟增長十年展望 2013- 2022》.
夏杰長(2012. 4), “我國服務業發展形勢”, 趨勢與對策思路, 中國社會科學院.
華民(2013. 9), “從新古典增長到泡沫化增長”, 復旦大學世界經濟硏究所.

[국문자료]

공대희(2013. 7. 27), "중국경제의 과잉설비 현황과 시사점", 〈해외경제포커스〉 2013-31, 한국은행.

광하해운문화공사(2004), 《대륙의 찬란한 기억》, 박지민 역, 북폴리오.

김명식(2013. 8), "위안화 국제화 현황과 향후 전망", 한국은행 workshop 자료.

김명호(2013), 《중국인 이야기》 1~2, 한길사.

김영수(2013), 《사마천, 인간의 길을 묻다》, 왕의 서재.

김인규(2013. 3. 28), "중국 시진핑 시대의 출범과 한·중관계 전망", 북경대.

김중수(2012. 9. 27), "한중경제의 새로운 미래를 위한 금융협력 발전방향", 한국은행 북경사무소 국제학술세미나 자료.

김하중(2013), 《중국 이야기》 1~2, 비전과 리더십.

랑셴핑(2010), 《부자 중국, 가난한 중국인》, 이지은 역, 미래의 창.

린이푸(1996), 《중국의 기적》, 백산서당.

문정인(2011), 《중국의 내일을 묻다》, 삼성경제연구소.

박정식(2012), 《중국경제론》, 도서출판 두남.

배상인(2011. 11. 26), "중국 소비율의 지속적인 하락과 정책방향", 〈해외경제포커스〉 2011-48, 한국은행.

셰궈중(2012), 《중국이 말하지 않는 중국경제의 진실, China Economy Report》, 홍순도 역, 지식트리.

신동원(2012), 《나는 중국에서 자본주의를 만났다》, 참돌.

우은철(2013. 3), "중국 스마트시티 발전현황 및 시장기회에 관한 연구", 삼성 SDS.

이광재 외(2012), 《중국에게 묻다》, 학고재.

이민근(2013), "2012년 세계 철강산업 회고와 2013년 전망", POSCO.

임호열(2012. 6), "중국경제의 현실과 대응", 경기도 경제동향 경기개발연구원.

______(2012. 6. 6), "韓國的發展經驗與中國陷入中等發達國家陷穽的可能性", K2H 國際交流公務員討論.

______(2012. 7. 25), "미국 FRB보다 주목받는 중국인민은행", 〈매일경제〉.

______(2012. 9. 7), "韓國的發展經驗與韓中經濟發展方向", Beijing Foreign Studies University International Business School.

______(2012. 10), "중국은 중진국 함정에 빠질 것인가?", *Chindia Journal*.

______(2012. 12), "한·중 금융협력 현황과 향후 과제", *Chindia Journal*.

______(2013. 3. 19), "시진핑시대 중국경제 현실과 진로", 중국경제연구회 창립강연.

______(2013. 5. 9), "2013 한·중 금융협력포럼: 안정과 성장을 위한 금융의 역할과 한중 금융협력 모색", 한국금융연구원.
______(2013. 5. 31), "중국경제 현안과제와 금융개혁 평가", 한양대 중국문제연구소 중국포럼.
임호열 외(2012. 8), 《중국의 금융제도》, 한국은행
장젠화(2004), 《우리가 몰랐던 또 하나의 중국》, 장인영 역, 넥서스 Books.
전익호(2012. 8), "중국 서비스업 현황과 발전방향, 〈해외경제포커스〉 2012-24, 한국은행.
정덕구(2004), 《거대 중국과의 대화》, 삼성경제연구소.
정재남(2008), 《중국의 소수민족》, 살림.
정철호(2013. 3. 28.), "중국 신지도부의 경제정책과 중국경제의 향방", POSRI.
조용성(2012), 《중국의 미래 10년: 시진핑 시대를 조망하다》, 넥서스비즈.
천위루·양둥(2012), 《금전통치》, 레인메이커.
최필수 외(2012. 12), 《중국 도시화의 시장창출 효과와 리스크 분석》, KIEP.
한국무역협회 북경지부(2013. 8a), "세계 속의 중국 부자".
______(2013. 8b), "중국 부자의 생활".
한국은행 북경사무소(2013. 5), "중국정부 경제개혁 로드맵의 주요내용과 평가".
______(2013. 10), "중국 경제개혁 10년의 성과와 향후 추진방향".
한재현(2012. 8. 16), "중국 부동산시장 규제의 주요 내용과 영향", 〈국제경제정보〉 제 2012-35호, 한국은행.
______(2012. 10. 23), "중국 역대 지도부의 정책기조와 차기 지도부의 과제", 〈국제경제정보〉 제 2012-42호, 한국은행.
황문우(2012. 10), "인민은행 통화정책 수단별 유효성 검증과 금리자유화 평가", 한국은행 workshop 자료.
Han Hongxi(2012. 4), "중국의 호적제도와 경제발전", 한국은행 북경사무소 월례세미나 발표자료.
Henry Kissinger(2012), 《중국이야기》(On China), 민음사.
KISTEP(2013. 8), 2012년 기술수준 평가 - 120개 국가전략기술.
KOTRA(2013. 3. 1), "중국 경제학자·기업인이 진단하는 2013년 중국경제", 〈중국투자뉴스〉.
Zhao Huji(2012. 5. 8), "중국 정치권력 구조와 정책 결정과정 이해", 중국공산당 중앙당교, 한국은행 북경사무소 월례세미나 발표자료.
______(2012. 12. 18), "중국 신지도부의 경제정책 방향", 중국공산당 중앙당교, 한국은행 북경사무소 월례세미나 발표자료.

[영문자료]

Altman, D.(2011), *Outrageous Fortunes: The 12 Surprising Trends that Will Reshape the Global Economy*, Times Books.

Bairoch, P.(1985), *De Jericho a Mexico: Villes et Economie Dans L'historie*, Paris: Gallimaed.

Barton, D.(2013. 5. 30), *Half a Billion: China's Middle-class Consumers*, The Diplomat.

Business Insider(2011. 10), "China Orders Banks to Increase Lending in City Overrun by Blackmarket Loans".

CITIC Securities(2012. 8. 20), "Deconstructing China's Exports to Europe and the U.S. with Trichotomy", Thematic Report on Chinese Economy.

Chen, H., Q. Chen & S. Gerlach(2011. 8), "The Implementation of Monetary Policy in China: The Interbank Market and Bank Lending", HKIMR Working Paper.

Chen Yulu(2013. 9), "China's Monetary and Financial Situation and Policy".

Deutsche Bank(2012. 8. 30), "China; no Quick Fix for the Beijing Model", Periodical GEM Strategy.

______(2013. 1. 4), "Pace of Capacity Rationalization", 2013 China Strategy.

______(2013. 3), "Shadow Banking Risk is Manageable".

Dooley, M. Folkerts-Landau, D. & P. Garber(2004. 5), "The Revived BrettonWoods System: The Effect of Periphery Intervention and ReserveManagement on Interest Rates in Center Countries", NBER Working Paper 10332.

Ernst & Young(2012. 9), "China's Productivity Imperative".

European Chamber(2009. 12. 1), "Overcapacity in China: Cause, Impacts and Recommendations".

Fan Gang(2013. 9. 24), "China's Development and Middle Income Trap", NERI-China.

Fingleton, E.(2010), *In the Jaws of the Dragon: America's Fate in the Coming Era of Chinese Hegemony*, Eco Livers Publishing Co..

Financial Times(2012. 9. 3), "The Real Meaning of More Bad News From China".

______(2013. 7. 9), "China Smog Cuts 5.5 Years from Average Life Expectancy".

Fortune(2013. 7. 8), "The 500 Largest Corporations in the World".

Goldman Sachs(2013. 2), "Casting a Light on Shadow Banking: Near-term Growth, Long-term Cap on Bank Valuation".

______(2013. 2. 4), "China: Macro and Sector Implications of Urbanization"

______(2013. 6. 12), "Investment Efficiency in China-what Does Provincial Differentiation Suggest?", Emerging Markets Macro Daily.

Greenstone(2013. 7), "Michael, Evidence on the Impact of Sustained Exposure to Air Pollution on Life Expectancy from China's Huai River Policy", MIT Department of Economics Working Paper 13~15.

GSM Arena(2013. 8. 6), "Canalys: Apple May Really Need that Plastic iPhone in China".

Harding, H. (1987), *China's Second Revolution: Reform after Mao*, The Brookings Institution.

He Fan(2012. 10. 18), "China: On the Road of Rebalance", CASS-IWEP.

Helen, H. & Wang(2012. 7), *The Chinese Dream: The Rise of the World's Largest Middle Class and What It Means to You*, 2nd Ed., Bestseller Press.

Hiro Ito & Menzie Chinn(2012. 3. 22), "A de Jure Measure of Financial Openness".

IMF(2012. 7. 6), "People's Republic of China: 2012 Article Ⅳ Consultation", *IMF Country Report 12*(195).

Jacques, M. (2012), *When China Rules the World*, Bookie Publishing House.

Kharas, H. & G. Gertz(2010), *China's Emerging Middle Class: Beyond Economic Transformation*, Brookings Institution Press.

Lee, Il Houng, Murtaza Syed & Liu Xueyan(2012. 11), "Is China Over-Investing and Does it Matter", *IMF Working Paper, 12*(277).

Lee, Il Houng(2013. 4), "Asian Economic Developments and China's Economic Prospects", IMF.

Lee, Il Houng, Xu Qingjun & Murtaza Syed(2013. 5), "China's Demography and its Implications", *IMF Working Paper, 13*(82).

Lang, Larry Hsien Ping(2010), *The Sino-America War*, Oriental Audio & Video Digital Publishing House.

Li Yang(2012. 12. 20), "China Economic Situation Analysis", CASS-IWEP.

Lin Yifu(2013. 9. 24), "Understanding China".

Liu Rui(2013. 9), "The Cnange in the Pattern of China's Goreign Trade and Policy", Renmin University of China.

MacFarquhar, Roderick(2011), *The Politics of China*, Cambridge University Press.

Milward, J. A. (2007), *Eurasian Crossroads: A History of Xinjiang*, London Hurst & Company.

Morgan Stanley(2009. 9. 30), "China Steps Up Efforts to Curb Overinvestment".

______(2013. 6. 13), "Short-term Pain and Hopefully Long-term Gain", China Economics.

______(2013. 6. 28), "What Could the Risk of a China Slowdown Mean for Asia?", Asia Insight, 2013. 6. 28.

Munk debates on China(2011. 6. 17), "Will the 21st Century Belong to China?".

Pew Research(2013. 7. 18), America's Global Image Remains More Positive than China's.

Pascal Lamy(2012. 5), "It is high time that We Put Services at the Heart of Opening Agenda", *WTO News*.

Reuter(2013. 3. 26), "Fed Study Says China's Growth Could Slow Sharply by 2030".

Sheng, Andrew & Xiao Geng(2013. 7. 17), China Grows Down, *China & US Focus*, Fung Global Institute.

Subramanian, A. (2011. 9), "Renminbi Rules: The Conditional Imminence of the Reserve Currency Transition", Peterson Institute for International Economics.

______(2012. 6. 5), "US Role to Fade with China Calling Shots as Creditor".

UN(2011. 10. 20), "World Population Prospects, the 2010 Revision".

______(2012. 4), "World Urbanization Prospects, the 2011 Revision".

The Wall Streer Journal(2013. 7. 16), "China's Zhu Changhong Helps Steer Nation's Currency Reserves".

World Bank, DRC(2012. 2. 27), “China 2030: Building a Modern, Harmonious, and Creative High-Income Society”.
WTO Press Release(2010. 6), “Trade Policy Review: China 2010”.
Zhang Yuyan(2013. 9. 24), “China's Long-term Growth”, CASS-IWEP.
Zhang Jun(2013. 9. 24), “Why is Li Keqiang Committed to Making 2.0 Version of Chinese Economy?”, Fudan University.

[일문자료]

三浦有史(2013. 1. 25), “投資効率の低下が續く中國經濟”, *Research Focus* 2012-19, 日本總合硏究所.
福本・武藤(2011), “中國における経濟成長のリバランスについて”, 〈日銀レビュー〉, 日本銀行.

찾아보기
(용어)

ㅊ · ㅋ

ㅌ · ㅍ

ㅎ

기 타

찾아보기
(인명)

ㄱ · ㄴ · ㄷ

ㄹ

ㅁ · ㅂ

ㅅ

ㅇ

ㅈ